广东省中小学"百千万人才培养工程"
初 中 名 校 长 培 养 项 目 丛 书

无边界学习之"大"课程

温晓航◎著

SPM
南方传媒 广东人民出版社
·广州·

图书在版编目（CIP）数据

无边界学习之"大"课程/温晓航著.—广州：广东人民出版社，2023.9
（广东省中小学"百千万人才培养工程"初中名校长培养项目丛书）
ISBN 978-7-218-16935-4

Ⅰ.①无…　Ⅱ.①温…　Ⅲ.①课堂教学—教学研究—初中
Ⅳ.① G632.421

中国国家版本馆 CIP 数据核字（2023）第 176421 号

WUBIANJIE XUEXI ZHI "DA" KECHENG
无边界学习之"大"课程
温晓航　著

版权所有　翻印必究

出 版 人：肖风华

责任编辑：朱东岳　叶芷琪
责任技编：吴彦斌　周星奎

出版发行：广东人民出版社
地　　址：广州市越秀区大沙头四马路 10 号（邮政编码：510199）
电　　话：（020）85716809（总编室）
传　　真：（020）83289585
网　　址：http://www.gdpph.com
印　　刷：广州小明数码印刷有限公司
开　　本：787mm × 1092mm　1/16
印　　张：23　　**字　　数：**445 千
版　　次：2023 年 9 月第 1 版
印　　次：2023 年 9 月第 1 次印刷
定　　价：72.00 元

如发现印装质量问题，影响阅读，请与出版社（020—85716849）联系调换。
售书热线：（020）85716863

本书系2015年广东省教育研究院一般规划课题"基于'快乐和能力导向'的初中学科三年一体化建设的策略研究"的研究成果。（课题批准号：GDJY-2015-A-b069）

总序

　　《中共中央国务院关于全面深化新时代教师队伍建设改革的意见》提出了"到2035年，教师综合素质、专业化水平和创新能力大幅提升，培养造就数以万计的教育家型教师"的目标。如何通过教育干部培养模式创新促进教育家群体的产生，是新时代对中小学教师教育提出的迫切要求。作为这一轮广东省中小学"百千万人才培养工程"初中名校长培养项目的负责人，从坚持系统设计、前沿培养、创新模式、整体推进，到今天看到百千万初中名校长们的著作面世，内心的喜悦与感慨不能自抑。该项目培养周期为2021—2023年，项目组和参培校长们共同克服了新冠疫情期间工学过程的各种困难，高质量地完成所有培养环节和研修任务，让我深深感受到"名校长"们之所以"名"，在于他们超乎常人的学习力、思想力、行动力和人格魅力。

作为本套丛书的项目依托，广东省中小学"百千万人才培养工程"初中名校长培养项目指向"培养教育家型校长"，从精准定位培养目标、模块设计培养内容、"五化"创新培养路径、科学考核培养成效等领域推进培养实践并通过名校长们的系列专著传播广东初中教育领航力量的声音。

一、精准定位培养目标

（一）总体目标

本轮广东省中小学"百千万人才培养工程"初中名校长培养项目以培养"广东省基础教育改革发展领航力量"为目标，主张"以教育教学为基础，以问题为中心，以专题性教育研究坊为载体、以工作室为共同体平台"，依靠"教育管理个性化诊断与发展支持"和"项目化、平台化推进方式"两大抓手，通过3年"高层次理论研修、高水准思维训练和高品质实践创新"的研磨和培育，培养造就一批具备"倾注教育情怀、心系家国的价值素养（Value quality）"、"尊重儿童视角、成就学生的教育素养（Educational quality）"、"个性化教育哲学、专于研究的思维素养（Thinking quality）"、"不断提升经验，勇于创新的实践素养（Practical quality）"和"引领团队同行、示范担当的领导素养（Leadership quality）"的在全省有影响力的南粤教育专家。

（二）具体目标

1. 师德修为目标

引导培养对象以德立身、以德立学、以德施教、以德育德，坚持教书与育人相统一、言传与身教相统一、潜心问道与关注社会相统一、学术自由与学术规范相统一。坚守中国精神中国风格，争做"四有"好教师，全心全意做学生锤炼品格、学习知识、创新思维、奉献祖国的引路人，推动其成为先进思想文化的传播者、党执政的坚定支持者、学生健康成长的指导者。

2. 专业思维目标

拓展教育教学与管理的基础理论知识，把握现代教育教学的理念与方法，丰厚教育管理与课程教学的基础理论和专业知识，掌握国内外教育改革与发展的最新动态和最前沿的学术成果，能够吸收并应用于教育教学管理实践。扎实学识素养同时，鼓励培养对象打破学段分割，突破学科界限，关注大教育思维、多元跨界思维、国际比较思维、批判性思维和创造力培养，推动其成为具有原创的、独特的、个性化的教育思想和理念，努力形成自己教育哲学的思想创新者。

3. 实践作为目标

强化培养对象"富有创意的教育方法、与众不同的教育教学风格、善于反思的习惯"的实践性特征；支持培养对象主动适应信息化、人工智能等新技术变革，积极有效开展整校推进的教育教学；指导培养对象对全面实施素质教育中的重点、难点问题进行研究，反思管理、课程、教学等方面的重要问题，创新性地提出问题解决的理念、思路与策略，并积极进行专业表达，形成在教育管理领域有较大影响的成果；能结合当前教育改革和发展潮流及岭南地域文化资源，不断推动教育教学管理实践的改革与创新，并将创新的理论和实践成果辐射引领广东基础教育高端发展，推动其成为对教育改革与发展充满使命感和责任感的在粤港澳大湾区乃至全国具有影响的新时代实践先行者。

二、模块设计培养内容

教育家的培养过程是一个不断反思自我与革新自我的过程，是在先进教育理论引领下的自主成长过程，也是对教育规律的持续坚守过程。教育家的价值素养、教育素养、思维素养、实践素养、领导素养（VETPL五维素养）需不断在否定之否定中"破"与"立"交替上升。特设计"高层次理论研修+高水准思维训练+高品质实践创新"三大模块培养内容。

（一）高层次理论研修

以培养机构为责任主体，重在通识课程、过程指导和总结指导，以项目导师领衔，聚焦提升培养对象的价值素养和教育素养。涵盖：教育情怀，师德建设，文化自信，中国精神与中国风格，党情、国情、社情、民情及相关方针、政策、精神，岭南文化、中外教育思想史、儿童哲学、教育名著选读、认知科学、教育教学领导力、数字化课堂与智慧教育等。

（二）高水准思维训练

以专题性教育研究坊为载体，可围绕教育家创立的教育模式、教育思想、教育风格等进行专题研究，也可根据教育家个人专长进行研究，如整校推进校本研修专题所、集团化办学研究所、课堂评价研究所等。以学术导师领衔，聚焦提升培养对象的思维素养。涵盖：基于现实与未来情境的新教育思维，基于任教学科的学科素养与思维，基于全面实施素质教育中的重难点的问题中心思维，教育思想或教育实践创新的系统提炼与专业表达，教育哲学素养与思维及相关课程等。

（三）高品质实践创新

以工作室为共同体平台，培养对象自主选择个性化的专题课程、实践课程。工作室是问题研究、实验项目、成果总结、示范引领的重要平台，以实践导师领衔，聚焦提升培养对象的实践素养和领导素养。涵盖：教育教学管理个性化诊断与发展支持、项目管理与实施、教育信息化与新媒体传播、人工智能与教育教学新技术变革、教学改进实验与行动研究、个人教学思想分享、团队领导与发展、辐射与帮扶成果展示等。

三、"五化"创新培养路径

按照"整体规划、个性指导、训用结合、连续培养、协同创新"的思路，以"一人一案"为核心，采用"任务驱动"下的"个性化、项目化、平台化"培养路径，综合设计"理论研修、实践浸润、境外拓展、流动站短期访学、习惯书写、影响力论坛、责任辐射"等多元培养方式，助推教育家型校长成长和教育实践创新发展。

（一）任务化驱动

"任务化驱动"强调围绕各阶段的培养主题，明确设置各阶段学习任务，以此激活、强化和维持培养对象的学习动机，引导其在各阶段的培养中聚焦研修重难点，同时借由层层递进的任务设置原则，导引和实现各阶段培养内容及活动的有效衔接。

（二）个性化培养

全程融贯"一人一案"：表现为个性化教育教学管理诊断与发展支持、个性化研究问题、个性化选修课程、个性化选读名著、个性化课题研究、个性化指导方案、个性化支持平台。

（三）项目化推进

尊重项目教学"以项目为主线、导师为引导、学员为主体"的特点，项目组要求培养对象制定科学的教育实践创新改单项目计划，将"做项目"和"做研究"结合起来。以培养对象及所在学校为主体，采用学校—培养机构（大学）—区域学科教科研中心—地方政府四方合作的方式进行实验项目，将学习共同体、参与式学习、情境学习、行动学习等理论融入培养工作，注重理论与实践相结合，注重项目推进结果。

（四）平台化支持

以组建专题性教育研究坊和工作室平台为载体，一方面加强教育学术平台建设，为培养对象成长提供专业支持；一方面实现"研究+实践共同体"，采用问题研究、专业表达、结对帮扶、巡回讲学、影响力论坛、成果展示等形式，实践、宣传、推广并进一步检验和提升培养对象及其团队的教育教学管理思想与经验成果等。

（五）多元化呈现

除理论研修、实践浸润外，还鼓励培养对象境外拓展、参加国际高级研修活动、在国内高校进行流动站短期访学，开阔国际比较思维和保持教育实践者思想和理念的先进性；要求培养对象习惯书写，内容包括笔记、随笔、问题思考、心得、经验总结、论文、著作等，通过书写来逐步梳理自己的教育实践经验，提升对教育实践的理性认识，形成自己的系统教育理论思想；支持培养对象开展影响力论坛及跟踪式指导，以更好地履行自己的引领辐射职责。

四、培养成效与思考

经过本轮初中名校长培养项目的实践与研究，我们更加认识到培养教育家型校长应努力促进其VETPL五维素养的同步提升。在价值素养（Value quality）上，要大力激发和倡扬他们的家国情怀。当校长能够主动把自己的职责和所处的时代紧密联系起来的时候，就向教育家型校长迈出了坚实的一步。在教育素养（Educational quality）上，要培育校长成为学习领导者，坚持以学生为学习的中心，以教师的专业发展为保障，使学生爱学、教师乐教，创建高效的学习型组织，为个性化学习和学生的成功负责。在思维素养（Thinking quality）上，要帮助其实现向教育家型校长发展的自我超越，促其从经验思维走向理论思维。系统研读理论书籍，锻造科学先进的思想工具；积极改造教学经验，养成基于理论的思维习惯；自觉开展批判反思，建构属于自己的教育理论。在实践素养（Practical quality）上，培养成果突出地体现为校长们基于理性自觉的实践创新能力的不断提升。在领导素养(Leadership quality)上，校长们既要带领所在学校的全员力量积极作为，又要在帮扶支教中修炼，从一所学校、一个学区扩展到一个地区乃至更大范围，在众多区域内成功落地并产生良好实践效果的教育主张，一定会受到广泛欢迎，其影响也会逐步扩大。

转眼，这一轮百千万初中名校长培养项目就要落下帷幕，与他们同行的时光是美好的、是受鼓舞的、是忍不住想进步的。相信这一群优秀教育者们的对话和探索从不会停止，相信广东初中教育因他们越来越好。

是为序。

广东第二师范学院　于慧

2023年9月

序

　　本书是教育教学管理与学术研究的著作，为"广东省中小学'百千万人才培养工程'初中名校长培养项目丛书"中的一册。本书内容系2015年广东省教育研究院规划课题"基于'快乐和能力导向'的初中学科三年一体化建设的策略研究"（课题批准号：GDJY-2015-A-b069）的研究后续成果。全书基于现代教育学理论和新课标中的"大概念""大单元"教育理念，以珠海市第五中学校本教学研修模式为例，开展基于初中学科三年一体化的"大概念""大单元"课堂教学模式的探索与实践并形成案例成果。全书以学习为中心，致力于培养初中学生在学科思维发展、能力养成过程中的思维连贯性和系统性，关注学生在获取知识和能力过程中的积极情感体验，引导学生通过自主学习和思维开发，逐步走向深度学习。全书各篇分目

标管理体系、活动支持体系、实践研究体系三个部分，结合语文、数学、英语、物理、化学、道德与法治和体育七门学科案例进行分析，旨在提高学生以素养提升为目标的学习能力、教师以素养目标为内核的教学能力，为提升新时代国家课程校本化建设成效，提供有益的理论和实践例证。

前言

　　科组是学校教育管理的重要单位，学科建设是学校教育改革的一项重要内容。以往学校学科建设不尽如人意，一没发展方向，二没建设目标，三没建设措施，四没建设成效。语文、数学、英语等学科，三个年级，各自为营，一盘散沙，不利影响颇多，其给学生造成的影响是巨大的。各学段之间缺少过渡与衔接，学生能力发展的过程出现断层现象，不利于其综合素养的提升。为了推动学科建设，提升学生的综合素养，2015年8月，珠海市第五中学成功申报了广东省教育研究院教育研究课题"基于'快乐和能力导向'的初中学科三年一体化建设的策略研究"，经过多年研究，形成了"三定四展"的建设策略。

一、三定

（一）定核心

学科一体化建设，必须要有统一的核心思想。在核心思想的统摄下，有过渡、有层次地做好七年级至九年级各阶段的教育教学工作，才能真正彰显学科一体化建设的优化效力。

让学生健康快乐地成长，培养学生的综合素养是我国深化教育改革的重要主题，是国家教育改革发展的战略任务之一。顺应国家教育改革的趋势，结合学校教育发展实情，确定"快乐"和"能力导向"作为学校学科一体化建设的核心关键词。

"快乐"指的是学生保持强烈的学习欲望与兴趣，在学习中因能获得知识与情感体验、提升自我能力时而得到的满足感。"能力导向"及"能力方向"，即学科建设的核心和方向在于培养学生学习的基础能力（阅读能力、思维能力、表达能力）。学科建设通过培养并锻炼学生的基础能力，带动其实践能力、创造能力的发展，最终促进学生综合素养的提升，支持学生的终身发展和可持续发展。

在这一核心思想的指引下，各学科又确定了本科组建设的核心内容。例如数学科组就确定这样的建设核心：以"思考力"为中心，以"阅读力"和"表达力"为基本点，在阅读过程中培育数学语言的转化意识，促进"以阅读为前提，以思考为支点，以表达为核心"的良好学习习惯的养成。

（二）定体系

围绕"快乐与能力导向"的总目标，各学科制订了独具特色的学科目标体系，由三年（或两年）建设的总目标（宏观）、学段目标（中观）、单元目标（微观）三个层级构成。其中总目标体现了学科的发展、学生的发展、教师的发展三个维度；学段目标具备能力发展的系列、序列，体现阶段特点、梯度特点；单元目标具体周详，依托能力与快乐活动，具有实践指导意义。整个能力体系遵循学生的学科能力发展制订而成，科学严谨，具有极强的现实指导意义。

例如，物理学科的总目标扣准了"学""教""科"三个维度，如表1所示。

表1　物理学科总目标

序号	总目标表述
1	学生能熟练掌握两年一体化的物理学科知识体系及基本的物理学习方式
2	学生具备良好的物理学习的基础能力，即提取信息（阅读）、处理信息（思考）、输出信息（表达）能力
3	教师具备培养初中生良好逻辑思维的能力，并对培养的方法由经验提炼为可推广的策略
4	建立两年一体化初中物理学科的能力培养体系和评价体系，以此为依托提升珠海五中物理科组教研能力

在这一总目标的指引下，物理科组围绕着"阅读""思考""表达""情感"等目标要素制订了两年的学段目标，限于篇幅，截取"阅读"要素中的两个目标点，如表2所示。

表2　"阅读"要素目标点（节选）

要素	序号	学段目标表述	
		八年级	九年级
阅读	1	能从课本、课外书籍、互联网等多种途径阅读物理知识，判断信息的有效性、客观性，提取关键信息	能熟练地从大文段阅读中提取与物理知识相关联的关键信息
	2	能从物理情境、实验现象及作图、图像、数据表格等特殊阅读材料中读取与物理相关的信息	能从多个物理情境、实验现象中区分当中蕴含的物理知识

同一阅读目标在不同学段呈现梯度发展，学生能力螺旋上升。物理学科两个学段，共22章，加之5个复习模块，共有27个单元目标，在每个单元目标的统摄下，整体规划了教学内容，设计了单元能力学习活动。语文、数学、英语等学科亦是如此。

目标管理体系为各个学科的发展指明了方向，确保了学科阶段发展的自然过渡和衔接，进一步推动了学科的一体化建设。

除了制订目标管理体系，各学科也制订了学科三年或两年的课下活动支持体系，用以综合提升学生的实践能力。

（三）定方案

有目标、有方向，制订切实可行的建设研究方案，才能保证学科一体化建设的顺利进行。研究主要制订两维方案，一维是"学校学科整体建设发展方案"，一维是"学科一体化建设研究方案"。学科整体建设发展方案主要围绕三个主题活动开展：（1）认准方向·优化策略·赋能行动——科组建设，学习确定科组建设研究内容；（2）快乐课堂·能力课堂·有效课堂——能力课堂研讨，展示能力课堂风采；（3）智力·活力·合力·创造力——科组建设小专题活动展示，展示科组建设特点。以上行动方案，指明了学期各阶段学科建设的主题和内容。

各学科也从本学科一体化建设的研究目标、研究内容、研究人员等方面一一进行了细致的规划，围绕着能力分级、校本特色教材开发、集体备课模式与策略以及具有学科特色的学习实践活动而展开。

例如，语文科组在行动方案中就确定了研究步骤与内容——第一阶段研究三年一体规划学生分级能力；第二阶段开展以能力为中心、以快乐为主线的特色鲜明的学科综合实践活动；第三阶段配合能力要求统筹规划教学活动和综合课程，系统有层次地制订校本教材；第四阶段建设以"快乐"和"能力"为导向的学生评价体系和能力评价体系。

二、四展

（一）开展科组能力主题建设活动

科组是学科一体化建设的最重要平台。学科一体化建设以科组的管理、发展为重要依托。为推进学科一体化建设，学校积极开展以能力为主题的科组建设活动。

这些活动是有主题的，如有一学期的主题是"深入学习各学科一体化建设的研究精神理念"，各学科围绕这一主题，分别开展教科研活动，如语文科组召开了"励精图治·协作共赢——珠海五中语文科组一体化建设研讨会"，数学科组召开了"且行且思——珠海五中数学科组一体化建设阶段反馈会"，英语科组召开了"踏实勇拼英语人，尽是红色娘子军——珠海五中英语科组一体化建设动员会"等。

这些活动形式活泼多样，如语文科组的微型讲座、数学科组的研讨沙龙、英语科组的户外拓展、化学科组的实验模拟等，效果良好。

除学校规划的活动主题，各科组围绕一体化建设的方针，开展了具有学科特色的教研活动。

这些科组活动不仅提升了科组全员教师的科研能力，有力地推进了科组的建设，也无形中促进了教师队伍综合素养的整体发展。

（二）开展能力导向集体备课活动

集体备课是增强科组建设成效的有效途径之一，为了有针对性地指导各备课组进行能力导向的集体备课，学校开展了系列的指导活动。

以能力导向为主题的各学科各备课组集体备课活动具有"四度"特点。向度：各学科各备课组集体备课有统一的宏观主题"基于快乐和能力导向的学科建设、课堂教学研究"，各科组每月开展一次科组集体备课活动，各备课组每周开展一次集体备课活动。维度，即集体备课内容有三个研究层次：（1）教材研究——提炼"能力"训练点（确定教学重点、难点）；（2）教法研究——凸显"能力"训练活动（设计教学方案、活动）；（3）评测研究——有效评价"能力"提升情况（作业设计、检测设计）。深度，即各备课组集体备课不仅仅是就课论课，还将研究的视角伸向教材、课程、课改等领域。效度，即通过开展集体备课，学校能力课堂的教学效率有明显提高。

（三）开展学科课堂能力教学活动

依据一体化建设的能力目标，各科组、各教师积极开展培养学生基础力的课堂活动。各备课组围绕已定选题集体备课，老师争先上组内研讨课，并就课堂教学的各环节进行切磋、打磨，力争提炼出最优的教学方案。同时学校也定期组织各学科组上能力展示课和竞技课，老师们听课和评课，进行智慧的碰撞，借此提升各科组的学科建设能力。语文、数学、英语、物理、化学、体育等科组分两次共推出了17节公开课，示范课《社戏》、等腰三角形等，竞技课"记叙文中的'小角色'——语气词""配方法——解一元二次方程"、滑轮、脚内侧控球技术练习等，这些公开课对教师而言提升了教材处理的能力和教学资源的开发能力；对课堂而言突破了传统的片面处理模式，注重能力训练和学生的情绪情感体验；对学生而言深化了基础，促进了知识向能力转化，因而受到了听课老师们的一致好评。

（四）开展课下综合能力实践活动

为切实促进学生的思维发展和能力提升，进一步完善本学科的一体化建设，各个科组纷纷开展内容丰富、形式多样，体现能力层级的课下综合能力实践活动，以构建学科三年一体化建设的课下活动支持体系。

例如，数学科组围绕着各阶段的能力目标，具体规划了"记录家庭一个月的收支状况""在平面直角坐标系中，绘制生活地图""用简单随机抽样估计方法估计全班同学的身高""为父母设计划算的手机话费套餐"等共19次课下综合能力实践活动。这些活动充分体现了该学科的能力目标，充分激发了学生的学习热情，为学生数学思维能力的提升起到了极大的促动作用。

再如，英语科组具体规划了"我是小小书法家""小小演讲家""Role Play Competition""学唱英语歌曲"等课下综合能力实践活动，让学生在一系列的实践活动中增强英语的语用意识，感受多元文化，进一步提升英语的阅读、思考以及表达能力。

以上"三定四展"策略，是在推动学科一体化建设的研究中初步形成的，还需要进一步完善和发展。除此之外，推动学科一体化建设的研究策略还有很多，更需要进一步探究和发现。

目录

7 初中体育篇 深化教学·强化能力·专项提升·一校一品

根植现实·书香致远

思乐并进·我型我秀

1.1　初中语文"大"课程的一体化目标管理体系

初中语文课程的理想目标是学生在三年的学习过程中逐步地提高认知水平、能力水平、审美水平，养成良好的思想品质，提升自身综合素养。但事实上，学生的语文素养并非如"课标"所要求的那样整体推进、有序渐进、多元共进，而是出现了"断层""倒退""缺失"等现象，其主要原因在于语文学科的校本建设不够周全，如三年的语文教学缺少统一方向，缺少主题系列，缺少目标序列，缺少有效策略，各学段教学缺少过渡和衔接等。

为了推动语文学科的整体建设，为了提升语文教师的课程力，为了促进学生综合素养的发展，校本语文学科建设必然要走向"一体化"，这也必然要回归到校本课程本身。

1.1.1　初中语文一体化目标管理体系建设的理论背景

1949年，美国学者泰勒提出了课程建设的四个基本问题：教育目标是什么？提供什么样的教育经验实现目标？如何有效组织教学经验？怎样确定目标实现？泰勒的"四段论"在当今校本课程的开发过程中仍具有重要的意义，至少能帮助我们明确一体化建设的主题导向、目标体系、实施策略等主要问题。

（1）根植现实，以能力为导向

无论是泰勒的目标模式，还是后来以英国课程专家劳顿为代表的环境模式，都认为课程设计的依据应来自现实，来自学生、社会以及学科本身，尤其要充分考虑社会情境下学生的成长和发展情况。先要回答"培养什么样的人""发展什么的人"。

2016年我国公布了《中国学生发展核心素养》的总体框架：以培养"全面发展的人"为核心，分为文化基础、自主发展、社会参与3个方面，一共细化为18个基本要点。在关于18个基本要点的阐述中，关键词"能"出现了35次，可见能力仍是素养的支撑和核心。

语文学科更应该注重学生综合能力的培养和提升。"能力发展"是初中语文学科一体化建设的主题导向。2011版《义务教育语文课程标准》指出："语文课程致力于培养学生的语言文字运用能力。"这些能力包括"识字写字能力""阅读能力""写作能力""口语交际能力"等。维度不同、层次不同，能力划分就不同。为了让概念更加集中明晰、具有可操作化，我们按照人脑认知加工的三个阶段——"获取信息——加工信息——输出信息"，把语文能力概括为"阅读""思考""表达"三个主能力。

阅读是获取新知的主要手段，是其他学科的通用能力。苏霍姆林斯基在《给教师的建议》中多次强调阅读的重要意义，他认为"读"是学生应该掌握的第一种学习工具、第一把"刀"，认为阅读是对"学习困难"的学生进行智育的重要手段，并发出"必须教会少年阅读"的号召。激发阅读兴趣，掌握阅读技巧，养成阅读习惯，提高阅读品质是语文三年一体化建设的重要内容。

阅读是伴随思考的，思考是用来提升阅读的，即"学思兼备"。

美国教育家莫提默·J.艾德勒在著作《如何阅读一本书》中指出阅读的最终目的在于提升理解力。理解力就是思维力。思维力是最根本的学习能力，它决定着学习的质量。语文学科一体化建设以发展学生思维力为重要目标。这些语文的思维力包括：关注与记忆、联想与想象、理解与分析、审美与赏析等。

阅读和思考最终要靠表达输出学习信息。这里的表达不仅指书面文字或口语言语，还包括语言背后的心理情绪、情感态度等。三年语文教学也应该把学生的表达力训练当作语文课的重要内容，毕竟优秀的表达能力是学生综合素养的最高表现。

（2）整饬序列，以目标为管理

"以能力为导向，提升学生语文素养"是语文学科一体化建设的宗旨。在这一宗旨的引领下，一体化需要建构有序的目标管理体系。

众所周知，教育目标由教育目的、培养目标、课程目标以及教学目标组成。学科整合建设属于校本课程开发范畴，故学科建设的目标体系是建立在校本课程目标的基础上的，包括了教学目标等下位概念。

关于课程目标来源的理念仍可以指导语文学科一体化目标的设定。英国课程论专家克尔在《变革课程》一书中提出：课程目标的来源为学生、社会与学科三个方面。回到校本实际，语文一体化目标体系的建立主要是为了满足学生、教师、学科三个对象的发展需求。以珠海市第五中学为例，学生语文能力发展极不均衡、不完整，缺乏积累性、持续性；教师的整体课程规划理念淡薄，三年语文教学随意性大，欠缺层次和梯度；科组建设主题迷失，三个备课组缺少互动与交流，没有协调一致地推动科组建设。所以，一体化建设务必先整顿目标秩序、建立发展序列、完善目标管理体系。

这一目标管理体系亦可称为"三级目标体系"。

第一级："能力导向"三主体共发展。

促进学生语文能力发展：提升学生语文的阅读力、思考力、表达力，使其具有良好的语文素养、具有良好的民族文化认同感。

促进教师课程能力发展：提升教师语文整体课程的规划能力、设计能力和开发能力。

促进学科整合建设发展：提升七年级至九年级备课组的科研凝聚力、合作力、创新力。

第二级："三力"三学段渐进齐发展。

以"阅读力""思考力""表达力"三力为"经"，以七年级至九年级三学段为"纬"，建立目标序列表，如表1-1所示。

表1-1　"三力"三学段目标序列表（节选）

目标要素	目标要点	目标表述		
		七年级	八年级	九年级
阅读	阅读情感	热爱阅读，能有自己喜欢的读物	热爱并能主动阅读，能定期读完一整本书	把阅读变成习惯，能有计划、有选择地独立开展阅读
	阅读过程	每次阅读能专注30分钟，能勾画关键信息，读完，能复述大概内容	每次阅读能专注45分钟，能边阅读边批注，读完，能做出评价和赏析	每周阅读不少于3小时，能边读边批注，读完能与其他文本进行比较分析，能写赏析小论文
	阅读方法	能掌握朗读和默读	能在默读的基础上进行品读	能在品读的基础上进行多元解读
	……	……	……	……
思考	……	……	……	……
表达	……	……	……	……

说明：限于篇幅，本表仅以"阅读"阶段目标为例，展示能力层级特征。

第三级："能力导向"促单元整合教学。

单元能力目标是目标体系的最小单位，规定了单元教学的方向和主题。教师在单元目标的指引下灵活地进行教学目标的设计。

例如，七年级语文上册第一单元的能力目标如下。

提升阅读力：能把握重音和停连，阅读写景散文。

提升思考力：能在阅读过程中赏析具有修辞效果的语句，感受语言之美。

提升表达力：能大方地、有感情地朗读课文；能抓住特征，描写身边的景物。

教师根据以上单元目标组，考量学情与文本特质进一步设计《春》《济南的冬天》等单元内课文的教学目标，有的放矢地开展讲学活动。初中三年语文共计36单元，一体化目标体系预置了36组单元能力目标，这些目标是根据教材和学情设计的，从微观上体现了能力导向的阶段、层次和梯度。

三级目标体系，从宏观到中观再到微观，从学科到学段再到课堂，循序渐进地推动了语文一体化建设。

1.1.2 初中语文"快乐与能力导向"大课程一体化建设总目标

三年能力导向构建了三大能力目标体系，具体如下。

（1）综合实践、快乐成长，探究"快乐学习"的语文综合实践活动的模式和策略，构建以"能力"为导向的语文综合活动体系。

（2）统筹活动、个性校本，统筹规划教学活动和综合课程，系统地、有层次地制订校本教材。

（3）多元动态，快乐评价，运用多元评价机制，构建生成性评价体系和综合能力提升的动态评价体系。

具体初中语文"快乐与能力导向"大课程一体化建设总目标表述详见表1-2。

表1-2 初中语文"快乐与能力导向"大课程一体化建设总目标表述

序号	总目标表述
目标1	系统性、多元性地提升学生语文综合能力和素养，使之具备良好的人文素养和科学素养，具备创新精神、合作意识和开放的视野，具备包括"以阅读为基础，以思考为支点，以表达为核心"的多方面的基本能力
目标2	构建能力导向的综合活动体系，探寻有效提升学生综合能力的"快乐育人""活动育人"的综合活动模式和策略，形成以能力为主线的快乐、开放、有序的综合实践活动体系，带动学生强烈的学习欲望与兴趣，在学习中因能获得知识与情感体验、提升自我能力而得到快乐感和满足感
目标3	探索以集体备课为载体的协同式教学模式，推进课堂教学改革和科组的资源建设并统筹科组以"快乐"和"能力"为导向的三年一体建设下的校本课程开发，为学生的终身发展需要奠基
目标4	建设以"快乐"和"能力"为导向的学生评价体系和能力评价体系

1.1.3 初中语文"快乐与能力导向"大课程一体化建设阶段目标

在初中三个年级的阶段目标表述上，注重三年一体、能力分级的一体化规划模式。

七年级强化学生"快乐的学习体验"，培养学生良好的学习习惯，以"言语交际能力"为主，具有适应实际需要的识字写字能力、阅读能力、写作能力、口语交际能力，正确地理解和运用祖国语言。

八年级以"阅读鉴赏能力"为主，培养学生表达与交流、阅读与鉴赏、思考与探究、审美与应用等综合能力与素养。在大量的语文实

践中体会、掌握运用语文的规律。

九年级以"思维表达能力"为主，提升语文课程的综合应用能力，并提高学生道德品质（思想道德素质）和科学文化素养，弘扬和培育民族精神。

初中语文"快乐与能力导向"大课程一体化建设阶段目标表述详见表1-3。

表1-3　初中语文"快乐与能力导向"大课程一体化建设阶段目标表述

维度	序号	阶段目标表述		
		七年级	八年级	九年级
阅读	目标1	热爱阅读，能有自己喜欢的读物。每次阅读能专注30分钟，能勾画关键信息，读完，能复述大概内容。能掌握朗读和默读	热爱并能主动阅读，能定期读完一整本书。每次阅读能专注45分钟，能边阅读边批注，读完，能做出评价和赏析。能在默读的基础上进行品读	把阅读变成习惯，能有计划、有选择地独立开展阅读。每周阅读不少于3小时，能边读边批注，读完能与其他文本进行比较分析，能写赏析小论文。能在品读的基础上进行多元解读
	目标2	能够具有独立阅读的能力，注重情感体验，有较丰富的积累，形成良好的语感，重点在于形成学生的语文阅读能力	能初步理解、鉴赏文学作品，受到高尚情操与情趣的熏陶，发展个性，丰富自己的精神世界。掌握基本语文阅读技能，促进语文阅读素养养成，使学生具有感受、理解、欣赏的能力	在通读课文的基础上，理清思路，理解主要内容，体味和推敲重要词句在语言环境中的意义和作用，有自己独立的鉴赏能力和评价能力
思考	目标1	欣赏文学作品，能有自己的情感体验，初步领悟作品的内涵，从中获得对自然、社会、人生的有益启示	对课文的内容和表达有自己的心得，能提出自己的看法和疑问，并能运用合作的方式，共同探讨疑难问题	对作品的思想感情倾向，能联系文化背景作出自己的评价；对作品中感人的情境和形象，能说出自己的体验

（续表）

维度	序号	阶段目标表述		
		七年级	八年级	九年级
思考	目标2	能快速准确理解文章内涵，具备基本的感悟能力	具有较好的整体感知能力、分析概括能力、评价能力	进一步提高整体感知能力、分析概括能力、评价能力。尊重独特体验，鼓励个性化学习
表达	目标1	能正确流利地使用祖国的语言文字	自信、负责地表达自己的观点，做到清楚、连贯、不偏离话题	能综合运用多种表达方式生动形象、声情并茂地进行言语交际
	目标2	在交流过程中，能根据需要调整自己的表达内容和方式，不断提高应对能力	讲述见闻，内容具体，语言生动。复述转述，完整准确，突出要点	能就适当的话题作即兴讲话和有准备的主题演讲，有自己的观点，有一定说服力
	目标3	具备基本的写作能力，感情真挚，表达自己的独特感受和真切体验	根据表达的中心，有选择恰当的表达方式的能力、有合理安排内容的先后和详略的能力，并条理清楚地表达自己的意思，丰富表达的内容	有独立完成写作的意识的能力，可以多角度地观察生活，多角度地捕捉事物的特征并灵活运用多种表达方法有创意地表达
情感	目标1	学习正确的科学方法，培养科学态度和科学精神	能联系文化背景和生活体验，感悟作品的思想内涵，作出自己的评价，从而激发对自然、社会、人生的有益启示	在感兴趣的自主活动中全面提高语文素养及主动探究、团结合作、勇于创新的精神
	目标2	联系生活，拓展主题，也能引发学生的情感共鸣	培养学生高尚的道德情操和健康的审美情趣，形成正确的价值观和积极的人生态度	实现语文学科工具性和人文性的协调发展，全面提高学生的道德素养

（续表）

维度	序号	阶段目标表述		
		七年级	八年级	九年级
	目标3	通过优秀文化的熏陶感染，提高学生的思想道德修养和审美情趣，使他们逐步形成良好的个性和健全的人格，促进德、智、体、美诸方面的和谐发展	在语文学习过程中，培养爱国主义感情、社会主义思想道德和健康的审美情趣，发展个性，培养合作精神，逐步形成积极的人生态度和正确的价值观	认识中华文化的博大精深，吸收民族文化智慧。关心当代文化生活，尊重多样文化，吸取人类优秀文化的营养，提高文化品位

1.1.4 初中语文"快乐与能力导向"大课程一体化建设单元目标

为充分落实"以快乐与能力为导向"的大课程理念，语文科组积极行动，召开全组培训会，合理规划大课程一体化建设的单元目标，以期更好地达成总目标要求。初中语文"快乐与能力导向"大课程一体化建设单元目标表述详见表1-4。

表1-4 初中语文"快乐与能力导向"大课程一体化建设单元目标表述

单元／篇目	讲学内容	能力与快乐目标	能力与快乐活动	备注
第一单元： 1. 春／朱自清 2. 济南的冬天／老舍 3*. 雨的四季／刘湛秋 4. 古代诗歌四首 观沧海／曹操 闻王昌龄左迁龙标遥有此寄／李白 次北固山下／王湾 天净沙·秋思／马致远	借景抒情、景物特点、描写角度、描写顺序、多种修辞、词语品读、形散神聚、把握情感、初学赏析	热爱读书，大声读书，熏陶热爱自然的情怀；摘抄雅词雅句，写景为文增彩	美读课文、比较阅读、多维赏读	七年级（上）

单元／篇目	讲学内容	能力与快乐目标	能力与快乐活动	备注
第二单元： 5．秋天的怀念／史铁生 6．散步／莫怀戚 7*．散文诗二首 金色花／泰戈尔 荷叶·母亲／冰心 8．《世说新语》二则 咏雪 陈太丘与友期行	要点概括、叙事线索、描写方法、景物衬托、情感变化、品味语言、背诵文言	有感情地朗读课文，学习生动刻画人物的方法，让叙事有详略；并感受文言文中所蕴含的中华传统文化	速读课文、训练仿写、练写片段	七年级（上）
第三单元： 9．从百草园到三味书屋／鲁迅 10*．再塑生命的人／海伦·凯勒 11．《论语》十二章	对比手法、人物描写、景物烘托、背诵文言	培养速读课文能力，抓住线索理清文章内容，能感悟人物形象并作出评价，背诵《论语》语段	概读课文、演读课文	七年级（上）
第四单元： 12．纪念白求恩／毛泽东 13．植树的牧羊人／让·乔诺 14*．走一步，再走一步／莫顿·亨特 15．诫子书／诸葛亮	红色精神、议论表达、叙事层次、人物评价、心理刻画、背诵文言	从《走一步，再走一步》中学会一种叙事层次：写景开篇——叙事交代——细节升格——情义点化	读写联动、仿写课文	七年级（上）
第五单元： 16．猫／郑振铎 17*．动物笑谈／康拉德·劳伦兹 18．狼／蒲松龄	散文常识、抒情主体、情感对比、情感体悟、趣味写法、探读文言情节	能明确抒情对象和主体，在作文中有层次地抒发情感	类文阅读拓展、主题阅读拓展	七年级（上）
第六单元： 19．皇帝的新装／安徒生 20．天上的街市／郭沫若 21*．女娲造人／袁珂 22．寓言四则 赫耳墨斯和雕像者／《伊索寓言》 蚊子和狮子／《伊索寓言》 穿井得一人／《吕氏春秋》 杞人忧天／《列子》	趣读童话（神话）、探究寓意、梳理情节、分析人物、联想想象、对比衬托	热爱文学作品，激发想象，尝试虚构性文本创作，感悟人间真善美	改写补写、话题探讨	七年级（上）

无边界学习之『大』课程

（续表）

单元／篇目	讲学内容	能力与快乐目标	能力与快乐活动	备注
第一单元： 1．邓稼先／杨振宁 2．说和做——记闻一多先生言行片段／臧克家 3*．回忆鲁迅先生（节选）/萧红 4．孙权劝学／《资治通鉴》	板块式行文构思、人物对比、典型细节与典型塑造、自读方法	默读课文、把握人物精神品格，积累成语，坚持写日记、读书笔记，感受生活	概读与精读相结合、布置人物观察与写作实践活动	七年级（下）
第二单元： 5．黄河颂／光未然 6．老山界／陆定一 7．谁是最可爱的人／魏巍 8*．土地的誓言／端木蕻良 9．木兰诗	诗歌意象情韵与主题、通讯文体特点、品评人物、景物描写的作用、侧面烘托、背诵古典诗歌	有感情地朗读诗歌和散文，培养爱国精神，积累雅词雅句；作文语言有文采、叙事有重点有亮点，学写读书笔记	背诵品读相结合、摘抄仿写相结合	七年级（下）
第三单元： 10．阿长与《山海经》/鲁迅 11．老王／杨绛 12*．台阶／李森祥 13．卖油翁／欧阳修	叙述视角的特点与作用、板块层次、对照层次、人物描写、描写角度、散文情韵、微型叙事	感悟不同叙述视角的审美特点，尝试多维描写人物；继续积累文言知识	分析文本层次、着重训练思维	七年级（下）
第四单元： 14．叶圣陶先生二三事／张中行 15．驿路梨花／彭荆风 16*．最苦与最乐／梁启超 17．短文两篇 陋室铭／刘禹锡 爱莲说／周敦颐	叙议结合、小说要素、侧面烘托、词语品析、文艺审美、品析文言艺法（托物言志、比兴、象征）	关注文学作品中作者对叙述主体的情感和思想认识，积累优美词句，学会排比造句；能区分写实作品与虚构作品的异同，培养热爱多元文化的艺术情怀	关注字词教学、关注层次摹写、关注段落摹写	七年级（下）

单元／篇目	讲学内容	能力与快乐目标	能力与快乐活动	备注
第五单元： 18．紫藤萝瀑布／宗璞 19*．一棵小桃树／贾平凹 20*．外国诗二首 假如生活欺骗了你／普希金 未选择的路／弗罗斯特	托物言志、借物抒情、诗歌意象与哲思、作者抒情变化与特征、文学背景	有感情地朗读抒情性文本，把握文本中的意象与情蕴、获取有益的人生启示	感悟生活意趣、加工抒情对象、写点散文诗歌	七年级（下）
第六单元： 21．伟大的悲剧／茨威格 22．太空一日／杨利伟 23*．带上她的眼睛／刘慈欣 24．活板／沈括	传记特点、科幻与想象、人物细节、概括叙事要素、励志培养	能借助文本信息把握叙事重点，捕捉人物精神，感受正能量	类文阅读、写读后感、语句修改	七年级（下）
第一单元： 活动·探究 任务一　新闻阅读 1．消息二则／毛泽东 2．首届诺贝尔奖颁发 3．"飞天"凌空 ——跳水姑娘吕伟夺魁记／夏浩然　樊云芳 4．一着惊海天——目击我国航母舰载战斗机首架次成功着舰／蔡年迟 蒲海洋 5．国行公祭，为佑世界和平／钟声 任务二　新闻采访 任务三　新闻写作	新闻特点与要素、新闻类型、新闻采访与写作、新闻精神	养成阅读新闻的兴趣与习惯；能辨识新闻的要素与文本结构；能认识新闻的类型与基本特征；和同伴能开展新闻采访与写作	阅读新闻把握特征、新闻采访开展实践、新闻写作形成成果	八年级（上）
第二单元： 6．藤野先生／鲁迅 7．回忆我的母亲／朱德 8*．列夫·托尔斯泰／茨威格 9*．美丽的颜色／艾芙·居里	散文特征、人物特征、感悟真情、多维阅读、品悟情韵	能区分散文与小说的异同，有阅读散文的语感、培养人文情怀	多元解读文本、鼓励话题探究、学写人物传记	八年级（上）

无边界学习之『大』课程

（续表）

单元/篇目	讲学内容	能力与快乐目标	能力与快乐活动	备注
第三单元： 10. 三峡/郦道元 11. 短文二篇 答谢中书书/陶弘景 记承天寺夜游/苏轼 12*. 与朱元思书/吴均 13. 唐诗五首 野望/王绩 黄鹤楼/崔颢 使至塞上/王维 渡荆门送别/李白 钱塘湖春行/白居易	古典写景散文艺术特色、重点文言现象与常识	激发阅读写景文言文的热情，培养文言文阅读的基本能力，获得阅读古典文言的审美情趣	趣读文言、美读文言、诵读文言、续写文言、化用文言	八年级（上）
第四单元： 14. 背影/朱自清 15. 白杨礼赞/茅盾 16*. 散文二篇 永久的生命/严文井 我为什么而活着/罗素 17*. 昆明的雨/汪曾祺	写人散文、写物散文、哲理散文、抒情散文、散文情脉、抒情视角、托物言志	培养阅读散文的理解力和鉴赏力，能借助文本启发情志，加强心灵与生活的对话、与世界的交流	美读散文、鉴赏散文、撰写散文阅读心得	八年级（上）
第五单元： 18. 中国石拱桥/茅以升 19. 苏州园林/叶圣陶 20*. 人民英雄永垂不朽——瞻仰首都人民英雄纪念碑/周定舫 21*. 蝉/法布尔 22*. 梦回繁华/毛宁	实用语感、说明对象、说明方法、说明顺序、说明层次、语言特征、限制性词语、文化遗产、文化与生活	能准确识别实用类文体特征，能联系实际运用所学，感受中国传统文化的魅力	类文比读、情趣品读（桥之美）	八年级（上）
第六单元： 23. 《孟子》三章 得道多助，失道寡助 富贵不能淫 生于忧患，死于安乐 24. 愚公移山/《列子》 25*. 周亚夫军细柳/司马迁 26. 诗词五首 饮酒（其五）/陶渊明 春望/杜甫 雁门太守行/李贺 赤壁/杜牧 渔家傲（天接云涛连晓雾）/李清照	孟子思想、愚公精神、将士风范、古典诗词韵味	继承和发扬优秀传统文化，培养家国情怀、忧患意识、开拓奋进的中华精神，背诵古典诗词	熟读文言、背诵文言、开展文言小主题研究性学习、开展文言故事演读活动	八年级（上）

单元／篇目	讲学内容	能力与快乐目标	能力与快乐活动	备注
第一单元： 1. 社戏／鲁迅 2. 回延安／贺敬之 3*. 安塞腰鼓／刘成章 4*. 灯笼／吴伯箫	小说、散文、诗歌三种文体区分，传统民俗特点，民间文化特点	能辨别小说、诗歌、散文不同文体的基本特征，形成整体审美认知，继承优秀传统文化	开展文学作品阅读研究活动：不同文体人物形象探究、不同文体叙述视角比较、不同文体作者思想探究	八年级（下）
第二单元： 5. 大自然的语言／竺可桢 6. 阿西莫夫短文两篇 恐龙无处不有 被压扁的沙子 7*. 大雁归来／利奥波德 8*. 时间的脚印／陶世龙	事物说明文与事理说明文区别，说明逻辑与思路、说明的观点与材料之间的关系，现象与本质的联系	能准确识别实用类文体特征，联系实际情境运用所学	品析标题、抓住特征、学会拟题	八年级（下）
第三单元： 9. 桃花源记／陶渊明 10. 小石潭记／柳宗元 11*. 核舟记／魏学洢 12.《诗经》二首 关雎 蒹葭	古典浪漫色彩、隐士情怀、贬谪文化、移步换景、情感波折、民间技艺	积累文言词汇，能辨析常见文言句式，洞悉古人思想，背诵《诗经》二首	美读品读、背诵默写、补写续写	八年级（下）
第四单元： 任务一　学习演讲词 13. 最后一次讲演／闻一多 14. 应有格物致知精神／丁肇中 15. 我一生中的重要抉择／王选 16. 庆祝奥林匹克运动复兴25周年／顾拜旦 任务二　撰写演讲稿 任务三　举办演讲比赛	演讲概念、演讲的观点、演讲的论述过程、组织演讲的步骤和过程	了解演讲的概念和特点，把握演讲稿文本的构成和表述方式，练习写演讲稿，观看演讲视频，尝试做现场演讲，提高思辨与表达能力	学习演讲词，把握演讲要素；撰写演讲稿，提升思辨能力；举办演讲比赛，展示综合能力	八年级（下）

无边界学习之「大」课程

（续表）

单元／篇目	讲学内容	能力与快乐目标	能力与快乐活动	备注
第五单元： 17. 壶口瀑布／梁衡 18. 在长江源头各拉丹冬／马丽华 19*. 登勃朗峰／马克·吐温 20*. 一滴水经过丽江／阿来	游记概念、游记要素、描写方法、描写角度、创意表达	把握游记概念和要素，梳理描写和叙述的层次和角度，关注景物特征，培养热爱自然的情怀	学写游记、互评互改	八年级（下）
第六单元： 21.《庄子》二则 北冥有鱼 庄子与惠子游于濠梁之上 22.《礼记》二则 虽有佳肴 大道之行也 23*. 马说／韩愈 24. 唐诗三首 石壕吏／杜甫 茅屋为秋风所破歌／杜甫 卖炭翁／白居易	庄子诙谐的形象特点、庄子寓言的特点、鲲鹏形象、议论性文言文观点和思路、托物寓意	展开联想和想象，在阅读中，还原情境，把握形象；阅读议论性文言文，能提炼观点，把握论证思路	美读品读、拓展阅读、背诵默写	八年级（下）
【九上】第一单元： 任务一　学习鉴赏 1. 沁园春·雪／毛泽东 2. 周总理，你在哪里／柯岩 3. 我爱这土地／艾青 4. 乡愁／余光中 5. 你是人间的四月天——一句爱的赞颂／林徽因 6. 我看／穆旦 任务二　诗歌朗诵 任务三　尝试创作	诗歌文体特征（凝练性/跳跃性/音乐性）、诗歌核心意象与意象群、诗歌节奏与韵律、诗歌情蕴与智蕴	能在诵读诗歌中把握意象、意境；能多角度品读诗歌的审美特征；能区分不同时代有代表性诗歌的风格特点；能写小诗，能写诗意化的作文语言	学习鉴赏，懂诗理；诗歌朗诵，诉情绪；尝试创作，言诗意	九年级（上、下）（跨教材、同类型单元整合）

单元/篇目	讲学内容	能力与快乐目标	能力与快乐活动	备注
【九下】第一单元： 1. 祖国啊，我亲爱的祖国/舒婷 2*. 梅岭三章/陈毅 3*. 短诗五首 月夜/沈尹默 萧红墓畔口占/戴望舒 断章/卞之琳 风雨吟/芦荻 统一/聂鲁达 4. 海燕/高尔基				
【九上】第二单元： 7. 敬业与乐业/梁启超 8. 就英法联军远征中国致巴特勒上尉的信/雨果 9*. 论教养/利哈乔夫 10*. 精神的三间小屋/毕淑敏 【九上】第五单元： 18. 中国人失掉自信力了吗/鲁迅 19. 怀疑与学问/顾颉刚 20*. 谈创造性思维/罗迦·费·因格 21*. 创造宣言/陶行知 【九下】第四单元： 13. 短文两篇 谈读书/弗朗西斯·培根 不求甚解/马南邨 14. 山水画的意境/李可染 15*. 无言之美/朱光潜 16*. 驱遣我们的想象/叶圣陶	议论文三要素、论证方法、论证结构、材料与观点之间的关系、议论文语言、立论与驳论、文艺论证	把握观点，提升辩证思维、增强议论逻辑、感受文艺论文特点	立足文题、多维品读、梳理结构、话题争议、有理有据	九年级（上、下）（跨教材、同类型单元整合）

无边界学习之「大」课程

（续表）

单元／篇目	讲学内容	能力与快乐目标	能力与快乐活动	备注
【九上】第三单元： 11．岳阳楼记／范仲淹 12．醉翁亭记／欧阳修 13*．湖心亭看雪／张岱 14．诗词三首 行路难（其一）／李白 酬乐天扬州初逢席上见赠／白居易 水调歌头（明月几时有）／苏轼 【九下】第三单元： 9．鱼我所欲也／《孟子》 10*．唐雎不辱使命／《战国策》 11．送东阳马生序／宋濂 12．词四首 渔家傲·秋思／范仲淹 江城子·密州出猎／苏轼 破阵子·为陈同甫赋壮词以寄之／辛弃疾 满江红（小住京华）／秋瑾 【九下】第六单元 20．曹刿论战／《左传》 21*．邹忌讽齐王纳谏／《战国策》 22*．陈涉世家／司马迁 23．出师表／诸葛亮 24．诗词曲五首 十五从军征 白雪歌送武判官归京／岑参 南乡子·登京口北固亭有怀／辛弃疾 过零丁洋／文天祥 山坡羊·潼关怀古／张养浩	借景抒情、对比对照、运镜写景、忧国忧民、与民同乐、白描手法、遗世独立、"痴"字情怀、士文化、劝谏艺术……	积累文言词汇，能辨析常见文言句式，培养文言审美鉴赏能力，洞悉古人思想，继承中华优秀传统文化	文言美读、诵读结合、上下勾连、比较阅读、触类旁通、课外拓展、夯实字词、牢记常识、反复背诵、定期检测、主题探究、比较阅读、开展研究性学习	九年级（上、下）（跨教材、同类型单元整合）

单元／篇目	讲学内容	能力与快乐目标	能力与快乐活动	备注
【九上】第四单元： 15. 故乡／鲁迅 16. 我的叔叔于勒／莫泊桑 17*. 孤独之旅／曹文轩 【九下】第二单元： 5. 孔乙己／鲁迅 6. 变色龙／契诃夫 7*. 溜索／阿城 8*. 蒲柳人家（节选）／刘绍棠	小说三要素、小说时空与结构、手法品析、语言风格、场景、悬念、伏笔、暗示、对比、探究结构、探究主题	阅读小说群文，在文本情境中把握艺术形象，探究小说人文主题，获得有益的人生启示	品读、比读、类文拓读	九年级（上、下）（跨教材、同类型单元整合）
第六单元： 22. 智取生辰纲／施耐庵 23. 范进中举／吴敬梓 24*. 三顾茅庐／罗贯中 25*. 刘姥姥进大观园／曹雪芹	古典小说、名著导读、精妙情节、对比夸张、讽刺寓意	培养并增强古典名著阅读的兴趣，初步判断古典小说与现代小说的异同	精读概读、名著导读	九年级（上）
第五单元： 任务一　阅读与思考 17. 屈原（节选）／郭沫若 18. 天下第一楼（节选）／何冀平 19. 枣儿／孙鸿 任务二　准备与排练 任务三　演出与评议	戏剧概念、戏剧冲突、戏剧语言、戏剧人物与评价	了解戏剧概念以及相关文体知识，能在戏剧冲突中把握人物形象特点，能对剧本所表现的主题作出合理评价，最终养成一定戏剧审美素养	阅读思考读剧本、准备排练改剧本、演出评议悟剧本	九年级（下）

1.2 初中语文"大"课程的一体化活动支持体系

1.2.1 理论出发，解构活动概念

泰勒的课程经典四问提醒我们：在学科建设明确了一体化的宗旨和目标内容体系之后，要有效地开展实施过程，这是一体化成败的关键。如何扎实地推进一体化进程？美国课程专家麦克尼尔提出了三种实施策略：从上而下、从下而上、从中间向上。

从校本课程的角度而言，从上而下的策略适用于一体化建设，即"学校提出学科建设方针——学科组制订建设方案——备课组落实建设内容——课堂讲学落实能力培养——课下实践拓展能力培养"，在这条纵向发展的策略线中，仍然凸显了三个主体，"科组"是一体化建设的主阵营，"教师"是一体化建设的研究者，"学生"是一体化建设的受益者。那么通过什么载体把这条策略线立体化？答案是"活动"。

"活动"在《现代汉语词典（第7版）》中的一个义项是"为达到某种目的而采取的行动"。在语文一体化建设中的"活动"是指以能力为导向，促进科组、教师、学生三方面发展的经过设计的研究行为、教学行为、学习行为，具有明晰的目的、内容和形式。

语文课程是兼有学科课程和活动课程的综合性体系，然而当前初中语文综合性活动存在诸多问题。一是附件式学习，把综合性活动当作教材附录；二是课式式学习，将综合性活动当作课文对待，以积累"考点"和"说教"为主；三是象征式学习，一学期象征性地开展一两次综合性活动；四是"走过场"式学习，将综合性学习的权力完全

下放给学生。这种无目标、无主题、无序列、无系列的现象，严重背离了语文教育的初衷。

基于此，为充分落实"以快乐和能力为导向"的大课程理念，语文课题组根据学校总体部署，提出一体化活动支持体系的建设思路。从语文科组建设的纵向角度出发，来建设初中语文三年一体化综合性活动体系，以能力导向为指导目标，以学生的快乐体验为基础，统筹语文科组，通过各年级目标定位上的层递性，各学段实践活动的统一协调性，分层次地将目标分解，任务落实，把作为课程的学习过程和作为活动的实践过程融为一体，从而创造一种充满活力的综合实践活动网络体系，用三年的时间开展有序列的综合性活动，循序渐进地整体提升学生的语文综合能力。

1.2.2 对照目标，有序安排内容

如何构建语文科组三年一体化的综合性活动体系、呈现有计划有侧重的综合活动？需要遵循以下四点。

（1）身无彩凤双飞翼，心有"目标"一点通

目标是行动的先导。语文综合性活动目标应围绕初中语文课程总目标、阶段目标以及综合性学习目标加以确定，也就是说有这样四个层次：初中语文课程总目标——初中语文阶段目标——初中语文综合性学习目标——各个具体目标。

结合《义务教育语文课程标准》关于"能力"的要求可将综合性实践活动的总体目标定位为以快乐和能力为导向，以阅读为基础，以思考为支点，以表达为核心的总体目标。分级日标下匕年级强化学生"快乐的学习体验"，以"言语交际能力"为主，具有适应实际需要的识字写字能力、阅读能力、写作能力、口语交际能力；八年级以

"阅读鉴赏能力"为主，培养学生表达与交流、阅读与鉴赏、思考与探究、审美与应用等综合能力；九年级以"思维表达能力"为主，提升语文课程的综合应用能力，并提高学生道德品质和科学文化素养。具体见表1-5。

表1-5　语文综合性活动分级目标表述

目标要素	目标表述		
	七年级	八年级	九年级
阅读	能够具有独立阅读的能力，注重情感体验，有较丰富的积累，形成良好的语感，重点在于形成学生的语文阅读能力	能初步理解、鉴赏文学作品，受到高尚情操与情趣的熏陶，发展个性，丰富自己的精神世界。掌握基本语文阅读技能，促进语文阅读素养养成，使学生具有感受、理解、欣赏的能力	在通读课文的基础上，理清思路，理解主要内容，体味和推敲重要词句在语言环境中的意义和作用，有自己独立的鉴赏能力和评价能力
思考	欣赏文学作品，能有自己的情感体验，初步领悟作品的内涵，从中获得对自然、社会、人生的有益启示	对课文的内容和表达有自己的心得，能提出自己的看法和疑问，并能运用合作的方式，共同探讨疑难问题	对作品的思想感情倾向，能联系文化背景作出自己的评价；对作品中感人的情境和形象，能说出自己的体验
表达	具备基本的写作能力，感情真挚，表达自己的独特感受和真切体验	有选择恰当表达方式的能力，有合理安排内容的先后和详略的能力，并条理清楚地表达自己的意思，丰富表达的内容	有独立完成写作的能力，可以多角度地观察生活，多角度地捕捉事物的特征并灵活运用多种表达方法有创意地表达
情感	能联系文化背景和生活体验，感悟作品的思想内涵，做出自己的评价，从而激发对自然、社会、人生的有益启示	培养爱国主义感情、社会主义思想道德和健康的审美情趣，发展个性，培养合作精神，逐步形成积极的人生态度和正确的价值观	认识中华文化的丰厚博大，吸收民族文化智慧。关心当代文化生活，尊重多样文化，吸取人类优秀文化的营养，提高文化品位

（2）问渠那得清如许，为有"主题"活水来

可以这样给初中语文综合实践活动体系设计一下定义：初中语文综合实践活动体系设计就是在语文活动课程理论和语文综合性学习方式理论的指导下，制订初中语文活动课程实施方案，构建整体教学实施蓝图的活动。而单一的语文综合实践活动是构成综合实践活动体系的基础，也是综合实践活动体系设计的重要元素，综合实践活动体系不仅仅重视对于单一语文综合实践活动的设计，更重视的是各个实践活动之间的整体联系，它们共同服务于一个目标，于多样中体现统一。

因此，初中语文综合实践活动体系设计就是将语文实践与教材内容、学生实际、内在需要有机地融合在一起。以人教版初中语文为例，全套6册教材的所有36个单元，励志类6个、科技类2个、文化类9个、历史类2个、民俗类2个、自然类3个、社会类7个、学习方法类5个。但是人教版初中语文教材在综合活动的编排采取了单一的形式，即编者确定活动主题，围绕活动主题布置数量不等的综合实践活动任务，没有重点，没有规律。因此，我们将教材中的36个主题按照能力分级目标分年级进行统筹。可按七年级"人与自然"、八年级"人与社会"、九年级"人与自我"三大主题来组织编排活动，将36个主题归纳到以上三大主题中，根据分级目标和学生实际调整顺序，增减内容来开展每单元一次的"知性序列"或"过程性序列"的相关"听、说、读、写"的主题活动。

（3）落霞与孤鹜齐飞，目标共"内容"一色

哪些活动能够有效达成初中语文综合能力的提升呢？除了每单元一次的主题式综合活动，围绕课程目标和单元目标，挖掘能力提升点，开展日常的综合实践活动。活动途径也不单单通过语义活动或情景模拟来达成某项能力的提高，而是利用各种可利用的资源，运用各种学习方法与手段来达到活动目的，多数活动当堂即可完成。以人教

版七年级下册教材为例，详见表1-6。

无边界学习之『大』课程

表1-6　单元目标和综合学习活动内容

单元	讲学内容	能力与快乐目标	能力与快乐活动
第一单元	朗诵美文、记叙要素、表达方式、点评人物、初识文言、概括性表达	热爱读书、学习朗诵、正楷写字、积累词语、学写日记、叙事完整	学会勾画批注、进行经验分享和优秀作品展示活动
第二单元	要点概括、叙事线索、描写方法、景物衬托、情感变化、品味语言	流畅表达，领会生动刻画人物、叙事有详略的写作方法	开展仿写交流沙龙和片段写作接龙活动
第三单元	借景抒情、描写角度、描写顺序、多种修辞、词语品读、初学赏析	积累雅词雅句、掌握多种描写方法	开展积累摘抄的成果展示会和成语大赛
第四单元	托物言志、多种修辞、心理刻画、探究寓意、伏笔铺垫	口头作文、情景交融、托物言志	即兴演讲、仿写课文
第五单元	说明对象、说明特点、说明层次、探读文言内容	阅读科技类文章准确把握信息。掌握文言文常识性知识	类文阅读、主题阅读拓展活动
第六单元	趣读童话、探究寓意、梳理情节、分析人物、联想想象、对比衬托	热爱文学作品、尝试创作、感悟真善美	课本剧表演活动及创写童话活动

　　此外，对于依据某一目标所设计的活动，应尽量多些，以供不同爱好和水平的学生选择，以便增加其含量、增强其弹性。

　　（4）一年之计在于春，活动之计在"有序"

　　有序是初中语文综合实践活动体系的重要特征。因此要在活动设计中突出重点，加强整合，使各个综合实践活动有序呈现，促进学生能力由一个"最近发展区"向另一个"最近发展区"发展。

活动与活动之间需要整体一致的思路，"语文综合实践活动体系"与"范文系统""知识系统""练习系统""助读系统"等彼此关联，共同构成教材的整体。初中语文综合实践活动体系设计追求什么序？我认为有这样几种：学生语文能力发展之序、初中语文综合性学习目标构成之序、语文教材内容合成之序、体验性活动内容的组合之序。可按"人与自然""人与社会""人与自我"三个方面组织编排、时间之序，根据七年级、八年级与九年级不同学习时段要求进行选择与安排。在初中语文综合实践活动体系设计中，这些序列可以交叉重叠，交错选用，但总体上要呈现鲜明的序列。

在操作过程中，要符合学生的认知发展规律，由浅入深，由易到难，螺旋上升，并以学生喜闻乐见的方式呈现内容。要按照规范的程序、学科特点和教学规律组织活动，从能力目标、活动主题、活动内容、活动形式、活动准备、活动开展和呈现、评价要求、跟踪反馈等进行有序的安排，使之协调、有序、统一。

《义务教育语文课程标准（2019年版）》在论及"正确把握语文教育的特点"时指出："语文是实践性很强的课程，应着重培养学生的语文实践能力，而培养这种能力的主要途径也应是语文实践。"基于"能力导向、快乐体验"视角下的初中语文三年一体化综合性活动建设便是从能力提升的角度有计划、有目标、有主题、有序列地将语文课程目标中相关的各个语文活动有层次地提炼出来，构成一个系统，使之成为一种可供师生操作实践的教材体系，有助于学生知识技能的形成和系统化发展、有助于语文的工具性和人文性的两翼齐飞。

1.2.3 环节设计，金字塔式阶梯

学校采取了以活动为载体的金字塔式的策略模式。

金字塔塔尖：学科组开展主题教研活动。学科教研活动起到的作用是方向引领，引领三个语文备课组以能力为导向，发挥合力，推动整合建设。它有明确的主题系列、目标管理以及研讨内容。以2016—2017学年主题教研活动为例。

学年主题："三年一盘棋，落实能力目标"

第一学期四个主题教研活动——

● 如何在课堂教学中提升学生的阅读力。（9月）

● 如何在课堂教学中提升学生的思考力。（10月）

● 如何在课堂教学中提升学生的表达力。（11月）

● 如何在课下活动中培养学生语文的实践力。（12月）

第二学期四个主题教研活动——

● 如何提升语文教师的阅读力。（3月）

● 如何提升语文教师的课程力。（4月）

● 如何落实一体化目标体系。（5月）

● 如何设计能力讲学活动。（6月）

这一学年的主题教研活动从教师教研到学科建设再到课堂教学，逐步开展，有序列，也成系列。

金字塔塔身：备课组开展三维集备活动。一体化建设的中间环节在于各个语文备课组的集体备课。集体备课是把课程宗旨、课程目标、实施方案转化为具体教学行为的中转站。以往各个年级的语文集体备课各自为营、各自为政，割裂了学科建设的线索。为了避免这种状况，一体化建设在集备维度上做了相应的设计和规定。集备从"三个维度"出发：第一维度"研究教材"，意在提炼"能力"训练点；第二维度"研究教法"意在凸显"能力"训练活动；第三维度"研究

测评"意在有效评价"能力"提升情况。三个备课组集备都遵循以上三个维度，便可让一体化在课堂教学上得以实现。

金字塔塔底：课堂开展能力训练活动与课下开展能力拓展活动。一体化的最终落脚点是课堂教学，如何彰显能力培养？我们倡导能力训练活动。关于"训练"，特级教师钱梦龙先生多次强调过训练不等于习题练习："训练"，是由"训"和"练"两个语素构成的复合词，"训"指教师的指导、辅导，"练"指学生的实践、操作。"训练"是教学过程中师生互动的基本形态。所以，语文课要重视阅读训练、思维训练、表达训练。每种训练都要彰显教师的"导"和学生的"习"。

如在《孔乙己》教学中，教师为了帮助学生把握人物形象，就用"增""删""换"的方法引导学生阅读文本关键句——

有的叫道："孔乙己，你的脸上又添新伤疤了！"

教师三次引导：

第一次，在"有的"后面加上人物表情来阅读。

第二次，删去"又"字再阅读。

第三次，把"添"换成"有"，比较阅读。

三次导读，渐入佳境，学生自然体会到孔乙己复杂的内心活动，同时也锻炼了语言鉴赏能力。

除了开展充分的课堂能力训练活动，课下语文能力拓展活动也不能少，它们都能丰富学生的语文生活。

泰勒的课程经典四问为语文学科一体化建设提供了思路。思路决定出路。语文学科建设的格局日渐明朗，教师的课程能力也不断提升，学生的语文素养也会不断提高。学生的综合能力发展了，学科建设的意义就实在了。

无边界学习之『大』课程

表1-7 初中语文一体化活动支持的环节设计

序号	地点	活动名称	活动目标	活动环节	负责人	备注
1	教室	硬笔书法比赛	让学生形成良好的书写习惯，在学习中享受书写的快乐，为个人以后能书写美观的字打下一个坚实的基础	1. 准备阶段： 公布书写内容和评价标准。由教师统一授课，进行指导与训练。 2. 竞赛阶段： 在规定时间内完成书写，必须书写正确、规范。必须使用水性笔书写。参赛用纸统一发放，不得做记号，姓名和班级必须书写在规定的位置上。否则以弃权处理。 3. 评选阶段： 由教师和学生代表共同选出获奖名单	各班语文教师	七年级（上）
2	架空层展板	手抄报比赛	提高学生学习语文兴趣，培养学生大语文观，扩大学生的文化知识，让学生通过收集资料，动手设计制作手抄报，发挥自己的想象力和创造力，学会使用文字、运用文字	1. 活动原则： 学生以班级为单位参加。可按主编、文章手写、资料收集、美工等分工。 2. 活动主题： 以我身边的语言文字为主题，收集材料进行创作，版式与内容自定。 3. 展板展示： 各班推选优秀作品在学校架空层展板展示，并派发纪念品（学生与作品一同拍照，留下美好时刻）	各班语文教师	七年级（上）
3	架空层	《黄河、母亲河》综合性学习活动展示	让课本与生活更好地衔接，让学生了解母亲河源远流长的文化，围绕本主题开展各种相关的展示活动，如摄影展、手抄报站等	1. 活动准备： 小组筹划，收集资料。 2. 活动时间： 利用一周的时间，每班分一块展板，自由设计。 3. 评选优秀班级并派发奖状	各班语文教师	七年级（上）

序号	地点	活动名称	活动目标	活动环节	负责人	备注
4	教室	我是演说家	提高学生的口语表达力和思维力，开展"我是演说家"的活动	1. 活动准备： 小组筹划，教师指导。 2. 活动时间： 周五两节语文课各班统一开展活动。 3. 评选优秀个人并派发奖品	各班语文教师	七年级（上）
5	教室	诗词配画书写比赛	传承祖国优秀文化，提高学生学习经典诗文的兴趣，引导学生感受祖国优秀传统文化，丰富学生课余文化知识，提高学生审美、创造美的能力；增强学校艺术氛围，规范学生用字意识，从小养成良好的书写习惯，提高学生汉字书写水平	1. 参赛者自选古典诗文一首，绘画作品要紧扣诗文主题，应做到主题鲜明，构思生动，能够用画笔表达诗文意境。 2. 画面色彩和谐、线条流畅、有层次性。 3. 绘画作品应手绘完成，形式不限，作品尺寸适当，绘画纸统一为八开。 4. 书法作品要求排版整齐，富有美感，有一定的书法艺术感	备课组长及各班语文教师	七年级（下）
6	教室/报告厅	"我的梦，中国梦"演讲比赛	引导学生树立正确的世界观、人生观、价值观，帮助学生确立积极的奋斗目标、价值取向和精神追求，通过活动激发学生爱国、爱乡、爱校的情怀，进一步增强学生的自信心、自豪感、成就感，充分展示学校学生全面发展、积极进取、勇攀高峰的精神面貌和能力	1. 第一阶段： 各班级内部进行比赛，每位学生都有参赛机会，各班选拔出2名学生代表班级参加第二阶段比赛。 2. 第二阶段： 以班级为参赛单位参加年级比赛。 3. 第三阶段： 以年级推荐的5名学生参加学校的决赛	语文科组长及各班语文教师	七年级（下）

（续表）

序号	地点	活动名称	活动目标	活动环节	负责人	备注
7	多功能报告厅	读书漂流活动	提供更多阅读机会，唤起读书意识，让书籍在流动中发挥作用，激起学生惜书、爱书的情感，分享藏书，播撒书香，传递文化，掀起读书热潮	1．每人每次限领取一本漂流书，要爱护书籍，精心保管，遵守漂流活动规则。2．阅读过漂流图书的漂友，须在传阅记录处，留下读书日期和姓名，并简单书写阅读感言。3．图书放漂后，可自行"转漂"（将已经读完的书传给下一位学生，让其继续漂流下去或放回漂流站换取其他图书）。4．漂友团可以自行"求漂"（对任意一本图书发出漂流请求），掀起和谐友善的读书热潮	备课组长及各班语文教师	七年级（下）
8	教室	校园文明公益广告	学以致用，让文字参与生活，让生活激发思维	1．组织宣传。2．教师指导。3．上交作品。参赛选手可以上交平面、影视、广播等不同形式的广告作品，主题包括道德、环保、健康、卫生、禁毒戒烟、尊重知识、权益保护、校园文明用语、课堂文明、宿舍文明、安全、交际礼仪等。4．评选	备课组长及各班语文教师	七年级（下）
9	报告厅	"宏辞论道辩出自我"辩论赛	丰富学生的课余生活，活跃校园气氛，提升学生的语言表达能力和逻辑思维能力，提高辩论水平，促进班级之间的友好关系。辩论的意义在于教给学生如何更敏锐地观察社会、更深层地剖析问题、更辩证地看待世界、更包容地对待不同的意见	1．组织宣传。2．观看视频。3．教师指导。4．分组抽签。5．现场比赛：开篇陈词、攻辩、自由辩论、总结陈词。6．评选优秀个人和班级并颁奖	语文科组长及语文教师	八年级（上）

（续表）

序号	地点	活动名称	活动目标	活动环节	负责人	备注
10	架空层	影像与文字创意大赛	着力打造特色活动，丰富学生的第二课堂，同时提升学生的综合素质，丰富学生的学习生活，结合学生喜闻乐见的兴趣，让兴趣、生活、文字有机融合	1. 组织宣传。2. 教师指导。3. 上交作品。4. 评选。5. 展板展示	语文科组长及语文教师	八年级（上）
11	教室／报告厅	原创诗歌大赛	激发学生学语文、用文字的兴趣，创作歌曲《我们的时光》，在感知歌曲节奏和内涵的基础上，为本曲重新填词	1. 组织宣传。2. 教师指导。3. 上交作品。4. 评选。5. 展板展示	各班语文教师	八年级（上）
12	教室	分类阅读马拉松	强化话题分类阅读，拓宽阅读视野，提高阅读速度，练习阅读方法，鼓励学生坚持自主阅读	1. 以中考话题为依据，各个话题挑选出5篇阅读文章。2. 对所有文章进行编号，以此作为阅读题库。3. 即兴抽取10篇，进行阅读竞赛。4. 评选出个人及团体优胜者	各班语文教师	八年级（上）
13	教室／报告厅	经典诵读	1. 通过经典诵读，充分激发学生学习祖国优秀传统文化的兴趣，促使学生从小热爱祖国优秀传统文化，多读多背以加强语感、积累语言、陶冶情操、丰富想象。2. 通过经典诵读，为学校的管理和发展增添激情、注入活力、丰富内涵，从而形成浓厚的校园文化底蕴	1. 保证诵读时间。每天固定上午第一节课前的预备时间以及每周一节诵读课为诵读时间，天天坚持。2. 诵读方式多样化。采用教师带读、学生齐读、优生领读、自由对读等形式，让学生吟诵。3. 全年级以班级为单位开展诵读比赛	语文科组长及各班语文教师	八年级（下）

（续表）

序号	地点	活动名称	活动目标	活动环节	负责人	备注
14	教室	现场写作比赛	丰富校园生活，使学生在平日里多想多记，关注生活，做生活的有心人。力图让学生通过手中的笔，真实地记录自己生活的感悟和成长过程的点滴，学会作文、学会做人。同时激发学生学习的热情，提高学生对生活的观察力、联想力，从而提高学生的习作水平和文化素养	1．"爱阅读""说成长""学感恩"主题作文竞赛。要求：①任选一主题作文。②题目自拟，紧扣主题，语句通顺，内容完整，思想感情积极向上。③一律使用黑色水笔，字迹清楚，整洁。④作文体裁不限，字数不少于600字（诗歌不限）。⑤正确使用标点符号，写规范字。2．评奖并颁发奖品	备课组长及各班语文教师	八年级（下）
15	报告厅	"书韵飞扬"课本剧展演	丰富学生课余文化生活，陶冶情操，提高学生学语文、用语文的趣味性，提高学生的综合能力	1．学生在语文组老师的指导下，利用课余时间认真排练，自己编写剧本，设计背景，选择配乐，制作道具，挑选服装，选用的题材来自语文教材和阅读教材。2．组织善于摄影、剪辑的学生进行录制	各班语文教师	八年级（下）
16	教室	写电影影评	活跃学习语文的气氛，提高学生的写作表达能力	从推荐表中选取1—2部感兴趣的电影观看，看后写影评，每班选出5名获奖名单并将优秀影评进行张贴展示	各班语文教师	八年级（下）
17	报告厅	中华经典诗文诵读	引导学生博览群书、开阔视野，丰富语言储备，提高文化品位和审美情趣。陶冶高尚情操，养成健全人格，形成积极的人生态度及正确的世界观	1．制订诵读方案，选择诵读内容，每天设定专门的经典诵读时间。2．展示诵读成果。3．开展师生共读活动。4．举行古诗文诵读竞赛。诵读篇目自选，每班最多两个节目，每个节目时间控制在3—5分钟，配乐自备	各班语文老师	九年级（上）

序号	地点	活动名称	活动目标	活动环节	负责人	备注
18	教室	词汇运用我最行	1．拓展学生词汇量，提高词汇运用能力。 2．增强学生的学习兴趣，提高应试能力	1．总结初中三年的重点词汇，并安排学生每天定时复习。 2．编制竞赛卷，以单项选择题的形式，重点考察词语在句子中的运用。 3．正式比赛。 4．机读答题卡，当天出竞赛结果，当天评奖进行奖励	崔一新、李征	九年级（上）
19	教室	好书交流会	1．养成良好阅读习惯。 2．体会阅读快乐，提高阅读兴趣	1．班级学习小组为单位选出最喜欢的书。 2．班内交流。 3．班级投票选出优秀展示小组。 4．每班选出6本好书在全年级漂流	各班语文老师	九年级（上）
20	报告厅	九年级课本剧汇报演出	1．加深对教材、生活的理解，多方位汲取文化营养，提高学生综合素质。 2．加强学生活动、组织、创造、口语表达和舞台表演的能力	1．落实课本剧演出内容：九年级语文教材中的小说为主，忠实课本，可在原文基础上进行创新。 2．确定表演形式，如小话剧、音乐剧、歌舞剧等。 3．设定评价标准。 4．各班进行排演。 5．报告厅进行汇报演出并评奖	各班语文老师	九年级（上）
21	教室	名著对比阅读竞赛	1．熟练阅读名著，掌握对比阅读的技巧。 2．熟记各名著的考察重点	1．准备阶段： 明确"名著对比阅读"的竞赛形式（笔试），范围（中考必读名著），题型（填空题：作家、作品、主要角色；简答题：故事情节、人物形象、艺术特色等的同异），评优标准等，并号召各班在班内进行热身赛。	张健丽、谢婧	九年级（下）

（续表）

無边界学习之「大」课程

序号	地点	活动名称	活动目标	活动环节	负责人	备注
				2．竞赛阶段： 全年级统一比赛。 3．评选阶段： 流水改卷，评选出个人及团体优胜者		
22	教室	推荐一篇美文	1．培养学生良好的阅读习惯，激发阅读兴趣。 2．学会精选美文。 3．提高阅读审美	1．每位同学精选一篇好的文章。 2．小组讨论，从小组中挑选出一篇最有推荐价值的文章。 3．小组寻找文章具有审美亮点之处，制作PPT并派代表上台介绍。 4．各班精选出3篇美文在全年级分享	各班语文老师	九年级（下）
23	会议室2	优秀考场作文风采展	1．帮助学生掌握考场写作审题、选材和行文立意的技巧。 2．激发学生的写作乐趣，提高写作自信	1．考前进行"作文能力提高专题周"的培训。 2．精选题目进行模拟考试。 3．流水三改，挑选优秀考场作文并在会议室展示，全年级学生参观。不仅学写作，同时也对卷容提出要求	各班语文教师	九年级（下）
24	报告厅	"难不倒我"课外文言文	1．积累文言文学习的方法和技巧。 2．积累文言实词。 3．提高阅读文言的兴趣和应试能力	1．课外文言阅读动员，号召学生从文言短文中了解名人逸事和名人风骨。 2．确定课外文言文竞赛的形式：以抢答的形式回答从文章中提取的问题。 3．各班派出代表队参与竞赛，全校语文教师和七年级、八年级学生代表为评委，现场出结果并进行表彰	丁世民、李征	九年级（下）

1.2.4 政策保障，建设书香校园

书籍是人类传承智慧的重要载体，是人类进步的阶梯。个人精神的发育史实质上就是个人的阅读史；民族精神境界的高低，在很大程度上取决于全民族阅读水平的高低。最是书香能致远。为了传承优秀的精神文化，为了提高师生阅读能力，为了促进师生精神品格成长，为了提升学校办学内在品质，学校特制订了"书香校园"建设方案。

方案以"能力导向·快乐阅读·阅读育人"为建设主题，总体建设目标如下。

（1）营造宁静、开放、自由、快乐的校园阅读氛围，构建阅读引领、精神成长、师生共读的学习型校园。

（2）培养师生浓厚的阅读兴趣，养成终身阅读的习惯，强化终身学习的理念。

（3）提高师生阅读的理解力，促进师生阅读思维的发展，推动校园人文素养的整体提升。

（4）促进学校文化内涵建设，提高学校办学格调，形成特色品牌。

方案中针对学生、教师、家庭提出了具体的阅读目标和要求，其中学生的阅读目标与要求如下。

（1）重视读书，认清阅读的重要意义。

（2）热爱读书，养成读书的好习惯。

（3）智慧读书，掌握读书的好方法。

（4）个性读书，领悟读书的好内涵。

教师的阅读目标与要求如下。

（1）读专业理论，增强教育底蕴。

（2）读专业期刊，更新教育思想。

（3）读百科群书，优化知识结构。

（4）读文学作品，培养人文情怀。

（5）读哲学经典，开拓人生境界。

家庭的阅读目标与要求如下。

（1）给时间，让孩子充分地阅读。

（2）给空间，让孩子安静地阅读。

（3）给好书，让孩子快乐地阅读。

（4）给示范，让孩子与你一起读。

为更好地协调相关管理工作，我校成立了"书香校园"建设管理小组，由副校长张健丽任组长，江学英、裴宏平任副组长，组员由办公室主任廖翠华、办公室副主任王章海、教务处主任卓晓芸、教务处副主任何芳、教研室主任周莉萍、教研室副主任丁世民、学生处主任李鹤、团委书记吴泽铭、语文科组长李征、英语科组长胡慧豪、数学科组长姚高文、物理科组长张卫红、化学科组长魏明红、政治科组长邱丽新、历史科组长林文、地理科组长梁少荷、美术综合实践科组长游菡缤、信息技术科组长吴泽铭、七年级级长吴森雄、八年级级长何玉峰、各班班主任组成。并成立了"书香校园"建设实施小组，由各年级级长组建"书香年级"建设实施小组，各学科科组长组建"书香科组"建设实施小组，各班级班主任组建"书香班级"建设实施小组。

通过五大建设策略共同助推"书香校园"的建设与实施，五大建设策略具体如下。

（1）全员共读，多元一体。紧扣"能力导向·快乐阅读·阅读育人"的建设主题，全校师生有组织、有计划地共同参与阅读，形成"书香学生""书香教师""书香年级""书香年级""书香家庭"多元一体化的阅读有机体。

（2）整合资源，创建平台。学校及时采购并更新图书馆藏书，完善图书借阅制度，优化阅读资源，同时创设良好的读书环境，搭建

"图书馆——阅读广场（校园）——读书角（班级）"的三级阅览平台。

（3）主题明确，有的放矢。各科组、各年级、各班级要依据本方案做好本小组的建设实施方案，明确各自小组书香建设实施的目的、内容、要求和策略，有主题、有方向、有计划地开展。

（4）活动充分，形式活泼。各建设实施小组有完整的活动方案，有完成的过程实施，有完整的记录总结，充分开展读书活动，激发师生阅读的热情，营造读书的热烈氛围。

（5）完善体系，激励评价。各科组、各年级、各班级建立并完善阅读机制，尤其要凸显激励对于师生阅读的评价作用，既要奖励个人也要奖励组织，推动阅读型年级组、阅读型班级、阅读型科组、阅读型家庭的建设。

在建设中采取以下三阶段步骤。

（1）启动阶段。成立"书香校园"建设管理小组与实施小组；做好"书香校园"建设的宣传与动员；各建设实施小组初步拟定本组建设方案。

（2）实施阶段。各建设实施小组完成以下三大主题活动。

● 阅读意义专题："阅读与责任、快乐、智慧"。

● 阅读思维专题："阅读与方法、习惯、思考"。

● 阅读效果专题："阅读与学习、教育、境界"。

（3）总结阶段。总结"书香校园"建设的经验；各种形式的成果展示与价值推广；研讨"书香校园"高层建设的方向和策略。

为了更好地建设"书香校园"，学校还提出了具体实施建议，参照"书香校园"建设方案建设"好书伴我行"阅读基地。关于阅读平台的建设提出以下方案。

（1）让图书走出图书馆，走进教室。采取学生自筹与学校配备相结合的形式筹集图书，让学校的图书进课室、进班级读书角。

（2）借助班级文化建设，打造"书香班级"。课室可设置"读书台"，班级墙壁可展览学生阅读成果。

（3）学校进行全方位文化建设，做好办公室、教室、走廊、操场、草坪、绿地等校园文化建设，从文字到修饰，让书香弥漫学生身边的每一寸空间。

（4）加大硬件投资，将学校的校园网与城域网连接，构建读书交流平台，网络相连，信息相通，让师生的目光投得更远。

关于学生阅读活动的开展提出：以活动引领阅读，以活动激发阅读，以活动促进阅读。组织开展形式多样、内涵丰富、以阅读为主体的阅读节活动。这些形式包括学生朗诵会、故事会、读后感集册、优秀日记集、校刊、班级活动成果展，以及创办教育论坛、教育随笔集锦等。活动之后要有评价和总结，要有记录和归档。

关于教师阅读活动的开展提出以下要求。

（1）与青年教师协会寒暑假读书活动相结合。

（2）积极开展全校教师共读好书活动。

（3）开展与学生"同读一本书""同诵一首诗"活动。

（4）办好读书沙龙，开展相关读书征文活动。

（5）建好学校网站，设定相关阅读分享栏目，如"教育论坛""教育随笔"等，以便教师交流学习。

关于家庭阅读活动的开展提出以下要求。

（1）利用家长会、校讯通等交流沟通方式，宣传亲子阅读的重要意义和积极作用。

（2）向家长推荐好书。

（3）建议家长与学生共读一本好书，互谈感想。

（4）定期举行"共读美文·亲子诵读"等活动。

学校积极打造书香校园的办学特色，以"能力导向·快乐阅读·阅读育人"为主题，按照"悟阅读意义——定阅读目标——置阅读主题——展阅读活动——评阅读效果"的建设思路和"全员共读，多元一体——整合资源，创建平台——主题明确，有的放矢——活动充分，形式活泼——完善体系，激励评价"的建设策略，取得了如下积极的成效。

（1）"晴空一鹤排云上，便引学识到碧霄"

大力开展阅读活动，如主持人比赛、经典诵读、心灵剧场等多样化的主题活动，旨在丰富学生的课外文化生活，增进学生的交流和沟通，提高学生的认知和学习的机会，了解新事物、新知识和新技能，增强学生的团队合作和凝聚力意识，激发学生的学习兴趣，提高其人文素养。

（2）宏辞论道，辩出自我（辩论赛）

在九年级语文组承办的辩论赛中，级组、语文老师和学生精心准备，一场思维的碰撞和语言的攻辩征服了全场观众。

（3）聆听诗词书韵，传承华夏文明

八年级语文科组承办的中华经典诵读比赛中，级组、语文老师和学生精心准备，一场形式多样、声情并茂的视听盛宴感染了全场观众。中华经典诵读比赛在活动组织、参与人数、内容和形式上都取得了空前的成功，充分体现了学校浓厚的文化积淀，展示了五中学子高雅的审美情趣和积极向上的精神风貌。

1.2.5 评价促学，具体奖评要求

建立"语文综合活动体系"，初步制订学生对教师的教的生成性评价体系和学生对自身综合能力提升的动态评价体系，尝试并摸索贴合学生发展需要的操作体系。

"提升学生的语文综合素养"综合活动总体原则

系统性 → 针对性 → 科学性

课堂与课外活动相结合　老师指导与学生自主组织相结合　常规活动与年级特点相结合　七年级　八年级　九年级　感性（发现规律）→ 知性（重组知识）→ 理性（创造思维）

制订和设计主题活动 → 小组明确目标、合作分工 → 小组实践感悟 → 按要求完成活动总结形成系统资料 → 进行多元评价、反馈

活动设计由单一到综合由封闭到开放 → 在实践活动中，充分发挥学科课程的学习功能、活动课程的开发功能、环境课程的辐射功能，使三个板块的功能相互渗透，相互促进

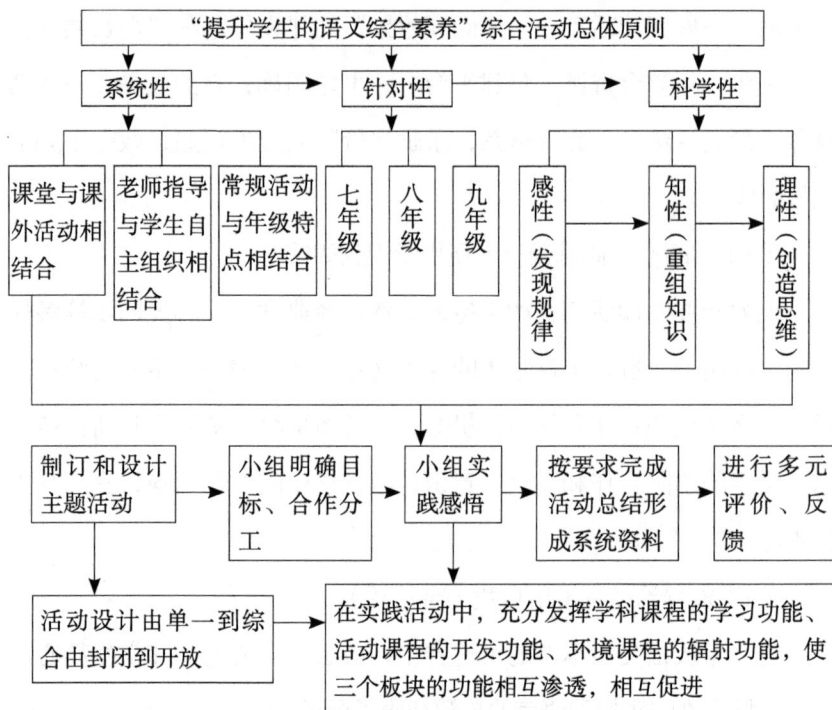

语文综合活动体系

初中语文三年一体化学生综合活动构建如表1-8所示。

表1-8　初中语文三年一体化学生综合活动构建

七年级（上学期）				
活动目的：着力培养学生基本能力，致力于学生语文素养的形成和发展、注重知识和能力的统一。加强学生语文基础知识的积累和兴趣的熏陶，培养他们具有适应实际需要的识字写字能力且能体会和感受书法的审美价值、能熟练地运用阅读和浏览的方法扩大阅读范围，拓展阅读视野，在此基础上培养学生独立自主的写作能力				
活动项目	活动时间	活动主持	要求	备注
周记	每周1—5次	各语文教师	每次不少于200字。指导小组检查	常规
积累摘抄	每周	各语文教师	指导小组组织实施，教师指导	常规
读报评报	每两周	各语文教师	指导小组组织实施，教师指导	常规
硬笔书法竞赛	第六周	备课组	指导小组组织实施，教师指导	

活动项目	活动时间	活动主持	要求	备注
成语接龙游戏比赛或说出成语之最	第八周	备课组	指导小组组织实施，教师指导。评出10名"成语大王"。事先布置学习成语	
读报评报优作评比	第十二周	备课组	指导小组组织实施，教师指导	
语文活动周	第十三周	备课组	"我的座右铭"评比、"我最喜爱的古诗词"朗诵比赛、评报优作展览等等	
作文竞赛	第十七周	备课组	命题作文。指导小组推荐优秀作文	常规
七年级（下学期）				
活动目的：立足基础、着眼生活。加强学生学习语文过程和方法的指导，发展学生思维能力，激发想象力和创造潜能。培养学生语文的兴趣，利用网络提高学生语文能力				

活动项目	活动时间	活动主持	要求	备注
周记	每周1—5次	各语文教师	每次不少于200字。指导小组检查	常规
积累摘抄	每周	各语文教师	指导小组组织实施，教师指导	常规
读报评报	每两周	各语文教师	指导小组组织实施，教师指导	常规
学生博客、网页制作评比	约第四周（参与科技艺术节）	备课组	指导小组组织实施，教师指导	
手抄报评比优作展示	第五周	备课组	我国习俗、谚语、歇后语等相关民族文化的手抄报展示	
开展"我最喜欢的一本书"读书活动	第八—十五周	备课组	指导小组组织实施，教师指导。收集征文，每班推荐5篇，全级展览	
书法比赛	学期内	备课组	指导小组组织实施，教师指导	

无
边
界
学
习
之
『
大
』
课
程

（续表）

活动项目	活动时间	活动主持	要求	备注
语文活动周：开展以"爱文学，传承中华传统；读语文，感受万千世界"为主题的"我爱语文"活动	第十三周	备课组	指导小组组织实施，教师指导。1. 为本次活动设计一条富有感染力的宣传语；2. 召开一次以此为主题的演讲活动；3. 收集的内容：关于名人读书的名言、名人读书的故事、名人读书的经验或方法、名人读书的趣闻逸事等设计一张手抄报，进行评比，各班推荐优作参加展览	
作文竞赛	第十七周	备课组	半命题作文	常规
八年级（上学期）				
活动目的：以语文工具性和人文性的统一为基础，关注学生的个体差异和不同需要，激发学生感知和学习语文的主动意识和进取精神，引导学生跨学科学习和现代科技手段的运用，引导学生认识中华文化的丰富博大，吸收民族文化智慧，提高文化品位和审美情趣。在渗透和整合中开阔语文视野，获得现代社会所需要的语文实践能力				

活动项目	活动时间	活动主持	要求	备注
周记	每周1—5次	各语文教师	每次不少于300字。指导小组检查	常规
积累摘抄	每周	各语文教师	指导小组组织实施，教师指导	常规
读报评报	每两周	各语文教师	指导小组组织实施，教师指导	常规
我最喜欢的一部电影（或电视剧）征文	在第十三周收集	各语文教师	指导小组组织实施，教师指导。收集征文，每班推荐5篇，全级展览	
学生博客、网页制作评比	第四周（参与科技艺术节）	各语文教师	指导小组组织实施，教师指导。收集征文，每班推荐5篇，全级展览	
语文活动周	第八周	备课组	备课组自行制订活动计划。如诗歌专题讲座、诗歌创作评比、背诵比赛、书法评选等	

活动项目	活动时间	活动主持	要求	备注
民族文化综合活动	寒假前	备课组	可结合春节进行，如民间故事收集、春联征集和书写、家乡的节日习俗等，下学期开学以手抄报形式进行展示	
网络作文竞赛与网络小说接龙评优	第十七周	备课组	备课组组长提前布置作文竞赛的主题或者范围；网络小说提前写好开头	

八年级（下学期）

活动目的：着眼于语文阅读能力的培养，在学生积累、阅读过程中，进一步感知语文作为人类文化的组成部分的意义和价值，培养学生语文学习中情感态度和价值观的健康发展。进一步提高学生审美情趣，加强语文课程与其他课程及与生活的联系，促进学生语文素养的整体推进和协调发展

活动项目	活动时间	活动主持	要求	备注
周记	每周1—5次	各语文教师	每次不少于300字。指导小组检查	常规
积累摘抄	每周	各语文教师	指导小组组织实施，教师指导	常规
读报评报	每两周	各语文教师	指导小组组织实施，教师指导	常规
"我给班级写格言"活动	第五周	各语文教师	指导小组组织实施，教师指导。利用语文课，学生交出书写的格言并说明原因。得到师生肯定后粘贴在教室内或书写在后墙黑板	
"名著阅读"读书活动	第八—十五周	各语文老师提前布置	指导小组组织实施，教师指导。第15周收集征文，每班推荐5篇，全级展览	
语文活动周："到民间采风去"综合活动	第十一周	备课组	岭南建筑民居展示、广东民俗手抄报展示、海岛生活综合展示等	
作文竞赛——"校园小作家"评比活动	第十七周	备课组	通过作文竞赛，评出"校园小作家"	常规

（续表）

九年级（上学期）				
活动目的：强化语文素养与实践的有机结合。培养学生的创新意识、实践意识、主体意识、合作意识，促进学生发现问题、正确地分析问题和解决问题的能力。使学生的知识和技能在实践活动中得到拓展和延伸，在由知识向能力的迁移过程中达成学以致用的目的				
活动项目	活动时间	活动主持	要求	备注
周记	每周1—5次	各语文教师	每次不少于400字。指导小组检查	常规
积累摘抄	每周	各语文教师	指导小组组织实施，教师指导	常规
读报评报	每两周	各语文教师	指导小组组织实施，教师指导	常规
名著征文手抄报	第三周	备课组	指导小组组织实施，教师指导	
语文活动周：设计一次语文活动	第五周	备课组	备课组自行制订活动计划。可结合中考内容开展。如"好读书、读好书"读书活动、"我最喜欢的广告语"活动等，要求设计主持人讲话及活动计划	
"话说名著中的英雄人物"综合性活动	第十四周	各语文教师	各班语文教师指导。要求学生对规定阅读的名著中的英雄人物进行评述，以作文的形式	
作文竞赛	第十七周	备课组	指导小组组织实施，教师指导	常规
九年级（下学期）				
活动目的：着力培养语文综合能力，构建学生的体系知识网络和语文素养的整体提升。巩固并提高学生对自然、社会、生活的独立思考能力和表达能力，强化语文学科的实践性				
活动项目	活动时间	活动主持	要求	备注
周记	每周1—5次	各语文教师	每次不少于400字。指导小组检查	常规
积累摘抄	每周	各语文教师	指导小组组织实施，教师指导	常规

活动项目	活动时间	活动主持	要求	备注
名著阅读知识竞赛	第三周	备课组	指导小组组织实施，教师指导	
古诗文知识竞赛	第六周	备课组	指导小组组织实施，教师指导	

语文科组根据"读写目标一体化"落实情况设计了评价与奖励方案，方案具体如下。

语文"读写目标一体化"落实情况评价与奖励方案

一、评价目的

1. 检查第一学期读写目标的落实和完成情况。

2. 激发备课组教育教学的热情，激励备课组团结进取的信心。

二、评价对象

1. 七年级、八年级全体学生。

2. 七年级、八年级语文备课组。

三、评价方式

（一）命题方式

七年级、八年级备课组组长根据第一学期学读写目标自主命题。

（二）卷面构成

分值100。（基础+阅读+作文）

1. 基础：古诗文（要体现提前学习和背诵的内容）、按拼音写汉字、病句修改、词语运用。

2. 阅读：古文阅读、文学类作品阅读、名著阅读。

3. 作文：部分写作（考查点题内容）。

（三）改卷方式

1. 与第二学期开学检测相结合。

2. 组内流水改卷。

四、奖励指标

及格率≥60%，奖励备课组300元现金。

优秀率≥25%，奖励备课组200元现金。

达到一个指标，得一个指标的奖励；达到两个指标，得两个指标的奖励。

五、附录

七年级第一学期读写目标落实表				
序号	读写目标	活动形式	时间安排	备注	负责人
1	规范用笔，养成用正楷书写的好习惯	写字作业	第二周	常规检查：田字拼音本	马冬瑞
2	符合要求仿写句子	随堂教学、讲练结合	第八周		张宏
3	多角度赏析记叙文语言	随堂教学、讲练结合	第九周		马冬瑞
4	学习描写细节，让文章更生动	随堂教学、讲练结合	第十周	写作方法指导	蔡娜
5	掌握横竖圈画的阅读批注方法，筛选文章的关键信息	随堂教学、讲练结合	第十二周	常规训练：课本、练习册、阅读文段练习材料	蔡娜
6	养成作文点题、扣题的习惯	随堂教学、讲练结合	第十五周	规范写作要求、写作方法指导	王小娟
八年级第一学期读写目标落实表				
序号	读写目标	活动形式	时间安排	备注	负责人
1	规范用笔，养成用正楷书写的好习惯；临摹名家书法，体会书写的乐趣	硬笔书法比赛	第五周	常规检查：田字拼音本、单行作业本、周记作文本	陈莉

序号	读写目标	活动形式	时间安排	备注	负责人
2	有感情地朗读课文；尝试有个性地表达自己的观点看法	成语故事分享	第八周	常规训练：早读，随堂朗读指导、分角色朗读	张学仁
3	掌握横竖圈画的阅读批注方法，筛选文章的关键信息	随堂教学、讲练结合	第十二周	常规训练：课本、练习册、阅读文段练习材料	孙北平
4	区分文体，品析说明文文体特色	随堂教学、讲练结合	第十四周	说明文文体阅读方法指导	孙北平
5	运用多种方法赏析语句；联系相关情节分析人物形象	随堂教学、讲练结合	第十六周	常规训练：随堂课文讲解、阅读专题复习	陈毅清
6	养成大作文随堂完成、勤写随笔周记的好习惯，行文注意点扣文题	随堂教学、讲练结合	第十八周	规范写作要求、写作方法指导	谭小平

1.3　初中语文"大"课程的一体化实践研究体系

　　语文科组立足学校教学实践和科组实际情况，以三年的学段特点和学段学习内容为研究对象，探求语文学科教研组三年一体化建设中的运用策略、促进科组成长和发展、提升学生语文学习的综合素养，采用文献研究法、案例研究法、行动研究法、调查研究法等，按照纵横双向研究思路，以多种形式开始教育教学和实践，帮助和指导教师形成实用高效、精简灵活的教学模式，掌握各阶段教学的知识点和学生成长的能力点，同时帮助学生培养独立的阅读能力、表达能力、思考能力以及相适应的习惯等。

1.3.1 立足师生实际，深挖真实问题

为进一步细化"以快乐与能力导向"的语文课程理念，语文教研组各成员召开科组会深入学习理解并探讨如何基于"快乐与能力导向"的语文学科三年一体化建设来提升学生的综合能力和素养，积极探索以集体备课为载体的协同式教学模式，统筹科组的校本课程开发，进行基于"快乐与能力导向"的语文学科三年一体化建设的研究方案的制订、基于"快乐与能力导向"的语文学科三年一体化建设的目标管理体系的制订以及以"快乐与能力导向"的课堂教学活动。

语文科组研究了包括培养能力、提升素养，具备包括"以阅读为基础，以思考为支点，以表达为核心"的多方面能力；构建体系、探寻模式，构建能力导向的综合活动体系，探寻"快乐育人""活动育人"的模式和策略；探索教学、开发课程，探索以集体备课为载体的协同式教学模式，统筹科组的校本课程开发；建设体系、快乐评价，建设以"快乐"和"能力"为导向的学生评价体系和能力评价体系。

结合《义务教育语文课程标准》关于"能力"的要求以及学校师生的实际情况，以"快乐"和"能力"为导向，以"阅读力""思考力""表达力"为基本点，有效推动"教、学、研"的纵深发展。

系统性、多元性地提升学生语文综合能力和素养，使之具备良好

的人文素养和科学素养，具备创新精神、合作意识和开放的视野，具备包括"以阅读为基础，以思考为支点，以表达为核心"的多方面的基本能力。

构建能力导向的综合活动体系，探寻有效提升学生综合能力的"快乐育人""活动育人"的综合活动模式和策略，形成以能力为主线的快乐、开放、有序的综合实践活动体系，带动学生强烈的学习欲望与兴趣，在学习中因能获得知识与情感体验、提升自我能力而得到快乐感和满足感。

探索以集体备课为载体的协同式教学模式，推进课堂教学改革和科组的资源建设并统筹科组以"快乐"和"能力"为导向的三年一体建设下的校本课程开发，为学生的终身发展需要奠基。

建设以"快乐"和"能力"为导向的学生评价体系和能力评价体系。

1.3.2 团队协力齐心，科研共促发展

为更好地进行课题研究，语文科组召开学期科组会，由科组长李征老师就一段时间语文科组活动的总结报告、教研室副主任丁世民老师关于听评课的讲座及张健丽副校长的讲话三部分组成。

首先，李征老师的总结报告围绕着"教学常规"和"基于'快乐与能力导向'的语文学科三年整合"两个方面展开。她讲道，我们应该做好教学常规，依此确保教育教学质量的提高，并具体提出了应注意的方面：参与教研及交流研讨、加强备课组与备课组间的练习，互通有无，按时并保质保量完成学校任务，读一本好书等。而后具体从"研究目标""研究目的""研究内容""活动支撑""预期成果"五个方面对语文科组正在进行的课题进行了细致而深入的介绍。

其次，教研室副主任丁世民老师结合自己发表于中文核心期刊《中学语文教学参考》的文章《灵巧·灵活·灵透——品赏王君老师"遣词构课"的教学艺术》就听评课做了专题讲座。他提到评课可以从"教学视角""教学手段""教学意蕴"三个方面入手，让评课更科学、更有效。

最后，张健丽校长和大家分享了自己加入五中语文科组一年来的感悟，她讲道，五中语文科组的老师专业功底强，富有探究和创新精神，集体备课高效扎实，有着共读、共学、共进的氛围，这样的集体将能够占领课堂、成长智慧。

语文科组教研现场

随着《基于"能力导向"的语文学科三年一体化建设的研究方案》的制订，语文科组组织课题组成员开展理论学习，收集文献资料，对课题小组成员进行初步分工与工作要求。

李征，组长，主要负责课题的计划、实施、课题报告的撰写和阶段总结。刘娟娟，副组长，负责协助课题的计划、实施，并负责三个年级综合活动体系的构建。谢婧负责七年级研究资料、论文收集整理，七年级教学案例、课件整理；蔡娜、徐贵芬负责八年级研究资料、论文收集整理，八年级教学案例、课件整理；孙北平、陈毅清、夏云负责九年级研究资料、论文收集整理，九年级教学案例、课件整理。语文课题组每位成员都围绕课题精神进行课题研究，围绕"前期调研——课题论证——课题纲要——课题计划——实践探索——反思调适——收集资料——总结分析——构建模式——形成报告——推广应用"进行技术路线设计。

1.3.3 成果丰厚多样，助推学科建设

课题研究提高了教师对于语文科组三年一体化建设的重视度，开阔了科组建设的视角，锻炼了教师教研能力，明晰了科组发展的思路，促进了科组专业成长和发展，获得了多项成果的丰收。

（1）理论方面

课题组成员通力合作，研究出了语文科组三年一体化建设的策略、基于"快乐与能力导向"的语文科组三年一体化建设的目标管理体系、基于"快乐与能力导向"的语文科组三年一体化建设的课下活动支持体系在全校推广，并在校长跟岗学习中做经验交流的汇报及展示；研发了校本教程《美文读本》《物物》；发表了多篇论文，详见表1-9。

表1-9 语文科组成员发表论文列表

序号	题目	作者	刊物名称
1	《突破"小时代"抒写大情怀》	张健丽	《中学语文教学参考·中旬》2016年第4期
2	《集体备课镜头下的五柳先生》	刘娟娟	《语文教学通讯·初中（B）》2016年第5期
3	《语文课：精雕细琢说好三类话》	刘娟娟	《中学语文教学参考·中旬》2016年第3期

（续表）

序号	题目	作者	刊物名称
4	《基于"能力导向、快乐体验"视角下初中语文三年一体化综合性活动建设初探》	李征	《课外语文》（2017年第9期）
5	《一种写作思维训练：以物构思》	丁世民	《语文知识》（中学版）2017年第8期
6	《丑的生灵　梦的精灵　暖了心灵——〈一棵小桃树〉文本解读》	丁世民	《语文教学通讯·初中》2017年第5期
7	《自读课文，要给学生提供角度——〈窃读记〉教学设计》	丁世民	《中学语文教学》2016年第10期
8	《一案三改：一次艰难的作文讲评课》	丁世民	《中学语文教学参考·中旬》2016年第8期
9	《灵巧·灵活·灵透——品赏王君老师"遣词构课"的教学艺术》	丁世民	《中学语文教学参考·中旬》2016年第1—2期
10	《考场作文审题例谈》	丁世民	《语文教学通讯·初中（B）》2015年第11期

（2）实践方面

课题研究简报合集详细地记录了本课题开展的各大主题活动，图文并茂地记录了本课题研究的内容、过程和方法，是鲜活的研究载体，对其他语文微课题研究有借鉴意义；在全校以此课题的角度对教师进行评课和培训，具有紧密结合文本、挖掘语文教学资源、改进教学流程进行言语教学的实际意义。教学案例获奖清单如下。

● 李征老师执教的《那树》获部级优课。

● 徐桂芬老师执教的名著阅读课获省级优课。

● 丁世民老师的《一案三改：一次艰难的作文讲评课》荣获广东省2017年初中语文复习课教学研讨活动一等奖。

- 丁世民老师执教的《世说新语》二则、《窃读记》、《走一步，再走一步》在香洲区展示并送教下乡。

- 孙北平老师执教的《泥人张》荣获香洲区"一师一优课"一等奖。

- 刘娟娟老师执教的名著阅读课获香洲区二等奖。

（3）衍生成果

教师在课题研究的同时，还进行了子课题的研究，并获得更多的课题立项支持。

- 丁世民的"初中语文'以物构思'作文微课程建设研究"市级课题立项。"语文教材'课前提示语'在阅读教学中的应用研究"已结题。

- 刘娟娟的"基于生活观察构建专题随笔写作序列的研究"市级课题立项。

- 李征的"七年级语文课后'研讨与练习'在'随堂学习'中的有效运用的探究"市级微课题已结题。

参考文献

［1］丁世民. 从泰勒课程四问出发，促语文学科一体化建设［J］. 师道：教研，2018（1）：1.

［2］李征. 基于"能力导向·快乐体验"视角下初中语文三年一体化综合性活动建设初探［J］. 课外语文：下，2017（3）：2.

2

初中数学篇

注重能力·扎实研究

砥砺前行·方兴未艾

2.1 初中数学"大"课程的一体化目标管理体系

为充分落实"以快乐与能力为导向"的大课程理念，数学科组积极行动，召开全组培训会，重点解读课题目标。通过研究，逐步改变数学教师传统的知识育人的教学观念，树立新型的快乐育人、能力导向的教育教学观念，使其明确有效数学教学的关键在于学生数学能力提升这一意识。

在研究过程中，以"快乐与能力导向"为理论根基，推动数学学科三年一体化的建设，推进课堂教学的改革，探索"快乐育人""活动育人"的能力导向的课堂教学策略，真正形成以能力为中心、为主线、为基础的新型课堂，提升课堂教学的有效性。

通过课题研究，提升参与教师，尤其是青年教师的教学教研能力，使其致力于教育教学的创新实践，逐步形成了初中数学"大"课程的一体化目标管理体系，凝练了初中三年以"快乐与能力导向"的大课程一体化建设的总目标、阶段目标和单元目标。

2.1.1 初中数学"快乐与能力导向"大课程一体化建设总目标

《数学教育的智慧与境界》告诉我们："数学教育的真谛是什么？总的来说，数学教育要着眼于学生的发展、着眼于学生的未来。具体来说，数学教育要尊重和确立学生在教学中的主体地位，要引导学生积极参与教学，要培养学生对问题主动探索、独立思考的积极态度，要引发学生的创新精神和重视培养学生的实践能力。"《斯宾塞的快乐教育全书》告诉我们："教育的根本目的，是让孩子成为一个快乐的人。如果通过强迫性的训练来塑造孩子的性格，这完全是徒劳的。心智和身体一样，如果超过一定的强度，就不能吸收。而教育者要有效地教育孩子，就要少发布命令，放弃一些自己的权威，让孩子快乐地成长。"

数学学科中渗透"在快乐中提升能力"，强调快乐是过程，能力是目标。快乐成长，快乐学习，快乐生活，是一种质量的人生。拥有能力，提升能力，发挥能力，是一种自信的人生。因此，一体化建设的总目标分为终身发展、学习习惯和学科能力三个维度。其中，终身发展强调"四基"能力，学习习惯强调思考与表达，学科能力强调以评促学。初中数学"快乐与能力导向"大课程一体化建设总目标表述详见表2-1。

表2-1 初中数学"快乐与能力导向"大课程一体化建设总目标表述

序号	总目标表述
1	促进教学理念进一步更新，明确基本教学重心，加强教学过程设计，充分认识到数学能力从"两基"提升为"四基"的今天，培养能力不仅是学生数学学习的需要，更是学生终身发展的需要
2	引导学生逐步建立良好的读题习惯，在读题过程中培育数学符号的转化意识，在转化中思考，在思考中表达，促进"以阅读为前提，以思考为支点，以表达为核心"的良好学习习惯的养成
3	建立基于"快乐与能力导向"的三年一体化的学生数学学科能力的评价体系

2.1.2 初中数学"快乐与能力导向"大课程一体化建设阶段目标

为进一步细化"以快乐和能力为导向"的数学课程理念，数学教研组组织教师认真阅读《课题研究方案设计》《今天，怎样做数学教师》《数学教育的智慧与境界》《义务教育数学课程标准》《斯宾塞的快乐教育全书》《创造力危机》等书籍，完成相关理论的学习。

经过数学教研组各成员研究探讨，结合学校总课题组关于"能力导向"的诠释，以及数学学科特点，整合并形成了数学子课题观点。之后数学科组组长姚高文组织召开数学科组会议，就课题情况进行汇报，并对课题组成员进行培训，达成共识：数学大课程一体化阶段目标要素包含阅读、思考、表达、情感四个维度。

阅读什么？包括"文字、符号、图形"，在阅读中逐渐培养学生的数学语言的表达能力，进而感受数学文化。思考什么？主要是"三种语言之间如何转化"，鼓励学生多去独立思考，逐步完善逻辑推理思维。如何表达？即"通过符号语言规范书写"，可以用数学语言表达问题，清晰地表达自己的观点或视角。情感什么？就是"理智的欢乐与持续的自信"，让学生在数学学习过程中喜欢上数学，能够将数学运用到生活当中。

能力导向以数学的阅读能力、思考能力、表达能力为基础能力，并在此基础上逐步培养学生的实践能力与创造能力。数学能力导向基本框架如下图所示。

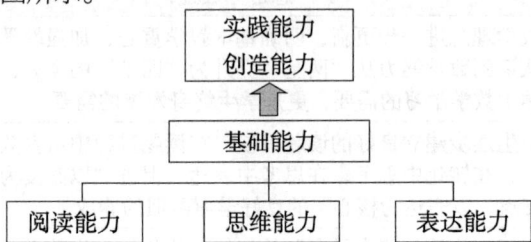

数学能力导向基本框架

在数学学科阶段目标中，针对数学语言能力的基础训练要致力于阅读文字、符号、图形的过程和思考三种语言符号之间如何转化，锻炼学生通过符号表达形成正确的数学语言规范书写的能力，使学生可以体验到理智的欢乐与持续的自信。三者的转化如下图所示。

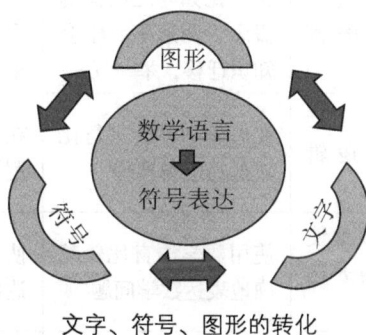

文字、符号、图形的转化

在初中三个年级的阶段目标表述上，以能力递进叠加和深化的方式加以表述，体现不同年级"快乐与能力导向"大课程一体化建设进阶，详见表2-2。

表2-2　初中数学"快乐与能力导向"大课程一体化建设阶段目标表述

维度	序号	阶段目标表述		
		七年级	八年级	九年级
阅读	1	在阅读中发展学生的数学语言	在阅读中发展学生的数学语言，并学会比较有条理的数学表达	在阅读中使用学生的数学语言，并学会有条理、清晰的数学表达
阅读	2	根据老师的指导和示范，初步学会自己阅读教材中的概念、定理和例题等	根据老师的指导和示范，初步学会自己阅读教材中的概念、定理和例题等，并逐步学会理解概念的内涵与外延等	学会自己阅读数学的概念、定理和例题等，并逐步学会理解概念的内涵与外延等
阅读	3	通过阅读，让学生感受丰富的数学内涵	通过阅读，让学生感受丰富的数学的美	通过阅读，让学生感受丰富的数学文化
思考	1	遇到数学问题首先独立思考	遇到数学问题首先独立思考，并明白思考的方向	遇到数学问题首先独立思考，并有清晰的思考的方向，能结合图形、结论等进行综合分析

（续表）

维度	序号	阶段目标表述		
		七年级	八年级	九年级
表达	2	在思考中，培养学生与已认知内容相结合，比如与之相关的概念、图形等	在思考中，培养学生与已认知内容相结合，比如与之相关的概念、图形等。学会知识迁移，举一反三	在思考中，培养学生与已认知内容相结合，比如与之相关的概念、图形等。学会知识迁移，举一反三
	3	在思考中，会进行简单的逻辑推理	在思考中，会进行比较强的逻辑推理	在思考中，会进行强的逻辑推理
	1	大方、清晰地使用数学语言表达数学问题	使用数学语言比较准确地表达数学问题	使用数学语言准确地表达数学问题
	2	在与同伴讨论数学问题时准确地使用数学语言来交流、探讨	在与同伴讨论数学问题时准确地使用数学语言来交流、探讨并且语言组织能力较强	在与同伴讨论数学问题时准确地使用数学语言来交流、探讨并且语言组织能力较强
	3	在表达过程中，敢于质疑	在表达过程中，敢于质疑并能够辨析对错	在表达过程中，敢于质疑并能够辨析对错，清晰表达自己独特的观点或视角
情感	1	培养学生热爱数学的情感，强化数学知识与方法在生活中的应用意识，让学生快乐地学习数学		

2.1.3 初中数学"快乐与能力导向"大课程一体化建设单元目标

在学生数学能力的指标体系中构建了八大能力目标，具体如下。

（1）数据的运算、收集、整理和描述的能力。

（2）图形的认识和变换的能力。

（3）数学思考（数学分析、探索规律、判断预测）的能力。

（4）数学论证的能力。

（5）提出问题、解决问题的能力。

（6）建立模型（问题数字化、问题图形化、数形结合）的能力。

（7）表示的能力。

（8）交流观点的能力。

初中数学"快乐与能力导向"大课程一体化建设单元目标表述详见表2-3。

表2-3　初中数学"快乐与能力导向"大课程一体化建设单元目标表述

章节	讲学内容	能力目标	能力与快乐活动	备注
有理数	1．有理数的相关概念。 2．有理数的混合运算	1．渗透数形结合的思想。 2．计算能力	记录家庭一个月的收支活动	七年级（上）
整式的加减	1．整式的相关概念。 2．整式的加减运算。 3．能够分析实际问题中的数量关系，并用含有字母的式子表示出来	1．培养阅读实际问题的能力。 2．渗透类比思想。 3．逐步让学生养成善于利用数学解决实际问题的习惯。 4．运算能力	购买商品情景中的数学问题	七年级（上）
一元一次方程	1．一元一次方程及相关概念。 2．等式的性质。 3．一元一次方程的解法。 4．利用一元一次方程解决实际问题	1．找出实际问题中的等量关系，利用数学的符号语言正确表达。 2．结合本章的探究性，培养学生分析解决问题的能力。 3．让学生关注数学文化	数学史中名人故事和历史名题	七年级（上）
几何图形初步	1．几何图形的基本元素和分类。 2．从不同方向看立体图形、立体图形的展开图。 3．直线、射线、线段的概念，并掌握它们的符号表示。 4．理解角的相关概念，并掌握符号表示	1．能通过观察现实空间中的物体形状，引出几何图形的概念。 2．在观察、操作、想象、交流等活动中，发展空间观念。 3．准确使用数学符号和数学语言。 4．会画简单的几何图形	制作火车车厢的模型	七年级（上）

（续表）

章节	讲学内容	能力目标	能力与快乐活动	备注
相交线与平行线	1．理解与相交相关的概念。 2．理解平行线的概念，并能画出过一点与已知直线平行的线。 3．平行线的判定和性质定理。 4．通过实例认识平移，探索它的基本性质	1．培养学生有条理的思考和表达。 2．借助信息技术的演示，培养学生的画图能力，画平行线和垂线等。 3．在实例中，能通过"推理"获得几何结论，培养表达能力。 4．体会几何中的三种数学语言	你有多少种画平行线的方法	七年级（下）
实数	1．了解算数平方根、平方根、立方根的概念，并会用符号表示。 2．了解开方与乘方互为逆运算。 3．了解无理数和实数的概念，知道实数与数轴上的点一一对应	1．在实例中抽象得出无理数，并归纳提炼为开平方和开立方的概念及运算。 2．进一步体会类比的思想。 3．发挥计算器的作用，加强估算能力的培养	手工制作正方体纸盒和圆柱形纸盒	七年级（下）
平面直角坐标系	1．结合实例体会有序数对可以表示物体的具体位置。 2．认识平面直角坐标系，了解点与坐标之间的关系。 3．能建立适当平面直角坐标系描述物体的位置。 4．在平面直角坐标系中，能用坐标表示平移	1．学生通过类比数轴的相关知识，并逐步建立平面直角坐标系。 2．认识平面直角坐标系是代数与几何的桥梁，体会数学结合的思想。 3．让学生认识到根据图形可以加强对所学知识的理解	在平面直角坐标系中，绘制生活地图	七年级（下）
二元一次方程组	1．了解二元一次方程及相关概念。 2．掌握二元一次方程组的解法。 3．了解三元一次方程组及其解法。 4．通过探究实际问题，认识利用二元一次方程组解决实际问题的基本观察	1．培养学生数学建模思想，在实际问题中，由"一元"到"二元""三元"的转化。 2．在解方程组的过程中，认识消元思想，掌握消元方法。 3．提升利用所学知识解决实际问题的能力。 4．进一步借助古代问题，体会丰富的数学文化	利用二元一次方程图像求方程组的解	七年级（下）

章节	讲学内容	能力目标	能力与快乐活动	备注
不等式与不等式组	1．了解一元一次不等式及其相关概念。 2．探索不等式的性质。 3．掌握一元一次不等式的解法。 4．了解不等式组及其相关概念	1．在实际问题处理时突出数学建模思想。 2．进一步使用类比方法做到从方程到不等式的知识迁移。 3．在解不等式中进一步应用化归思想	猜数游戏	七年级（下）
数据的收集、整理与描述	1．了解处理数据的过程。 2．体会抽样的必要性，体会用样本估计总体的思想。 3．会制作扇形图、能画频数分布直方图，并能够描述图形所蕴含的意义	1．通过研究实例，渗透与体现统计思想。 2．在学习活动过程中，建立数据分析观念。 3．在分析中，学生充分地沟通交流，提升小组合作能力	1．瓶子中有多少豆子。 2．用简单随机抽样估计方法估计全班同学的身高	七年级（下）
三角形	1．理解三角形及有关概念，会画任意三角形的高、中线、角平分线。 2．了解三角形的稳定性，理解三角形两边的和大于第三边，会根据三条线段的长度判断它们能否构成三角形。 3．会证明三角形内角和等于180°，了解三角形外角的性质。 4．了解多边形的有关概念，会运用多边形的内角和与外角和公式解决问题	1．在观察、操作、推理、归纳等探索过程中，发展学生的合情推理能力，逐步养成数学推理的习惯。 2．在灵活运用知识解决有关问题的过程中，体验并掌握探索、归纳图形性质的推理方法，进一步培养说理和进行简单推理的能力	平面镶嵌	八年级（上）
全等三角形	1．掌握怎样的两个图形是全等形，了解全等形，了解全等三角形的概念及表示方法。 2．掌握全等三角形的性质。体会图形的变换思想，逐步培养动态研究几何意识。初步会用全等三角形的性质进行一些简单的计算	1．能够从图形中寻找全等三角形，探索并掌握全等三角形的性质，能够利用性质解决简单的问题。 2．培养学生的识图能力、归纳总结能力和应用意识	用全等三角形研究"筝形"	八年级（上）

（续表）

章节	讲学内容	能力目标	能力与快乐活动	备注
轴对称	1．认识轴对称，探索它的基本性质，理解对应点所连的线段被对称轴垂直平分的性质。 2．探索基本图形（等腰三角形、矩形、菱形、等腰梯形、正多边形、圆）的轴对称性及其相互关系。 3．了解线段垂直平分线及其性质；了解等腰三角形、等边三角形的有关概念，探索并掌握它们的性质和判定方法	1．能够按要求做出简单平面图形经过一次或两次轴对称后的图形。 2．能利用轴对称进行图案设计。 3．能初步应用本章所学知识解释生活中的现象及解决简单的实际问题，在观察、操作、想象、论证、交流的过程中，发展空间概念，激发学生学习空间与图形的兴趣	利用轴对称设计图案	八年级（上）
整式的乘法与因式分解	1．掌握正整数幂的乘、除运算性质，掌握单项式乘（或除以）单项式、多项式乘（或除以）单项式以及多项式乘多项式的法则，并运用它们进行运算。 2．会推导乘法公式（平方差公式和完全平方公式），了解公式的几何意义，能利用公式进行乘法运算。 3．掌握整式的加、减、乘、除、乘方的较简单的混合运算。 4．理解因式分解的意义，并感受分解因式与整式乘法是相反方向的运算，掌握提取公因式法和公式法	1．感受生活中幂的运算的存在与价值。 2．能用代数式和文字正确地表述这些性质，并会运用它们熟练地进行计算。 3．逐步形成独立思考、主动探索的习惯。 4．通过由特殊到一般的猜想与说理、验证，培养学生一定的说理能力和归纳表达能力	速算游戏	八年级（上）

章节	讲学内容	能力目标	能力与快乐活动	备注
分式	1．分式的概念。 2．了解分式的基本性质，掌握分式的约分和通分法则。 3．类比分数的四则运算法则，探究分式的四则运算，掌握这些法则。 4．结合分式的运算，将指数的讨论范围从正整数扩大到全体整数，构建和发展相互联系的知识体系。 5．结合分析和解决实际问题，讨论可以化为一元一次方程的分式方程，掌握这种方程的解法，体会解方程中的化归思想	1．引导学生熟练掌握分式的概念及分式的性质等知识。 2．经历通过观察、归纳、类比、猜想，获得分式的基本性质，发展学生思维能力、分析问题能力、解决问题能力、实际操作能力、语言表达能力、自学能力、合情推理能力与代数恒等能力等。 3．引导学生学习劳动人民的优良品德：尊重客观、尊重事实的良好品德；刻苦顽强品德等。 4．激发学生热爱劳动人民的情感；热爱科学、热爱生活的情感。 5．通过学习，能获得学习代数知识的常用方面，能感受代数学习的价值	探究比例的性质	八年级（上）
二次根式	1．了解二次根式的概念，知道被开方数必须是非负数的理由。 2．了解最简二次根式的概念。 3．理解二次根式的性质。 4．了解二次根式的加、减、乘、除运算法则，会进行简单四则运算。 5．了解代数式的概念，进一步体会代数式在表示数量关系方面的作用	培养学生利用规定准确计算和化简的严谨的科学精神，经过探索二次根式的重要结论、二次根式的乘除规定，发展观察、分析、发现问题的能力	A4纸的秘密	八年级（下）

（续表）

章节	讲学内容	能力目标	能力与快乐活动	备注
勾股定理	勾股定理和勾股定理逆定理及其实际应用	1．经历勾股定理及其逆定理的探索过程，知道这两个定理的联系和区别，能用这两个定理解决一些简单的实际问题。 2．初步认识勾股定理及其逆定理的重要意义，会用这两个定理解决一些几何问题。 3．通过具体的例子，了解逆命题、逆定理的概念，会识别两个互逆的命题，知道原命题成立其逆命题不一定成立。 4．通过对我国古代研究勾股定理成就的介绍，培养民族自豪感。通过对于勾股定理及其逆定理的探索，培养数学学习的自信心	研究一种勾股定理的证明方法	八年级（下）
平行四边形	1．理解平行四边形、矩形、菱形、正方形的概念，了解它们之间的关系。 2．探索并证明平行四边形、矩形、菱形、正方形的性质定理和判定定理。 3．了解两条平行线之间距离的意义。 4．探索并证明三角形中位线定理	1．通过经历平行四边形以及特殊平行四边形性质定理和判定定理的探索过程，丰富学生的数学活动经验和体验，进一步培养学生的合情推理能力。 2．通过平行四边形以及特殊平行四边形的性质定理、判定定理以及相关问题的证明和计算，进一步培养和发展学生的演绎推理能力。	折纸活动——折15°的倍数角	八年级（下）

章节	讲学内容	能力目标	能力与快乐活动	备注
		3．通过分析平行四边形与各种特殊平行四边形概念之间的联系与区别，使学生进一步认识特殊与一般的关系		八年级（下）
一次函数	1．常量与变量的意义。 2．函数的概念。 3．函数的三种表示法。 4．一次函数的概念、图像、性质和应用举例。 5．一次函数与二元一次方程等内容的关系。 6．以建立一次函数模型来选择最优方案为素材的课题学习	1．能确定简单实际问题中函数自变量的取值范围，并会求函数值。 2．结合具体情境体会和理解正比例函数和一次函数的意义，能根据已知条件确定它们的表达式，会画它们的图像，能结合图像讨论这些函数的增减变化，能利用这些函数分析和解决简单实际问题。 3．通过讨论一次函数与二元一次方程等的关系，从运动变化的角度，用函数的观点加深对已经学习过的方程等内容的认识，构建和发展相互联系的知识体系。 4．进行探究性课题学习，以选择方案为问题情境，进一步体会建立数学模型的方法与作用，提高综合运用函数知识分析和解决实际问题的能力	为父母设计划算的手机话费套餐	八年级（下）

（续表）

章节	讲学内容	能力目标	能力与快乐活动	备注
数据的分析	1．平均数（主要是加权平均数）、中位数、众数以及方差等统计量的统计意义。 2．利用以上统计量分析数据的集中趋势和离散情况，并通过研究如何用样本的平均数和方差估计总体的平均数和方差，进一步体会用样本估计总体的思想	1．理解平均数、中位数和众数的统计意义。 2．会计算中位数、众数、加权平均数，能选择适当的统计量表示数据的集中趋势。 3．理解方差的统计意义，会计算简单数据的方差。 4．能用计算器的统计功能进行统计计算，进一步体会计算器的优越性。 5．会用样本平均数、方差估计总体的平均数、方差，进一步感受抽样的必要性，体会用样本估计总体的思想。 6．从事收集、整理、描述和分析数据得出结论的统计活动，经历数据处理的基本过程，体验统计与生活的联系，感受统计在生活和生产中的作用，养成用数据说话的习惯和实事求是的科学态度	分析全年级期中考试成绩	八年级（下）
一元二次方程	1．一元二次方程概念。 2．一元二次方程解法。 3．一元二次方程与实际问题	1．培养建模思想。 2．渗透类比思想。 3．找实际问题的数量关系，根据数量关系列方程	设计年级篮球比赛的赛程	九年级（上）
二次函数	1．二次函数概念。 2．二次函数图像与性质。 3．二次函数与实际问题	1．渗透类比、数形结合和归纳思想。 2．培养模型思想	利用几何画板动态研究二次函数的图像与性质	九年级（上）

章节	讲学内容	能力目标	能力与快乐活动	备注
旋转	1．旋转的基本概念和性质。 2．中心对称	几何变换的空间想象能力	综合运用平移、轴对称、旋转进行图案设计	九年级（上）
圆	1．圆的基本性质。 2．点和圆、直线和圆的位置关系。 3．弧长和扇形面积	1．培养推理论证能力。 2．渗透类比思想	利用几何画板动态研究圆的基本性质	九年级（上）
概率初步	1．随机事件与概率。 2．用列举法求概率。 3．用频率估计概率	培养随机观念	投币试验、抛图钉试验	九年级（上）
反比例函数	1．反比例函数概念、图像与性质。 2．实际问题与反比例函数	渗透数形结合思想	利用几何画板动态研究反比例函数图像与性质	九年级（下）
相似	1．图形的相似。 2．相似三角形	1．培养推理论证能力。 2．培养空间想象能力	测量旗杆的高度	九年级（下）
锐角三角函数	1．锐角三角函数。 2．解直角三角形及其应用	1．渗透类比思想。 2．数形结合思想	制作测角仪，测量树的高度	九年级（下）
投影与视图	1．投影。 2．三视图	培养空间想象能力	动手制作模型研究三视图	九年级（下）

2.2 初中数学"大"课程的一体化活动支持体系

为充分落实"以快乐与能力为导向"的大课程理念,数学课题组根据学校总体部署,实施教师集体备课制度,每周确定集备主题、主备人,并加大理论交流力度,"以先进理论武装人",结合杜威"一盎司经验胜过一吨理论"。积累基本数学活动经验是基于"动态的数学观",把数学看成是人类的一种活动,是一种充满情感、富有思考的经历体验和探索活动,提出一体化活动支持体系的建设思路。

2.2.1 初中数学一体化活动支持的两线交互高效课堂

东北师范大学校长史宁中就中学数学教学如何实施给出了明确性的建议,他认为现阶段的教学就是要教给学生三件事情:首先是教材的基本概念;其次是知识间的联系;最后是思想方法的一般性渗透。20世纪上半叶,戴尔提出了"经验之塔"理论,他认为一切学习应"从经验中学习",最好是从直接参与的动作性经验学习开始,以获得直接经验,当直接经验无法获得时,应该寻求观察的经验作为"替代性经验"以弥补、替代直接经验的不足。在实际教学中为学生获得"替代性经验"而设计有意义、有价值的数学活动是教师义不容辞的责任,"替代性经验"与"直接性经验"同样重要,这是戴尔的"经验之塔"带给我们的最大启示。

　　围绕课题目标，数学课题组继续深化"快乐与能力导向"的课堂意识，努力打造"两条主线"的高效课堂，即"学科本位主线"与"快乐与能力导向主线"交互并行的课堂模式，积极组织各年级开展"课下活动"，如七年级的"魔方竞赛"，八年级的"勾股定理证明手抄报"，九年级的"数学素养现场测试活动"。各种活动不仅丰富了学生的课外生活，而且更深程度地培养了学生动手、动脑的能力，同时也培养了学生的思维训练能力，激发了学生的兴趣。

　　数学课题组以年级备课组为单位，加强理论交流以及集备力度；各年级以备课组为单位，整理和归纳能力导向课题的学案。以吴森雄老师的"变式学习在数学复习课中应用的探索"、姚高文老师的"初中学段数学语言转化训练的策略研究"两个课题为研究基础，进一步推动"快乐与能力导向"总课题向纵深发展。

数学课题组备课现场

　　提升能力，找准症结。通过实证分析，初步认识到制约学校学生数学能力进一步提升的主要因素是数学语言转化能力的缺失，并确定以数学语言训练为抓手，促进学生数学能力的进一步提高。

　　课题组每位成员，都围绕课题精神进行课堂研究，从集体备课，到个人授课，再到小组互评，递至专家点评，做到有行动、有效果。课堂研讨，人人参与。围绕课题积极教研，目前课题组成员人人上研讨课，特别是八年级组，还开展"同课异构"活动。

何玉峰老师授课

吴森雄老师授课

沈达老师同课异构研讨

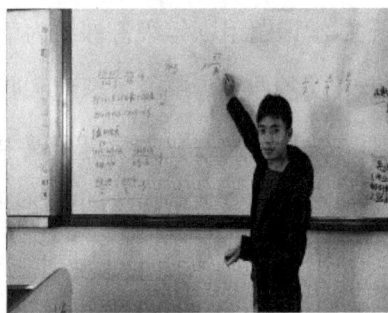

韩彬老师同课异构研讨

2.2.2　初中数学一体化活动支持的环节设计

表2-4　初中数学一体化活动支持的环节设计

序号	时间	活动名称	活动目标	活动环节	负责人
1	七年级上学期第四周	记录家庭一个月的收支状况	要学生通过生活中的实际感受去体验正负数在实际生活中的意义；理解正负数的符号的相反特征	环节一：布置任务 环节二：将收集的数学进行整理，并讨论其合理性 环节三：师生共同小结收支是否合理	七年级数学组

序号	时间	活动名称	活动目标	活动环节	负责人
2	七年级上学期第九周	购买商品情境中的数学问题	培养学生建立简易的数学模型解决问题；让学生感受到数学和实际生活的关系，学有用的数学	环节一：展示问题 环节二：学生思考 环节三：学生讨论 环节四：师生讨论，建立模型并解决问题	七年级数学组
3	七年级上学期第十二周	制作火车车厢的模型	培养学生将立体图形展开为平面图形的思维能力；让学生感受立体图形和对应平面展开图之间的关系；锻炼学生的空间思维能力	环节一：展示立体模型（长方体、圆柱、棱台） 环节二：要学生思考并画出各个几何图形对应的平面展开图 环节三：师生一起动手将立体图形展开，验证学生的猜想	七年级数学组
4	七年级下学期第二周	你有多少种画平行线的方法	使学生掌握画平行线的方法；培养学生思考、探索、动手动脑的能力	提出问题，学生思考并尝试。小组展示画平行线的方法。师生总结发现的画平行线的方法	七年级数学组
5	七年级下学期第四周	手工制作正方体纸盒和圆柱形纸盒	通过实际操作，提高动手能力；把比较抽象的无理数，在实际图形中得以展现出来	环节一：布置任务，准备纸板、剪刀等 环节二：给出具体尺寸的正方形纸盒和圆柱形纸盒 环节三：学生计算、讨论 环节四：制作、展示	七年级数学组
6	七年级下学期第八周	在平面直角坐标系中，绘制生活地图	让学生感受到数学和实际生活的关系，培养学生的数学意识	环节一：布置任务 环节二：讨论选择要绘制的生活地图区域，例如：学校、社区、公园等 环节三：实际测量 环节四：按一定比例在平面直角坐标系中绘制生活地图	七年级数学组

（续表）

序号	时间	活动名称	活动目标	活动环节	负责人
7	七年级下学期第十七周	1．瓶子中有多少豆子。2．用简单随机抽样估计方法估计全班同学的身高	通过小试验，让学生经历收集数据和处理数据的基本过程；感受统计在生活中的应用，增强学习统计的兴趣	环节一：展示问题 环节二：学生思考 环节三：学生讨论 环节四：小组展示，重点比较小组间样本的好坏，对统计结果的影响	七年级数学组
8	八年级上学期第九周	制作一个表面积为12立方分米的正方体纸盒	让学生掌握实数中的"开平方"运算	1．首先计算出这个正方体的棱长。2．根据棱长做出正方体纸盒	八年级数学组
9	八年级上学期第十二周	为父母设计划算的手机话费套餐	1．让学生认识到方案的最优化的概念。2．让学生认识到，随着自变量的改变最优化的方案也可能发生变化	1．调查父母每月手机通话时间。2．对照移动公司的收费方案，选择一款省钱的套餐	八年级数学组
10	八年级上学期第十四周	速算游戏	让学生掌握整式乘法运算	1．整式乘法的运算。2．整式乘法的几何意义	八年级数学组
11	八年级下学期第五周	绘制弹簧测力器伸长的距离与所挂物体重量的曲线图	1．学生学会记录试验数据。2．通过描绘的曲线，让学生认识反比例函数	将弹簧长度和所挂重物的质量记录在表格中将点描在直角坐标系中	八年级数学组
12	八年级下学期第八周	研究一种勾股定理的证明方法	1．查阅资料感受勾股定理的伟大。2．学懂一种勾股定理的证明方法	1．以小组为单位查阅勾股定理资料。2．研究一种勾股定理证明方法为同学们讲解	八年级数学组

（续表）

序号	时间	活动名称	活动目标	活动环节	负责人
13	八年级下学期第十四周	分析全年级期中考试成绩	1．感受不同数据反映的成绩差异。 2．用所学的知识来为自己服务	1．获得全年级每个班级的数学期中考试成绩。 2．算出平均数、中位数、众数，分析成绩，并提出成绩提高的方案	八年级数学组
14	九年级上学期第三周	设计年级篮球比赛的赛程	通过实际操作，体会一元二次方程中的比赛问题	环节一：布置任务，准备纸板等 环节二：给出具体年级的参赛队伍，设计赛程 环节三：学生计算、讨论 环节四：制作、展示	九年级数学组
15	九年级上学期第六周	利用几何画板动态研究二次函数的图像与性质	通过实际操作，体会参数的改变导致图形的改变	环节一：展示问题 环节二：学生思考 环节三：学生讨论	九年级数学组
16	九年级上学期第十二周	综合运用平移、轴对称、旋转进行图案设计	让学生感受到数学和实际生活的关系，培养学生的数学意识	环节一：布置任务 环节二：讨论选择要绘制的图案 环节三：制作、展示	九年级数学组
17	九年级上学期第十五周	投币试验、抛图钉试验	感受概率在生活中的应用，增强学习统计的兴趣	环节一：展示问题 环节二：学生思考 环节三：学生实验、记录数据 环节四：学生讨论	九年级数学组
18	九年级下学期第二周	利用几何画板动态研究反比例函数图像与性质	通过实际操作，体会参数的改变导致图形的改变	环节一：展示问题 环节二：学生思考 环节三：学生讨论 环节四：学生操作	九年级数学组

（续表）

序号	时间	活动名称	活动目标	活动环节	负责人
19	九年级上学期第四周	测量旗杆的高度	巩固所学知识，并能够灵活地运用所学的知识	1. 运用所学的相似三角形的知识和简单的测量工具进行测量。 2. 根据相似三角形的知识对旗杆的高度进行计算	九年级数学组
20	九年级下学期第五周	动手制作模型研究三视图	1. 通过实际操作，提高动手能力。 2. 利用实物展示抽象的三视图，增强学生的空间想象能力	环节一：布置任务，准备正方体、圆柱体、三棱柱等 环节二：给出具体图形 环节三：学生制作模型 环节四：展示	九年级数学组

2.3 初中数学"大"课程的一体化实践研究体系

《今天，怎样做数学教师》告诉我们："做一名研究性的教师，可以从记录起步；可以从小处入手；要围绕热点进行；要有课程意识；要针对现实；要走出学科领域……"三年来的研究，丰富了教师的认识，引领教师积极践行"能力与快乐"融合的教学策略，能够在遵循"知识之序"与"能力发展之序"的融合中有效提升学生水平，成绩明显，效果良好。

2.3.1　扎根课堂师生，立体交互推进

　　课题的进行，师生是主题，课堂是阵地。本课题研究立足于科组建设和教学实践，以"快乐与能力导向"的数学学科三年一体化建设为研究对象，以探求有效乃至高效的教学方法和教学策略，促进科组内青年教师的专业成长和发展、培养学生数学能力为研究目标，采用了案例研究法、行动研究法、调查研究法、总结经验法等研究方法。

　　数学课题组每位成员，都围绕课题精神进行课堂研究，从集体备课，到个人授课，再到小组互评，递至专家点评，做到有行动、有效果。数学课题组继续秉承总课题"以人为本·能力为重·快乐教育"三位一体的育人理念，以中期分析为基点，鼓励教师积极撰写课题论文，物化研究成果，收获颇丰。课题延伸，初见成效。课题组以吴森雄老师的"变式学习在数学复习课中应用的探索"、姚高文老师的"初中学段数学语言转化训练的策略研究"两个区级课题立项为基础，进一步推动"快乐与能力导向"总课题向纵横两个维度推进。横向，以年级备课组为单位，加强集备力度，务求成效。纵向，以学校科组为核心整体策划，从课堂、课题、论文三个角度进行提升。即以课堂教学为抓手，继续深化"快乐与能力导向"的课堂意识，努力打造"两条主线"的高效课堂，即"学科本位主线"与"快乐与能力导向主线"交互并行的课堂模式。

　　课题组教师先后撰写教育教学论文10余篇，其中在全国中文核心期刊上公开发表3篇、国家级刊物发表2篇，获奖论文3篇。如姚高文老师的《例题教学的常规之道与思维突破》《基于数学认知理解看概念教学》先后发表于《中学数学教学参考》2016年第6期和第9期。吴森雄老师的《自主变式创编新题，提升学生数学思维力》2018年发表于《师道：教研》。

2.3.2　建设"三力"基点，提升"四基"能力

数学课题组结合数学课程标准关于"能力"的要求以及我校学生的具体实践，以未来发展趋势为指引，围绕"快乐与能力导向"，以"思考力"为中心，以"阅读力"和"表达力"为基本点，有效推动"教、学、研"的纵深发展。课题组以九年制义务教育阶段七—九年级数学的教与学为研究范围，基于"快乐与能力导向"的初中数学学科三年一体化建设的目标，一是研究"以阅读为前提，以思考为支点，以表达为核心"的教学活动的展开，二是研究以"四基"为总目标下的"发现问题、提出问题、分析问题、解决问题"能力的培养。

课题组致力于通过构建"快乐与能力导向"的数学学科三年一体化体系，探索数学学科快乐与能力导向的层次特征、阶段要求、实施策略等；落实快乐与能力导向的集体备课的策略，探究具有校本特色的集体备课模式和策略，力求体现能力培养的集备主题、集备内容、集备过程、集备效果；完善学生数学学科能力的评价体系，通过量化评估学生能力目标的达成程度、反观能力培养的过程和环节，发现问题，校正研究方向。

致力于通过课题组的努力促进教学理念进一步更新，明确基本教学重心，加强教学过程设计，充分认识到数学能力从"两基"提升为"四基"的今天，培养能力不仅是学生数学学习的需要，更是学生终身发展的需要。也希望通过课题实践行动引导学生逐步建立良好的读题习惯，在读题过程中培育数学符号的转化意识，在转化中思考，在思考中表达，促进"以阅读为前提，以思考为支点，以表达为核心"的良好学习习惯的养成。并通过课题实践研究提高学生数学学科能力，感受数学冰冷的美丽与火热的思考，体验数学理智的欢乐，同时也通过行动研究促进教师专业发展，养成在重教重研中反思的良好习惯。

2.3.3 团队齐心合力，研究方兴未艾

随着学校"基于'快乐与能力导向'的初中学科三年一体化建设的策略研究"课题的尘埃落定，数学科组旋即于2015年6月4日召开第一次课题小组成员会，进行初步分工与工作要求。

姚高文负责课题的全面策划与组织实施工作，具体负责研究方案、简报撰写等文字工作；何玉峰协助组织实施工作，具体负责相关资料的收集；吴森雄负责课下活动设计与实施；谢金宁负责九年级的实验与研究；韩彬负责七年级的实验与研究；李远负责八年级的实验与研究。

行动第一步是理论学习。"问渠那得清如许，为有源头活水来"。明确了工作，就得行动；而有效的行动离不开理论的指导。因此，数学科组召开第一次课题小组成员会，进行初步分工与工作要求，并要求各成员在规定时间内完成必要的理论学习，推荐书目有：《课题研究方案设计》《今天，怎样做数学教师》《数学教育的智慧与境界》《义务教育数学课程标准》《斯宾塞快乐教育全书》《创造力危机》等。

行动第二步是交流心得，精准培训。课题组针对前期理论学习情况，进行组内交流，并结合学校总课题组关于"能力导向"的诠释，以及数学学科特点，整合并形成数学子课题观点。随后，数学科组组长姚高文组织召开数学科组会议，就课题情况进行汇报，并对课题组成员进行培训。

数学科组组长姚高文作课题培训讲座

行动第三步是实证数据解析问题。数学课题组开展实证研究，根据学生问卷调查，整理分析问题，形成以下共识。

（1）能力导向的基本框架：以阅读能力、思考能力、表达能力为基础能力，并在此基础上逐步培养学生的实践能力与创造能力。

（2）课题研究的基本着力点：阅读什么？思考什么？怎么体验？

（3）学生数学能力的指标体系：数据的运算、收集、整理和描述能力；图形的认识、变换能力；数学思考（数学分析、探索规律、判断预测）的能力；数学论证的能力；提出问题、解决问题的能力；建立模型（问题数字化、问题图形化、数形结合）的能力；表达的能力；交流观点的能力。

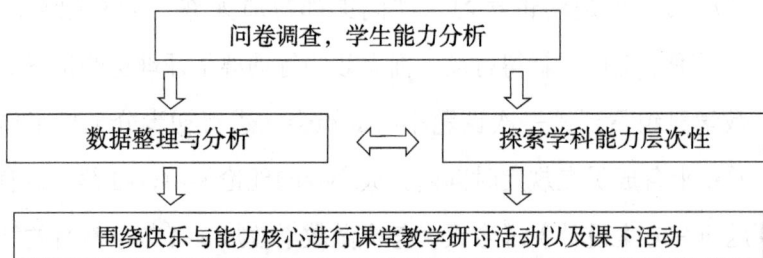

```
┌─────────────────────────┐
│   问卷调查，学生能力分析   │
└─────────────────────────┘
        ⇓              ⇓
┌──────────────┐  ┌──────────────┐
│  数据整理与分析  │⟺│ 探索学科能力层次性 │
└──────────────┘  └──────────────┘
        ⇓              ⇓
┌───────────────────────────────────┐
│ 围绕快乐与能力核心进行课堂教学研讨活动以及课下活动 │
└───────────────────────────────────┘
```

数学课题组实证研究过程

行动第四步是落实课堂活动，初步进行探索。课题组每位成员，都围绕课题精神进行课堂研究和师生活动研究；从集体备课，到个人授课，再到小组互评，递至专家点评，做到链条式行动，有协同学习效果。比如以下几位老师的授课情况。

● 李远老师授课，何玉峰级长点评。

● 谢金宁老师授课，张健丽副校长点评。

● 何玉峰老师授课，周莉萍主任点评。

● 姚高文老师授课，何玉峰级长点评。

● 李远老师授课，姚高文老师点评。

● 黄勇敏老师送教斗门，谢金宁老师点评。

● 韩彬老师赴珠海市第十三中学开展"同课异构"。

● 韩彬老师授课，李远老师点评。

初中数学篇

注重能力·扎实研究·砥砺前行·方兴未艾

2.3.4 多元课下活动，师生共同发展

围绕课题研究行动目标，数学课题组积极组织各年级开展"课下活动"实践，如七年级组的"魔方竞赛"，八年级组的"勾股定理证明手抄报"，九年级组的"数学素养现场测试活动"。通过有意图的活动组织，不仅丰富了学生的课外生活，而且更深程度地培养学生动手、动脑的能力，同时也培养了学生的思维训练能力，激发了学生的兴趣。促进"情感态度价值观"的有效落实，引导学生学会感受数学冰冷的美丽与火热的思考，体验数学理智的欢乐。在课题研究过程中，学生学习中的快乐情绪有了很大提高，而且各方面的能力有了很大提升。学校阶段检测、上级质量检测和学生数学成绩都有了很大提高。特别是中考成绩在大幅提升，2015年学校均分远低于区均分，2016年与区均分较为接近，2017年与区均分基本持平，并且有318人参加考试其中有70余人超过110分。

通过一系列研究，课题组进一步更新了教学理念，明确基本教学重心是能力培养与快乐体验，充分认识到数学能力从"两基"提升为"四基"的今天，培养能力不仅是学生数学学习的需要，更是学生终身发展的需要。

数学组成员理清了课堂教学大致思路：引导学生逐步建立良好的读题习惯，在读题过程中培育数学符号的转化意识，在转化中思考，在思考中表达，促进"以阅读为前提，以思考为支点，以表达为核心"的良好学习习惯的养成。并在理论上，初步形成了以"阅读能力、思考能力、表达能力为基础能力，并在此基础上逐步培养学生的实践能力与创造能力"的课堂教学模式。

同时，数学课题组教师积极的教学反思，逐步沉淀经验，形成结晶撰文。课题组教师先后撰写教育教学论文10余篇，其中在全国中文核心期刊上公开发表4篇、国家级刊物发表2篇，获奖论文3篇。分别有何玉峰老师撰写论文《最短路径的模型在2016年中考试题中的应用》；谢金宁老师撰写论文《在数学实验中深化数学思考》；李芳老师撰写论文《发散思维　提升能力——对一道试题的探究与引申》并发表于《中小学数学（初中版）》2016年第10期，撰写论文《注重题目变通，提升思考能力——对一道课本习题的多方位探究》并发表于《中小学数学（初中版）》2017年Z1期，撰写论文《提高学生有理数运算能力的教学策略》获区一等奖；吴森雄老师撰写论文《试卷讲评策略分析》获区一等奖，撰写论文《基于数学核心素养视野的试卷讲评分析》在广东省教育学会上宣读；姚高文老师撰写论文《例题教学的常规之道与思维突破》并发表于《中学数学教学参考》2016年第17期，撰写论文《基于数学认知理解看概念教学》并发表于《中学数学教学参考》2016年第26期，撰写论文《从形式模仿到本质迁移——以一道中考阅读理解题为例》并发表于《中学数学教学参考》2017年第14期，撰写论文《进退之间体现思维层次》发表于《中学数学教学参考》2017年第26期。

 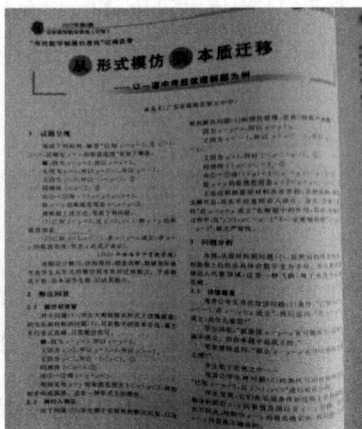

论文展示（1）　　　　　论文展示（2）

通过课题研究，科组内老师信息技术水平得到了很大提升，科组建设也逐渐规范，科组的集备已经逐渐形成系统化、模式化。教师研修能力与日俱增，如沈达老师的"一师一优课"《多项式的乘法》分别获省优和部优，韩彬等老师的"一师一优课"《一元一次不等式组》分别获省优和部优，李远老师代表科组作《如何有效提升成绩》的讲座、谢金宁老师的《探究四边形内角和》教学视频获得好评，谢金宁老师在2017年青年教师教学技能比赛中获得区一等奖，等等。

虽然课题研究取得了一定成效，总体推进较好，但我们也同样产生了新的问题，例如学困生的提升效果并不明显，这还需要我们进一步思考和实践，例如：如何在有限时间内实现分层教学，真正达成"不同的人学习不同的数学"的数学教育教学理念？如何引导学困生基于前科学概念的生活经验建立数学概念？我们仍有很多研究在路上，实践研究在继续，行动在持续改进！

参考文献

［1］中华人民共和国教育部. 义务教育数学课程标准：2011年版［M］. 北京：北京师范大学出版社，2012. 1.

［2］严先元. 新课程的课堂教学是什么样子［M］. 长春：东北师范大学出版社，2004. 9.

［3］周小山，雷开泉，严先元. 新课程视野中的数学教育［M］. 成都：四川大学出版社，2003. 11.

［4］翟立安. 今天，怎样做数学老师［M］. 南京：江苏科学技术出版社，2012. 8.

［5］翟立安. 漫谈初中数学教研［M］. 上海：上海交通大学出版社，2014. 6.

［6］余文森. 有效教学的理论和模式［M］. 福州：福建教育出版社，2014. 10.

［7］约翰·查尔顿·珀金霍恩. 数学的意义［M］. 长沙：湖南科学技术出版社，2014. 1.

［8］［英］赫伯特·斯宾塞. 斯宾塞的快乐教育全书［M］. 北京：北京理工大学出版社，2013. 11.

快乐导向·教学融合

课外活动·师生共促

3.1　初中英语"大"课程的一体化目标管理体系

学科一体化建设，必须要有统一的核心思想。让学生快乐地成长，培养学生的综合能力是我国深化教育改革的重要主题，是国家教育改革发展的战略任务之一。顺应国家教育改革的趋势，结合学校教育发展实情，确定"快乐"和"能力导向"作为学校学科一体化建设的核心关键词。

快乐体验、提升自我能力使学生获得一定的满足感。"能力导向"及"能力方向"，即学科建设的核心和方向在于培养学生学习的基础能力（阅读力、思考力、表达力）。学科建设通过培养并锻炼学生的基础能力，带动其实践能力、创造能力的发展，最终促进学生综合素养的提升，支持学生的终身发展和可持续发展。

在这一核心思想的指引下，英语学科又确定了本科组建设的核心内容。以"阅读力"为前提，以促进"思考力"和"表达力"为基本点，在阅读过程中培育英语思考力、表达力，促进良好学习习惯的养成。

3.1.1 初中英语"快乐与能力导向"大课程一体化建设总目标

围绕"快乐与能力导向"总目标，英语学科制订了独具特色的学科目标体系，由三年建设的总目标、阶段目标、单元目标三个层级构成。其中总目标体现了学科的发展、学生的发展、教师的发展三个维度；阶段目标具备能力发展的系列、序列，体现阶段特点、梯度特点；单元目标具体周详，依托于能力与快乐活动，具有实践指导意义。

新课标为英语学科梳理了四项学科核心素养：语言能力、文化意识、思维品质、学习能力。这四项学科核心素养或将成为各个学段英语课程核心素养的基础。围绕能力核心课题发展的学校英语教学也正符合英语学科核心素养的培育，英语科组落实在英语课堂教学实践中，以教材、学生、教学为原点开展教学活动，做到基于教材内容，因材施教；基于学生学情，因人施教；基于教学需求，因需施教。

初中英语"快乐与能力导向"大课程一体化建设总目标表述如表3-1所示。

表3-1 初中英语"快乐与能力导向"大课程一体化建设总目标表述

序号	总目标表述
1	培养学生以英语语言综合实践能力为目标的英语学习，养成英语阅读习惯和掌握阅读策略，具备一定英语思维，并大胆运用英语表达
2	发展英语教师以"快乐与能力为导向"的课堂教学技能以及课后活动组织能力
3	探索校本特色的集体备课模式和策略
4	实现英语学科以"快乐与能力为导向"的三年一体建设以及校本教材的开发
5	培养学生自信乐观

3.1.2　初中英语"快乐与能力导向"大课程一体化建设阶段目标

在起始的七年级，英语课题组教师重点规划学生的兴趣培养和表达力，通过各种课堂活动和课外活动提升学生能力的同时，发展学生的兴趣，让能力和兴趣结合在课外延伸。在基础的八年级，英语课题组教师重点提升学生的思考力和阅读力，通过基础的课堂活动和课外活动的配合，提升学生思维力，发展学生更深层的表达力，让能力训练培养贯穿课堂和课外活动。在冲刺的九年级，英语课题组教师重点关注学生阅读力、思考力和表达力的结合和输出，力求在课程活动的设置中能够更好地引导学生，实现学生"三力"的发展。

英语科组围绕能力核心，围绕如何提高学生阅读力、思考力和表达力，积极建设规划三年一体的科组发展，为真正发展学生能力不断实践。

初中英语"快乐与能力导向"大课程一体化建设阶段目标表述如表3-2所示。

表3-2　初中英语"快乐与能力导向"大课程一体化建设阶段目标表述

维度	序号	目标表述		
		七年级	八年级	九年级
阅读	1	能读懂简单小故事及其他文体的简单书面材料，并执行相关学习任务	能理解常见文体的小短文和相应水平的英语报刊文章的相关信息和大意	能读懂相应水平的常见体裁读物、报纸和杂志等，克服生词障碍
	2	能在教师的帮助下理解小短剧，小诗、歌曲歌词和歌谣并抓住大意	能够使用英汉词典等工具书帮助阅读理解	能根据阅读目的运用适当的阅读策略获取信息
	3	课外阅读生词量应累计达到4万词以上	能读懂简单个人信件、说明文等应用文材料，课外阅读量应达到10万词以上	能利用词典等工具书自主进行阅读。课外阅读量应达到15万词以上

维度	序号	目标表述		
		七年级	八年级	九年级
思考	1	能够通过思考理解有关英语学习活动的简短书面指令	能理解简易读物的事件发生顺序和人物行为	能根据上下文和构词法推断、理解生词的含义
	2	能通过思考使用简单的图标或海报，回复简单的问候和邀请等	能够根据上下文猜测生词的大意	能理解英语篇章段落中各句子之间的逻辑关系
	3	能够通过思考有条理地编写简单的故事	能用词组或简单语句为自己创作的图片写出说明	能思考理解文章主题，预测故事情节发展和可能的结局
表达	1	能在课堂活动中用简短的英语进行交流	能在课堂活动中用简单语言描述自己或他人的经历，表达简单观点	能就日常生活的相关话题与他人交换信息并陈述自己的意见
	2	能就熟悉的话题进行简单的交流	能根据提示复述故事	能与他人合作解决问题并报告结果，对自己的学习进行评价，利用多种教育资源进行学习
	3	能在教师的指导下进行简单的角色表演	能在教师的指导下进行简单的英文话剧、短剧表演	能独立起草短文、短信等，能描述人物和事件，并在教师的指导下进行修改
	4	能讲述简单的小故事	能在教师的帮助下以小组讨论的方式起草和修改作文、说明、指令、规则等	能根据图示或表格写出简单的段落或操作说明
	5	能背诵一定数量的简单英语小诗和歌谣，能唱一些英文歌曲	能背诵一定数量和长度的美文、诗歌和唱英文歌曲	欣赏和背诵一定数量自己喜欢的美文、诗歌和唱英文歌曲

（续表）

维度	序号	目标表述		
		七年级	八年级	九年级
情感	1	能体会到英语学习的乐趣，敢于开口，乐于感知并积极尝试使用英语	有明确的学习目标，能意识到学习英语的目的在于交流	能体会英语学习中的乐趣，乐于接触英语读物、歌曲、电影等
	2	积极参与各种课堂学习活动，能与同学积极配合和合作	有学习英语的愿望和兴趣，乐于参与各种英语实践活动	能在英语交流中注意和理解他们的情感，在遇到困难时能主动请教，勇于战胜困难
	3	乐于接触外国文化，增强祖国意识	对祖国文化能有更深刻的了解，具有初步的国际理解意识	能以国际化的意识来了解西方文化，具有较开阔的国际视野

3.1.3 初中英语"快乐与能力导向"大课程一体化建设单元目标

基于人教版新目标Go for it课程设计要求、七年级学生特点和英语学习规律，七年级、八年级英语备课组开展围绕"提升英语听说能力"的教学研讨。主要探讨以下内容：如何培养良好的听说习惯？课堂教学过程，如何深入听说练习和渗透听说策略？

八年级英语备课组开展围绕"提升英语读写能力"的教学研究。主要研究的问题：如何培养学生的英语阅读兴趣？如何在阅读活动中渗透有效的阅读策略？如何以读促写和以写促读？

九年级英语备课组开展围绕"提升英语综合能力"的话题复习课教学研究，整理涵盖中考24个话题的相关资料，包括了听力、词汇、句型、阅读、典型写作。

初中英语"快乐与能力导向"的大课程一体化建设的单元目标表

述如表3-3所示。

表3-3 初中英语"快乐与能力导向"的大课程一体化建设的单元目标表述

单元	讲学内容	能力目标	能力与快乐活动	备注
Starter Unit 1 Good morning!	掌握英文字母A—H，能认读其印刷体和手写体字母的大小写等四种形式。书写（大写和小写，笔顺，笔画）基本合乎要求	能看、听、说本单元所列的日常交际用语，重点学会打招呼，并做到语音语调正确	活动一：抢读字母 活动二：礼仪之星 活动三：小小书法家 活动四：编一段对话，主题是新开学，如何向同学打招呼	七年级（上）
Starter Unit 2 What's this in English?	掌握Ii—Rr10个字母和ruler、map、quilt、jacket、key等单词，辨认物品"What is this in English？"及其回答	能看、听、说本单元所列的日常交际用语，重点学会用英语询问物品名称，并做到语音语调正确	活动一：物品闪现 活动二：猜猜这是什么 活动三：抢拼单词 活动四：字母歌	七年级（上）
Starter Unit 3 What color is it?	掌握剩余字母，运用"What color is it？"及其回答	能运用所学英语，正确地描述物体的颜色；同时进一步学习分辨人物的用语，并加以运用	活动一：看音标读字母 活动二：我所知道的颜色 活动三：猜猜这是什么颜色 活动四：我的缤纷世界（用颜色笔构图并对其进行阐述）	七年级（上）
Unit 1 My name's Gina.	学会询问周围新同学的姓名，并且将自己刚认识的好朋友介绍给全体同学，并且区分出姓和名	能够掌握英语中姓名（name/ full name）、姓（family name/last name）和名（given name/first name）的用法；能够通过用英语说出自己的电话号码的活动，学习数字0—9的英文表达；能够掌握形容词性物主代词的用法及其与人称代词的主格的区别	活动一：结识新朋友 活动二：学生利用电脑向大家展示他们所收集的中英文姓，问候语句及各国或各地初次见面时的礼仪，体会它们的不同之处 活动三：找朋友 活动四：制作ID Card	七年级（上）

（续表）

单元	讲学内容	能力目标	能力与快乐活动	备注
Unit 2 This is my sister.	简单介绍人物关系，指认人物关系，用指示代词this/that/these/those介绍人物关系	能够用who引导的特殊疑问句询问第三方是谁，了解英语国家中家庭成员之间的称谓	活动一：根据照片，介绍家庭成员 活动二：认识你的家人 活动三：猜猜这是谁 活动四：认识来自美国的Lucy一家	七年级（上）
Unit 3 Is this your pencil?	掌握常见物品的英文表达，能够询问教室物品或文具名称并找到物主，能够综合运用所学句型汇报活动结果	能够运用this /that 的一般疑问句及其答句、What 引导的特殊疑问句及其简略回答	活动一：找主人 活动二：猜猜是谁的 活动三：小小拍卖家 活动四：我是小叮当	七年级（上）
Unit 4 Where's my schoolbag?	掌握关于房间和房间中各种物品的名称的英文表达，学会使用功能句表述事物的具体位置	能描述物品的位置和根据描述找到物品，能够向第三人描述事物的具体位置以及树立学生的审美观	活动一：请同学根据老师的指令变换自己的位置 活动二：描述我们的教室 活动三：找差别 活动四：打扫房间	七年级（上）
Unit 5 Do you have a soccer ball?	掌握所给的体育词汇，熟悉补充的词汇，谈论自己喜欢的体育运动，能够询问他人的喜好并提出建议	能够掌握以do/does引导的一般疑问句及其答语，谈论自己拥有的物品情况；能够阐述自己的喜好；提出建议或意见，能够了解中西方体育文化的差异；能够培养自己良好的身体素质	活动一：介绍自己知道的球类 活动二：我的同学是收藏家 活动三：队友结盟 活动四：大家都来做运动	七年级（上）

单元	讲学内容	能力目标	能力与快乐活动	备注
Unit 6 Do you like bananas?	掌握关于食物的词汇，熟练运用所学功能项目谈论喜好和厌恶，能准确地用英语描述一日三餐的食谱	能够熟练运用句型"Do you like bananas?"描述一日三餐的方法。能够掌握一般现在时，主语是第三人称单数时，助动词与动词的变化。可数名词和不可数名词的区别。讨论美食，享受生活美味，提倡健康合理膳食	活动一：猜猜老师喜欢什么 活动二：我们喜欢的食物是…… 活动三：小组活动。其中两位互相询问对方喜欢与不喜欢的食物，另两位转述他们所说的情况 活动四：编对话，主题为询问别人一日三餐喜欢吃的食物	七年级（上）
Unit 7 How much are these socks?	通过谈论衣物，让学生在学会谈论物品及其颜色的同时，掌握用How much...句型来询问价格，学会感谢他人	能够使用How much引导的疑问句以及回答；能够谈论物品的颜色和价格、对服装的喜好和购物时使用的礼貌用语等	活动一：通过介绍服装，学习一些常用的服装名词 活动二：询问价格和颜色 活动三：对比价格 活动四：角色扮演	七年级（上）
Unit 8 When is your birthday?	通过学习一年中12个月的单词和序数词，教会学生使用互相询问对方生日，以及第三人称他或她的生日	能够运用以When引导的特殊疑问句，用月份单词和序数词阐述同学的生日，以及关心家人的生日，培养学生的感恩之心	活动一：我的生日是…… 活动二：寻找同月生之人 活动三：家人的生日 活动四：快生日了，我准备这样过	七年级（上）
Unit 9 My favorite subject is science.	学会描述各个学科，学会表达对不同学科的看法，培养学生分析判断事物的能力，发表自己的看法和意见	能够用What，When，Why引导的一般现在时的特殊疑问句及回答，加入Who的问句及want to句式跨学科学习，调查各学科受喜欢程度，培养学生各学科平衡发展，培养学生分析事物的能力并知道如何表述自己看法	活动一：猜猜他是什么学科的老师 活动二：我喜欢的学科，为什么 活动三：最受欢迎学科 活动四：听听来自美国的Kary的学科介绍	七年级（上）

（续表）

单元	讲学内容	能力目标	能力与快乐活动	备注
Unit 1 Can you play the guitar?	整个单元的内容围绕情态动词can展开，学会各种课外活动的说法；情态动词can的肯定句、否定句、一般疑问句及其肯定和否定回答、特殊疑问句；谈论意愿的句型	能够谈论自己的喜好与意愿；为自己成立的各种俱乐部制作海报；会写招聘广告	活动一：我喜爱的课外活动 活动二：我想…… （练习I want to join...） 活动三：现场招聘会 活动四：仿写招聘广告	七年级（下）
Unit 2 What time do you go to school?	本单元要求学会用When和What time引导的特殊疑问句询问时间的表达方式；表达频率的副词	能够用When和What time引导特殊疑问句询问时间和不同时间点的表达方法；学习表示频率的副词；能用英语表达正确的时间点；学会谈论自己及他人的日常生活及日常作息习惯	活动一：每日早晨的活动安排 活动二：做调查——每人每天早上的安排 活动三：我的一天（练习写作，提高书面表达能力） 活动四：制作节目单（复习第一单元的活动词汇）	七年级（下）
Unit 3 How do you get to school?	本单元的话题是"谈论如何去某地"，主要学会描述人们日常出行的主要方式、学习一般现在时	能够掌握How引导的特殊疑问句及其答句	活动一：画出或写出你身边的交通工具 活动二：小调查——你怎样去上学 活动三：小调查——你家到学校的距离 活动四：介绍去你家的路线（包含的交通方式）	七年级（下）
Unit 4 Don't eat in class.	本单元的中心话题是rules，主要语言功能是谈论并制定某些规章制度，如校规、班规和家规。语言结构为祈使句。利用情态动词can，must，have to来谈论一些规章制度	能够熟练使用目标语言谈论某些规章制度；能使用目标语言讨论校园内一些公共场所的规则	活动一：我们身边的标志（学生预习时提前准备，课堂分享，越新颖越好） 活动二：做学校文化建设的主人（遵守校规，列出校规） 活动三：我的家规 活动四：爸爸妈妈听我说（对家规的建议）	七年级（下）

单元	讲学内容	能力目标	能力与快乐活动	备注
Unit 5 Why do you like pandas?	本单元的中心话题是运用一些描述性的词语来描述一些动物，并说明自己对这些动物喜好的原因	能够谈论自己喜欢的动物并陈述原因	活动一：为动物找家（会游泳的、会飞的、会爬的，让学生分类写出动物名称） 活动二：小调查：你喜爱的动物 活动三：猜一猜（听描述，猜动物） 活动四：确定自己的吉祥物（说明原因）	七年级（下）
Unit 6 I'm watching TV.	本单元的中心话题是围绕描述人们正在从事的活动展开，让学生学会谈论自己或他人正在做什么，并以这一主题引出现在进行时的特殊疑问句及答语，现在进行时的一般疑问句及答语和否定句等语言功能，学习一些描述人物活动的动词及短语	能够运用现在进行时谈论自己或他人正在做某事	活动一：做汇报——你在做什么 活动二：制作影集（展示照片，介绍自己） 活动三：做调查——打电话询问同学在干什么	七年级（下）
Unit 7 It's raining.	本单元的中心话题是谈论天气。通过本单元的学习使学生掌握描述天气的词汇及如何询问天气状况，能够准确地表达自己对某种天气的喜欢并说明原因，学会做天气预报，学生叙述在不同的天气背景下做什么	能够运用目标语言谈论天气及人们正在进行的活动	活动一：我是天气预报员（了解第二天的天气情况，选出最好的） 活动二：我喜欢的季节（说明原因） 活动三：问候远方的朋友（复习现在进行时） 活动四：做游戏——故事接龙（教师给出第一句话，小组按时接龙完成，然后全班分享，选出最好的故事）	七年级（下）

（续表）

单元	讲学内容	能力目标	能力与快乐活动	备注
Unit 8 Is there a post office near here?	本单元通过询问建筑物的位置，来学习一些建筑物的名称以及there be结构的一般疑问句	能够询问建筑物的位置，学会向别人问路	活动一：我们身边的建筑物（画图介绍） 活动二：我理想的住所（培养想象力） 活动三：做义务的指路员（景点指路志愿者） 活动四：给笔友写一封信，详细介绍他周末要去的地方（提高书面表达能力）	七年级（下）
Unit 9 What does he look like?	本单元的核心话题是谈论人的外貌形象，主要学习如何描述人的外貌以及与此相关的形容词、名词以及短语和相关句型，并引出本单元的语法项目：系动词be和实义动词have/has的用法	能够谈论人的身高、体重、发型、面部特征及着装特点	活动一：介绍自己的父母 活动二：猜一猜——他/她是谁 活动三：人物素描像（小组活动，根据教师给的照片，一人描述，其他人画画） 活动四：我的新面貌（为自己设计晚会的新形象）	七年级（下）
Unit 10 I'd like some noodles.	本单元以"食物"为话题，学习用英语询问他人喜欢食物以及谈论自己喜欢吃的食物	能够描述食物，会以"食物"为话题的角色表演，充分地展示自我	活动一：为同伴制作他/她想吃的面条 活动二：打电话订一份面条（角色表演） 活动三：我是小小广告家	七年级（下）

单元	讲学内容	能力目标	能力与快乐活动	备注
Unit 11 How was your school trip?	本单元以"How was your school trip？"为中心话题，围绕着描述"过去发生的事情"展开，学习和运用一般过去时态的一般疑问句"Did you...?"以及其答语，询问过去的事件，让学生学会谈论和分享过去发生的事情	能够询问"……怎么样、做了什么事"以及运用表达感受的交际用语	活动一：我们的足迹（小组讨论旅游去过的地方） 活动二：我最快乐的一天（罗列玩过的活动，选出谁的一天的活动最丰富） 活动三：我的家人的旅游照片 活动四：旅游日记（练习写作，提高书面表达能力）	七年级（下）
Unit 12 What did you do last weekend?	本单元的话题是询问周末所做的事情，学习用一般过去时来描述过去做过的事情	能够讨论"周末活动"，以提高英语书面表达能力	活动一：周末通常做什么 活动二：谁的周末最精彩 活动三：想一想，画一画：你上周五的活动 活动四：介绍你家人的周末活动	七年级（下）
Unit 1 Where did you go on vacation?	本单元是围绕"与朋友共同回忆假期"为话题，开展教学活动，学习动词的一般过去时表达法，是在七年级下册学习"How was your weekend？"的基础上学习一般过去时的特殊疑问句和一般疑问句的用法，同时进一步对假期的去向和评价进行问答	能够加深对一般过去时态的理解和运用，也可以用英语来和别人讨论假期人们是怎么度过的	采访： 将学生分成小组，每小组六人，设计一个情境：If you are a reporter from CCTV。可以采访一下刚从假期回来的学生们，将本节课的重点句型都用上	八年级（上）

无边界学习之『大』课程

（续表）

单元	讲学内容	能力目标	能力与快乐活动	备注
Unit 2 How often do you exercise?	学生首先学会恰当地使用频率副词及短语，再学会描述课余时间的活动安排和基本饮食结构。通过复习七年级学习过的动词短语，及本单元的听力练习，各种方式的口语交际活动和写作练习，使学生积极参与、合作，从而培养学生的综合语言运用能力	能够描述课余时间的活动安排，初步培养学生三方面的语言综合运用能力。读：通过学习本课时的短文，能读懂介绍个人生活方式的文章。说：利用所学知识或提示的信息，能在短时间内复述课文。写：能用本节所学知识，描述有关自己或熟人生活习惯的短文	活动一：做游戏——"What's missing?"学生先把动词卡片全部读一遍，教师从卡片中任意抽掉一张，再让学生看卡片读动词短语，然后让学生说出抽掉的是哪一张词汇卡片 活动二：做调查	八年级（上）
Unit 3 I'm more outgoing than my sister.	本单元的教学重点为词汇、形容词比较级的构成、形容词比较级的用法。教学难点为the comparatives with -er/ier and more的结构及读音，能在交际中准确地运用本单元的话题对自己与他人进行描述，做出比较并进行判断	能对人物的外表进行描绘，个性进行比较，能在日常生活中恰当理解和运用本单元的话题对自己与他人进行描述，做出比较并进行判断	问题卡片争夺赛：事先准备标有数码的问题卡片，每回答一个问题，该同学将得到一个卡片。本节课结束，为卡片最多的同学发奖。并且为了照顾基础不太好的同学，抽取幸运奖。采用游戏、歌曲、合作等多种活动方式，利用教学图片、制作课件等来展开课堂教学	八年级（上）

单元	讲学内容	能力目标	能力与快乐活动	备注
Unit 4 What's the best movie theater?	本单元是围绕adj.和adv.最高级，对clothes stores、restaurants and supermarkets展开教学，本单元课时教学内容选择贴近学生生活的题材，目的是引发学生大胆进行口语交流，了解他人的喜好，树立正确的消费观念，树立正确的人生价值观	能够运用形容词最高级描述不同的人、物或城市	Free talk 拓展对话	八年级（上）
Unit 5 Do you want to watch a game show?	使学生学会各种电视节目的英文表达，再让学生学会用英语表达对不同电视节目以及事物的厌恶。通过用学生熟悉的电视节目提高学生学习兴趣，再通过简单的口语练习，使学生积极参与、合作，从而培养学生的综合语言运用能力	通过对话初步培养学生的语言综合运用能力	Group work 1．让各组组长安排同学分别调查本组同学喜欢和不喜欢的节目类型及其原因，以及最喜爱的节目是什么。激发学生的积极思维，让学生相互了解后增进他们之间的友谊，同时还让学生知道一些有教育意义的节目 2．各组组长安排同学将调查结果写成短文并进行报告	八年级（上）

（续表）

无边界学习之「大」课程

单元	讲学内容	能力目标	能力与快乐活动	备注
Unit 6 I'm going to study computer science.	主要内容是学习关于职业的单词以及be going to 的用法，用一般将来时谈论未来自己和他人理想的职业。	为实现理想做出的打算和安排，目的是通过对人生理想的讨论使学生不仅对未来的憧憬，而且要从现在起为自己的理想而奋斗	活动一：谈一下自己长大后想成为什么人并且如何去做 活动二：放映幻灯片，幻灯片中有一个对话，这个对话暗含了本单元需要重点掌握的一些句型，要求学生根据对话内容进行小组合作	八年级（上）
Unit 7 Will people have robots?	本单元涉及的主要话题是预测未来、一般将来时的表达方法并学会谈论过去、现在和未来。通过语言的学习，掌握will/won't的用法及一般将来时的表达方法，了解shall及否定式的用法	1. 预测未来。 2. 学会陈述表达各自观点	预测100年后的事情，让学生主动地参与到活动中来，练习表达能力的同时培养学生的环保意识，热爱科学	八年级（上）
Unit 8 How do you make a banana milk shake?	本单元主要是让学生学会用英语描述制作香蕉奶昔的过程和步骤，并以这一主题引出重点句子祈使句，以及可数名词和不可数名词，"How many/How much...?"问句，顺序副词等语言知识	1. 学会制作香蕉奶昔。 2. 用英语描述香蕉奶昔的制作过程和步骤	活动一：课前让部分学生准备一些香蕉和牛奶，老师准备搅拌机上课时用 活动二：让学生带一些生活中的食品并来学习制作水果奶昔	八年级（上）

单元	讲学内容	能力目标	能力与快乐活动	备注
Unit 9 Can you come to my party?	本单元是围绕 invitation 来展开话题的一个单元。围绕"发出、接受、拒绝邀请"展开，学习礼貌用语的表达和人际交往的基本常识，与实际生活息息相关，是学生感兴趣的话题	1．能得体地用英语邀请他人，提高学生说的能力。2．能得体地接受邀请。3．能礼貌地拒绝邀请并陈述原因	设计报告（让学生在真实的语言情境中运用本课所学语言知识去完成任务。设计的任务贴近学生生活和经验。所用的语言是交际语言，这样有助于引导学生注意语言的交际意义，同时有利于培养学生综合运用英语的能力和与他人沟通合作能力）	八年级（上）
Unit 10 If you go to the party, you will have a great time!	本单元是用if引导的条件状语从句来谈论结果，是一般将来时态的延续，具有承前启后的作用	通过本课的学习，使学生能用英语对即将发生的情景进行预测和表述	小组竞赛：Rule: Use "if, will" structure to make up sentences. 并展示到黑板相应位置，看看哪个小组造的句子最多最正确	八年级（上）
Unit 1 What's the matter?	本单元是以"What's the matter？"为中心话题，描述身体不适和提出建议展开，学习和运用"What's the matter？"和"What should I do？"让学生学会描述身体的不适和提出建议	能够运用"What's the matter（with you）？"询问周围人的身体状况；能灵活运用"I/She /He +have/has +a +…（身体疼痛的部位）"这一英语句型表达自己或者他人身体上的不适；能熟练掌握"should / shouldn't do sth."这一句型委婉地表达自己的意见或者建议	Sample 1　角色扮演（医生与病人）Sample 2　Guessing game: What's the matter? Sample 3　write a letter to Jack（就Jack的身体健康问题给予相对应的建议）	八年级（下）

（续表）

单元	讲学内容	能力目标	能力与快乐活动	备注
Unit 2 I'll help to clean up the city parks.	本单元的主题涉及援助与关爱（help and love），主要学习情态动词could表达建议，以及正确使用有关援助的表述、短语动词以及相关表达中的动词不定式	能够听懂"帮助他人，参加社会公益"的相关话题及文章；掌握向别人求助或提供帮助的一些句式；掌握短语动词及动词不定式的一些用法	活动一：头脑风暴（Brainstorm）：思考从校外和校内可以帮助别人的方式 活动二：设计英语海报，号召大家一起参加志愿者活动 活动三：动词短语知多少竞赛	八年级（下）
Unit 3 Could you please clean your room?	本单元的话题是Chores，主要学习用"Could you please ...?"和"Could I please...?"来委婉地提出请求或征求别人的许可以及如何有礼貌地拒绝别人并表达自己的理由，陈述自己的好恶	能够掌握家务的短语；能够运用could表示礼貌的请求以及征求许可，并能做出相应的应答	活动一：学生分角色（男生扮演Brother，女生扮演Sister）朗读对话 活动二：辩论会：中学生应该做家务活吗 活动三：调查报告：谁最能干	八年级（下）
Unit 4 Why don't you talk to your parents?	本单元的中心话题是谈论同学们生活及学习中的问题和困难，并针对这些问题给予合理的建议	能够询问、陈述自己或他人的困难和麻烦并能针对别人的困境提出解决的办法和建议	活动一：配对活动（针对相对应的问题给予相对应的建议）活动二：改编课本剧3a 活动三：针对4c开展游戏竞赛	八年级（下）
Unit 5 What were you doing when the rainstorm came?	本单元以"What were you doing when the rainstorm came?"为中心话题，学习和运用过去进行时描述过去正在发生的事情	能够正确使用连词when和while，能恰当运用过去进行时结构进行提问和叙述及讲述过去发生的事情	活动一：找一找——现在进行时与过去进行时的区别 活动二：小调查——当时你在做什么	八年级（下）

单元	讲学内容	能力目标	能力与快乐活动	备注
Unit 6 An old man tried to move the mountains.	本单元围绕"传说和故事"这个话题，谈论过去发生的事情，重点训练"讲故事"这个语言功能项目	能够掌握如何用过去时态讲述一个故事，描述古老的传说和有趣的故事，能理解优美的传说和有趣的故事，掌握故事的基本结构，讲述自己喜爱的故事	活动一：分角色表演故事 活动二：我是故事大王 活动三：写作——根据故事情节发展合理续写故事结局	八年级（下）
Unit 7 What's the highest mountain in the world?	本单元谈论有关地理和自然的话题，进一步学习形容词和副词的比较级和最高级的用法，学会用形容词和副词的最高级来描述个人喜好	能表达较大的数字，能听懂和谈论有关地理和自然的话题且能熟练运用形容词和副词的比较级、最高级	活动一：数字游戏：听音写数字等 活动二：以小组为单位提议理想的郊游地点，用比较级和最高级说出一个或多个理由	八年级（下）
Unit 8 Have you read Treasure Island yet?	本单元涉及文学及音乐话题，通过听说读写活动来理解和认识现在完成时，并能够围绕文学和音乐话题进行口头和笔头语言输出	能掌握现在完成时结构和了解其含义，学会用现在完成时表达过去发生的但与现在情况有关的事情；初步了解经典英美文学作品及西方流行乐队文化	活动一：Guessing game（看图猜文学作品，听歌猜曲） 活动二：小组讨论：现在完成时的结构与用法 活动三：作文：我喜爱的歌手或作家	八年级（下）
Unit 9 Have you ever been to a museum?	本单元主要围绕"有趣的地方"这个话题，进一步学习现在完成时的用法，并能区别现在完成时和一般过去时在表述过去经历时的不同	能够谈论过去曾经去过某地；学会与人分享快乐，发现身边美好事物	活动一：英语手抄报：（中国最美的景区或我去过的地方或我的家乡或我最想去旅游的一个国家） 活动二：写作——谈论旅游经历	八年级（下）

（续表）

单元	讲学内容	能力目标	能力与快乐活动	备注
Unit 10 I've had this bike for three years.	本单元主要围绕"谈论所有物"这个话题，进一步学习现在完成时表示持续性动作或状态的用法	能听懂人们谈论拥有某物多长时间的话题，能在现在完成时句子中熟练运用since，for；正确处理并充分利用自己的废旧物品	活动一：调查表——小组成员保留小时候的物品的情况 活动二：班级义卖会（并填写义卖资格证）	八年级（下）
Unit 1 How can we become good learners?	话题重点围绕讨论各种学习方法和策略进行展开，以句型"How do you study...? I study by..."在学生间展开交流	通过本课的学习使学生找到适合自己的学习方法，从而激发和培养学生学习英语的兴趣，树立自信心，养成良好的学习习惯和形成有效的学习策略，发展自主学习的能力和合作精神，使学生掌握一定的英语基础知识和听说读写技能，形成一定的综合运用语言的能力	继续使用一般现在时，这是一个生活中离不开的时态，也是最基本的一个时态。新课程标准要求学生重点掌握一般现在时，在英语中使用频率高，对其他时态的掌握也有帮助	九年级（上）
Unit 2 I think that mooncake are delicious.	本单元的核心话题为"Festivals"，围绕着讨论中西方节日文化和风俗习惯，通过观察图片、听力理解等训练方式和独立学习、合作交流、完成任务等形式完成目标语言的输入，以感叹句和宾语从句为主要学习任务	通过本单元的学习使学生能听懂并掌握谈论中外不同国家文化的语言材料，学会如何正确地用英语表达自己的意见和对节日的喜好。通过开展角色表演等活动，培养学生阅读兴趣。通过本单元的阅读，培养学生的文化意识，陶冶思想情操。重在培养学生习得语言运用能力、实践能力、合作能力及创新意识	学会使用宾语从句来表达句子，掌握感叹句结构，直接引语和间接引语；学会运用What和How表达对某事物的感叹	九年级（上）

单元	讲学内容	能力目标	能力与快乐活动	备注
Unit 3 Could you please tell me where the restrooms are?	本单元学习内容集中在如何使用适当的句子礼貌地寻求他人的帮助，并能根据指引找到目的地。同时也要学会如何用正确的句子为需要帮助的人给予指引。以特殊疑问词引导的宾语从句为主要语法点	完成本单元学习后学生要学会如何寻求他人帮助，如何有礼貌地询问他人并获得信息，将其应用到实际生活中，同时能准确描述位置，为他人指路，培养日常生活中问路与指路的能力	学会英语中问路、指路及询问信息的方式，把特殊疑问词引导的宾语从句、条件状语从句、祈使句运用到问路、指路中	九年级（上）
Unit 4 I used to be afraid of the dark.	本单元集中在运用"I used to..."描述自己或他人过去常常做的事情	能够用英语描述自己或他人过去常常做的事情；发现自己或他人在外表、性格、兴趣等方面所发生的变化。让学生明白事物是在不断发展、变化的道理，培养学生积极向上的心态	学会描述自己或他人过去常常做的事情基本句型"I used to..."，掌握"used to do/be"句型	九年级（上）
Unit 5 What are the shirts made of？	本单元通过询问物品原料以及产地，围绕着中国民间传统艺术，展开讨论和学习	完成本单元学习后学生能够熟练运用一般现在时的被动语态询问物品原料以及产地，并描述自己身边美好的事物。能够正确使用动词的变化形式。另外，锻炼学生阅读、分析文章的能力	掌握本课单词和短语be made of/from，be made in，继续运用一般现在时态，了解被动语态的结构与用法，归纳和掌握make构成的短语	九年级（上）

（续表）

单元	讲学内容	能力目标	能力与快乐活动	备注
Unit 6 When was it invented?	本单元通过物品的发明引入，围绕近现代一些重要发明的时间及用途展开学习	能谈论物品被发明的时间、发明者，表达某发明的用途。了解一些近现代发明的时间及用途，激发自己热爱发明的情感。培养想象力，善于观察事物。面对难题，用积极的态度去解决，发挥想象力，认识世界，改造世界	运用一般过去时态的被动语态，学会询问和讨论发明时间及用途的基本句型，熟练运用主被动的句型转换	九年级（上）
Unit 7 Teenagers should be allowed to choose their own clothes.	通过教学让学生熟悉运用各种句型来表述各自的观点，学习新单词的同时渗透被动语态的语法概念。告诫学生生活中应礼貌表达自己的观点或意见	能够谈论允许和不允许做的事情，谈论应该被允许和不被允许做的事情，能够针对这些事情发表自己的观点，同时能说明理由	掌握"should be allowed to""should be allowed"和"should not be allowed"	九年级（上）
Unit 8 It must belong to Carla.	本单元通过学习情态动词，学会正确使用must，might，could，和can't对事物进行推断并注意体会这些词表示判断时的程度，尽量做到用词准确。拓展了belong to，much too，too much等词的使用，并提供了一些实用的英语谚语	掌握重点词汇和语言结构。培养学生的听说读写与观察能力。能用所学句型与重点词进行推测	学会用must，might，could和can't进行推论	九年级（上）

单元	讲学内容	能力目标	能力与快乐活动	备注
Unit 9 I like music that I can dance to.	话题围绕个人喜好展开，通过本节课的学习，让学生学会使用定语从句的表达，在交流中学会询问别人的喜好的音乐类型。教授相关音乐词汇与相关题材的音乐信息	要求学生能够用英语谈论自己喜欢的音乐和音乐家，并说明为什么。在谈论的同时学习并掌握定语从句。通过阅读别人写的评论，学会对自己喜欢或者不喜欢的事物说出自己的观点或写出简单的评论	掌握重点词汇和短语。复习并巩固定语从句的结构及其用法。提高学生的快速阅读能力，听力能力，英语口语能力。学会用英语写简短的评论	九年级（上）
Unit 10 You're supposed to shake hands.	本单元围绕不同国家不同习俗为话题进行听说读写	通过教学，引导学生了解西方的社交礼仪、生活习惯、风土人情等，让学生多接触和理解英语国家文化并联系生活设置情境，激发兴趣，提高应用英语解决问题的能力，培养跨文化交际能力和语言思维能力	掌握关键词。能够使用本课句型谈论不同国家人们初次见面时的礼仪。了解各地不同的文化，从而让学生知道哪些该做、哪些不该做	九年级（上）
Unit 11 Sad movies make me cry.	本单元以"How do things affect you?"为话题，从颜色、天气、音乐、广告、产品等方面谈论了外界事物如何影响人的心情。要求学生掌握表达某物或某事给人带来的感觉、看法或影响	掌握生词与短语。能够让学生谈论事情是怎样影响他们的心情。能够让学生理解事物对他们产生的影响	掌握表达情绪感受的形容词、动词。学习"make sb *adj.*"和"make sb do"并补充"be make to do sth"的用法	九年级（上）

无边界学习之『大』课程

单元	讲学内容	能力目标	能力与快乐活动	备注
Unit 12 Life is full of the unexpected.	本单元围绕"bad days"这一话题进行教学活动。运用所学句型谈论发生在身边令人尴尬或难忘的事，学习和巩固过去完成时态。加深学生对过去完成时态的理解，进一步掌握动词的过去式与过去分词的变化规则，区别现在完成时及过去完成时的用法	掌握重点单词和短语。掌握过去完成时时态、结构及用法。学会合理安排自己的学习与生活。能用过去完成时叙述过去的事件	过去完成时的构成及应用。区分一般过去时、现在完成时及过去完成时	九年级（上）
Unit 13 We're trying to save the earth!	本单元的话题是保护环境，学生应该学会使用已学过的几种时态和句型谈论环境污染和保护的相关话题，在语法上需要复习现在进行时、现在完成时、used to、被动语态和情态动词的用法	能正确使用现在完成时、现在进行时、被动语态、情态动词和used to句型。有环境危机意识、学会关注环境，保护环境的措施	正确运用所学的单词与表达。理解课文内容，学会仿写，挑战中考作文	九年级（上）
Unit 14 I remember meeting all of you in Grade 7.	本单元通过回忆过去，畅想未来开展学习。旨在创设一个轻松愉快的学习与交流环境，培养学生综合运用知识的能力，以拓展以往的经历	掌握本单元重点词汇及语言点。能谈论过去和未来的生活。珍惜初中生活的点滴、培养对高中、未来生活的憧憬。树立远大的人生目标	重点词汇与词组的搭配。过去时态的用法。准确运用现在完成时及一般过去时来描述和表达过去的经历	九年级（上）

单元	讲学内容	能力目标	能力与快乐活动	备注
语法复习1	词类	1. 能理解该语法表达的意义。 2. 能运用该语法知识完成练习。 3. 能运用该语法进行口语以及书面表达	1. 易错题的分析整理归纳。 2. 典型题的巩固复习	九年级（下）
语法复习2	时态	1. 能理解该语法表达的意义。 2. 能运用该语法知识完成练习。 3. 能运用该语法进行口语以及书面表达	1. 易错题的分析整理归纳。 2. 典型题的巩固复习	九年级（下）
语法复习3	被动语态	1. 能理解该语法表达的意义。 2. 能运用该语法知识完成练习。 3. 能运用该语法进行口语以及书面表达	1. 易错题的分析整理归纳。 2. 典型题的巩固复习	九年级（下）
语法复习4	非谓语动词	1. 能理解该语法表达的意义。 2. 能运用该语法知识完成练习。 3. 能运用该语法进行口语以及书面表达	1. 易错题的分析整理归纳。 2. 典型题的巩固复习	九年级（下）
语法复习5	构词法	1. 能理解该语法表达的意义。 2. 能运用该语法知识完成练习。 3. 能运用该语法进行口语以及书面表达	1. 易错题的分析整理归纳。 2. 典型题的巩固复习	九年级（下）
语法复习6	句子种类&句子成分	1. 能理解该语法表达的意义。 2. 能运用该语法知识完成练习。 3. 能运用该语法进行口语以及书面表达	1. 易错题的分析整理归纳。 2. 典型题的巩固复习	九年级（下）

无边界学习之「大」课程

（续表）

单元	讲学内容	能力目标	能力与快乐活动	备注
语法复习7	简单句	1．能理解该语法表达的意义。 2．能运用该语法知识完成练习。 3．能运用该语法进行口语以及书面表达	1．易错题的分析整理归纳。 2．典型题的巩固复习	九年级（下）
语法复习8	复合句	1．能理解该语法表达的意义。 2．能运用该语法知识完成练习。 3．能运用该语法进行口语以及书面表达	1．易错题的分析整理归纳。 2．典型题的巩固复习	九年级（下）
话题复习1	个人情况	1．能掌握相关词汇和句型。 2．在听说读写各方面，能熟练把握有关该话题的考察。 3．能关注该话题的相关社会热点。 4．能理解该话题语篇中蕴含的西方文化，以及其与中国相关文化的差异	1．制作该话题的词汇思维导图。 2．三分钟不NG：围绕该话题的即兴轮流口语表达。 3．读写综合练习	九年级（下）
话题复习2	家庭、朋友与周围的人	1．能掌握相关词汇和句型。 2．在听说读写各方面，能熟练把握有关该话题的考察。 3．能关注该话题的相关社会热点。 4．能理解该话题语篇中蕴含的西方文化，以及其与中国相关文化的差异	1．制作该话题的词汇思维导图。 2．三分钟不NG：围绕该话题的即兴轮流口语表达。 3．读写综合练习	九年级（下）

单元	讲学内容	能力目标	能力与快乐活动	备注
话题复习3	周围的环境	1．能掌握相关词汇和句型。 2．在听说读写各方面，能熟练把握有关该话题的考察。 3．能关注该话题的相关社会热点。 4．能理解该话题语篇中蕴含的西方文化，以及其与中国相关文化的差异	1．制作该话题的词汇思维导图。 2．三分钟不NG：围绕该话题的即兴轮流口语表达。 3．读写综合练习	九年级（下）
话题复习4	日常活动	1．能掌握相关词汇和句型。 2．在听说读写各方面，能熟练把握有关该话题的考察。 3．能关注该话题的相关社会热点。 4．能理解该话题语篇中蕴含的西方文化，以及其与中国相关文化的差异	1．制作该话题的词汇思维导图。 2．三分钟不NG：围绕该话题的即兴轮流口语表达。 3．读写综合练习	九年级（下）
话题复习5	学校生活	1．能掌握相关词汇和句型。 2．在听说读写各方面，能熟练把握有关该话题的考察。 3．能关注该话题的相关社会热点。 4．能理解该话题语篇中蕴含的西方义化，以及其与中国相关文化的差异	1．制作该话题的词汇思维导图。 2．三分钟不NG：围绕该话题的即兴轮流口语表达。 3．读写综合练习	九年级（下）

（续表）

单元	讲学内容	能力目标	能力与快乐活动	备注
话题复习6	兴趣与爱好	1．能掌握相关词汇和句型。 2．在听说读写各方面，能熟练把握有关该话题的考察。 3．能关注该话题的相关社会热点。 4．能理解该话题语篇中蕴含的西方文化，以及其与中国相关文化的差异	1．制作该话题的词汇思维导图。 2．三分钟不NG：围绕该话题的即兴轮流口语表达。 3．读写综合练习	九年级（下）
话题复习7	个人感情	1．能掌握相关词汇和句型。 2．在听说读写各方面，能熟练把握有关该话题的考察。 3．能关注该话题的相关社会热点。 4．能理解该话题语篇中蕴含的西方文化，以及其与中国相关文化的差异	1．制作该话题的词汇思维导图。 2．三分钟不NG：围绕该话题的即兴轮流口语表达。 3．读写综合练习	九年级（下）
话题复习8	人际关系	1．能掌握相关词汇和句型。 2．在听说读写各方面，能熟练把握有关该话题的考察。 3．能关注该话题的相关社会热点。 4．能理解该话题语篇中蕴含的西方文化，以及其与中国相关文化的差异	1．制作该话题的词汇思维导图。 2．三分钟不NG：围绕该话题的即兴轮流口语表达。 3．读写综合练习	九年级（下）

单元	讲学内容	能力目标	能力与快乐活动	备注
话题复习9	计划与愿望	1．能掌握相关词汇和句型。 2．在听说读写各方面，能熟练把握有关该话题的考察。 3．能关注该话题的相关社会热点。 4．能理解该话题语篇中蕴含的西方文化，以及其与中国相关文化的差异	1．制作该话题的词汇思维导图。 2．三分钟不NG：围绕该话题的即兴轮流口语表达。 3．读写综合练习	九年级（下）
话题复习10	节假日活动	1．能掌握相关词汇和句型。 2．在听说读写各方面，能熟练把握有关该话题的考察。 3．能关注该话题的相关社会热点。 4．能理解该话题语篇中蕴含的西方文化，以及其与中国相关文化的差异	1．制作该话题的词汇思维导图。 2．三分钟不NG：围绕该话题的即兴轮流口语表达。 3．读写综合练习	九年级（下）
话题复习11	购物	1．能掌握相关词汇和句型。 2．在听说读写各方面，能熟练把握有关该话题的考察。 3．能关注该话题的相关社会热点。 4．能理解该话题语篇中蕴含的西方文化，以及其与中国相关文化的差异	1．制作该话题的词汇思维导图。 2．三分钟不NG：围绕该话题的即兴轮流口语表达。 3．读写综合练习	九年级（下）

（续表）

单元	讲学内容	能力目标	能力与快乐活动	备注
话题复习12	饮食	1．能掌握相关词汇和句型。 2．在听说读写各方面，能熟练把握有关该话题的考察。 3．能关注该话题的相关社会热点。 4．能理解该话题语篇中蕴含的西方文化，以及其与中国相关文化的差异	1．制作该话题的词汇思维导图。 2．三分钟不NG：围绕该话题的即兴轮流口语表达。 3．读写综合练习	九年级（下）
话题复习13	健康	1．能掌握相关词汇和句型。 2．在听说读写各方面，能熟练把握有关该话题的考察。 3．能关注该话题的相关社会热点。 4．能理解该话题语篇中蕴含的西方文化，以及其与中国相关文化的差异	1．制作该话题的词汇思维导图。 2．三分钟不NG：围绕该话题的即兴轮流口语表达。 3．读写综合练习	九年级（下）
话题复习14	天气	1．能掌握相关词汇和句型。 2．在听说读写各方面，能熟练把握有关该话题的考察。 3．能关注该话题的相关社会热点。 4．能理解该话题语篇中蕴含的西方文化，以及其与中国相关文化的差异	1．制作该话题的词汇思维导图。 2．三分钟不NG：围绕该话题的即兴轮流口语表达。 3．读写综合练习	九年级（下）

无边界学习之「大」课程

单元	讲学内容	能力目标	能力与快乐活动	备注
话题复习15	文娱与体育	1. 能掌握相关词汇和句型。 2. 在听说读写各方面，能熟练把握有关该话题的考察。 3. 能关注该话题的相关社会热点。 4. 能理解该话题语篇中蕴含的西方文化，以及其与中国相关文化的差异	1. 制作该话题的词汇思维导图。 2. 三分钟不NG：围绕该话题的即兴轮流口语表达。 3. 读写综合练习	九年级（下）
话题复习16	旅游和交通	1. 能掌握相关词汇和句型。 2. 在听说读写各方面，能熟练把握有关该话题的考察。 3. 能关注该话题的相关社会热点。 4. 能理解该话题语篇中蕴含的西方文化，以及其与中国相关文化的差异	1. 制作该话题的词汇思维导图。 2. 三分钟不NG：围绕该话题的即兴轮流口语表达。 3. 读写综合练习	九年级（下）
话题复习17	语言学习	1. 能掌握相关词汇和句型。 2. 在听说读写各方面，能熟练把握有关该话题的考察。 3. 能关注该话题的相关社会热点。 4. 能理解该话题语篇中蕴含的西方文化，以及其与中国相关文化的差异	1. 制作该话题的词汇思维导图。 2. 三分钟不NG：围绕该话题的即兴轮流口语表达。 3. 读写综合练习	九年级（下）

（续表）

单元	讲学内容	能力目标	能力与快乐活动	备注
话题复习18	自然	1．能掌握相关词汇和句型。 2．在听说读写各方面，能熟练把握有关该话题的考察。 3．能关注该话题的相关社会热点。 4．能理解该话题语篇中蕴含的西方文化，以及其与中国相关文化的差异	1．制作该话题的词汇思维导图。 2．三分钟不NG：围绕该话题的即兴轮流口语表达。 3．读写综合练习	九年级（下）
话题复习19	世界和环境	1．能掌握相关词汇和句型。 2．在听说读写各方面，能熟练把握有关该话题的考察。 3．能关注该话题的相关社会热点。 4．能理解该话题语篇中蕴含的西方文化，以及其与中国相关文化的差异	1．制作该话题的词汇思维导图。 2．三分钟不NG：围绕该话题的即兴轮流口语表达。 3．读写综合练习	九年级（下）
话题复习20	科普知识与现代技术	1．能掌握相关词汇和句型。 2．在听说读写各方面，能熟练把握有关该话题的考察。 3．能关注该话题的相关社会热点。 4．能理解该话题语篇中蕴含的西方文化，以及其与中国相关文化的差异	1．制作该话题的词汇思维导图。 2．三分钟不NG：围绕该话题的即兴轮流口语表达。 3．读写综合练习	九年级（下）

单元	讲学内容	能力目标	能力与快乐活动	备注
话题复习21	热点话题	1．能掌握相关词汇和句型。 2．在听说读写各方面，能熟练把握有关该话题的考察。 3．能关注该话题的相关社会热点。 4．能理解该话题语篇中蕴含的西方文化，以及其与中国相关文化的差异	1．制作该话题的词汇思维导图。 2．三分钟不NG：围绕该话题的即兴轮流口语表达。 3．读写综合练习	九年级（下）
话题复习22	历史和地理	1．能掌握相关词汇和句型。 2．在听说读写各方面，能熟练把握有关该话题的考察。 3．能关注该话题的相关社会热点。 4．能理解该话题语篇中蕴含的西方文化，以及其与中国相关文化的差异	1．制作该话题的词汇思维导图。 2．三分钟不NG：围绕该话题的即兴轮流口语表达。 3．读写综合练习	九年级（下）
话题复习23	社会	1．能掌握相关词汇和句型。 2．在听说读写各方面，能熟练把握有关该话题的考察。 3．能关注该话题的相关社会热点。 4．能理解该话题语篇中蕴含的西方文化，以及其与中国相关文化的差异	1．制作该话题的词汇思维导图。 2．三分钟不NG：围绕该话题的即兴轮流口语表达。 3．读写综合练习	九年级（下）

3 初中英语篇　快乐导向·教学融合·课外活动·师生共促

（续表）

单元	讲学内容	能力目标	能力与快乐活动	备注
话题复习24	文学与艺术	1．能掌握相关词汇和句型。 2．在听说读写各方面，能熟练把握有关该话题的考察。 3．能关注该话题的相关社会热点。 4．能理解该话题语篇中蕴含的西方文化，以及其与中国相关文化的差异	1．制作该话题的词汇思维导图。 2．三分钟不NG：围绕该话题的即兴轮流口语表达。 3．读写综合练习	九年级（下）

3.2　初中英语"大"课程的一体化活动支持体系

　　随着基础教育课程改革的不断进步，以及英语学习核心素养的提出，为培养学生的综合语言能力，教学要求更加高效。聚焦能力核心，英语课程活动无疑是教学的重要形式，组织和开展好课堂和课外活动必将促进教学质量的提高以及学生能力的发展。整个体系培养学生阅读、思考、表达能力，并分级制订三年学生英语学习阶段能力要求，同时配合能力要求整合英语学科三年教材，旨在构建以"快乐和能力"为导向、为主线、为基础的新型英语课堂以及课后学习活动。以培养学生阅读能力、思考能力和表达能力为导向构建集备指导下的课堂教学新模式，强调课程整合，学生能力实践结合培养，创设情境让学生体验、实践和参与，引导学生自主合作，体验学习乐趣和成功；同时根据单元能力要求，有目的、有计划地组织学生课后学习活动。注重培养学生养成积累的习惯，给课堂以足够支撑，并以多种形式开展学生课后英语学习活动，享受学习与合作的快乐。

3.2.1 初中英语一体化活动支持的课堂设计及课外活动

恩格斯说："人类最美的花朵——思维着的精神。"课堂教学离不开思维，课堂学习更离不开思维。如果把学生的大脑比作一个平静的湖水，那么教师富有针对性的启发在课堂教学中好像投入湖中的一颗石子，激起学生思维的浪花，开启学生心扉。

九年级英语备课组以"提升英语综合能力"为主题，开展话题复习课教学研究，具体如下。

（1）话题复习资料库

以"话题20 通信"为例，见下图。

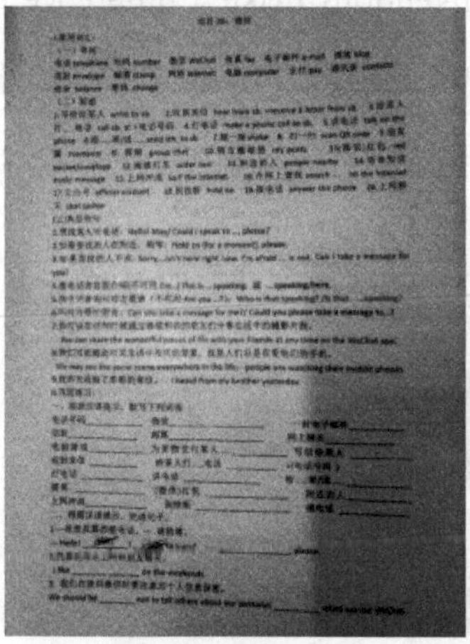

"通信"话题资料（1） 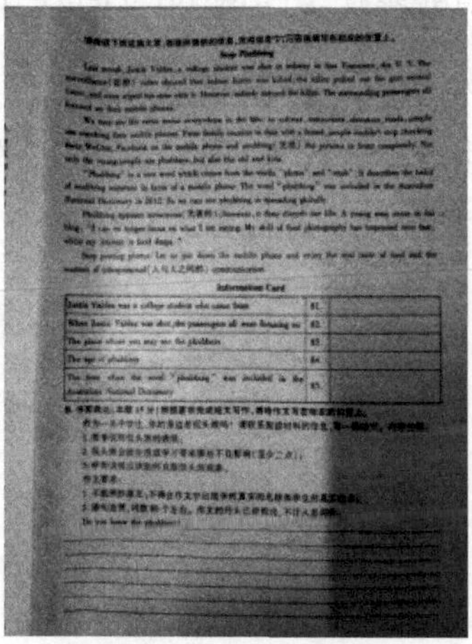　　　"通信"话题资料（2）

（2）话题复习课的基本模板

Step 1：运用思维导图梳理话题相关的词汇句型，复习已学知识，建立语言关联网。

Step 2：运用"听填信息"将话题复习内容聚焦到某个具体的角度，进行"听说训练"。

Step 3：引用最新相关阅读材料和时事热点，进行"读写综合训练"。

林燕老师的话题复习课"Health"中，在复习词汇环节，运用思维导图将healthy lifestyle进行了层次清晰的梳理。

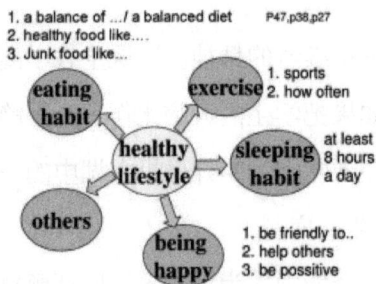

"health lifestyle"思维导图　　　　　　林燕老师课堂

徐小莹老师在复习Popular Science and Inventions时，巧妙地运用了Baymax的视频及音频材料，让整节课活泼生动，同时又将此话题的聚焦点凝聚在了How do science and inventions make a difference to our life? 她不仅仅根据音频设计了符合中考要求的"听填信息"，还展开了生生辩论，提高了整堂复习课的深度，非常成功。

徐小莹老师课堂

胡慧豪老师在New Inventions话题复习中，引用了网络文章*100% biodegradable algae water bottles*，并结合初中生的英语水平，进行了适当改写。这个崭新生动的阅读材料，给学生带来了全新的阅读体验和视角。最后，胡慧豪老师根据现实热点，以给"微店"创作一份促销广告的方式，引导学生动笔写作，水到渠成，自然生动。

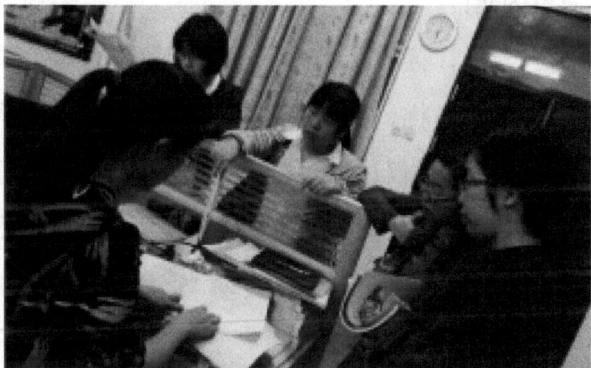

胡慧豪老师教学实录

教育家苏霍姆林斯基说过："没有符合学生兴趣的课外活动，培养不出全面发展的人才。"北京外国语大学陈琳教授说过："课内所设置的情景不管如何逼真，都是假的，只有学生日常生活中运用语言，才能真正掌握语言。"

英语课外活动是英语教学过程中的一个有机组成部分，它和英语课堂教学紧密相连，是学生掌握英语所不可缺少的辅助形式，是对课堂教学的补充和延续。

七年级"活"力四射，"歌"唱青春。在七年级英语歌咏比赛中，各班大展身手，各施其技，精彩的合唱节目轮番上演，赢得台下阵阵掌声。这是视听的盛宴，这是英语的狂欢，这是智慧的迸发，这是团结的凝聚，赛场上的荣光离不开幕后的支持，老师们精心设计了邀请函。精彩的演出，展示出青春的活力、梦想的光辉！

八年级"活"跃思维，"拼"出精彩。八年级英语拼词大赛第一轮淘汰赛中，50位选手大方得体、自信满满。经过轮番挑战，三位选

手脱颖而出。终极PK，强中自有强中手。冠军荣耀登场！首届拼词大赛的成功举办，活跃了思维，激发了兴趣。学中乐，乐中学，做个爱"拼"才会赢的五中人！

九年级英语演讲比赛中，参赛选手口语准确流畅，表演技巧娴熟，自信满满，风采迷人！老师现场点评，分享了英语演讲的小诀窍。自信让青春闪光！

在课题的引领下，英语科组进行了生机勃勃的第二课堂活动。整体而言，活动形式多样，活动内容丰富具有时代感，学生参与面广。这些活动的展开，不仅让学生学以致用，体验学习乐趣，也感受团队合作的力量。学生在活动中凸显个性展现风采，综合能力得到提高。下面将从"课内延伸""课外拓展""运用实践"三个方面进行总结。

（1）课内延伸

思维导图（Mind Map）。运用思维导图梳理知识体系，以此帮助学生更好地"消化"与理解。

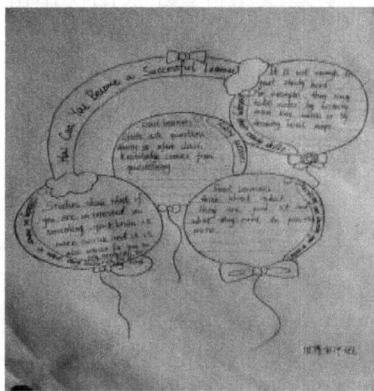

九年级8班世界和平小组思维导图

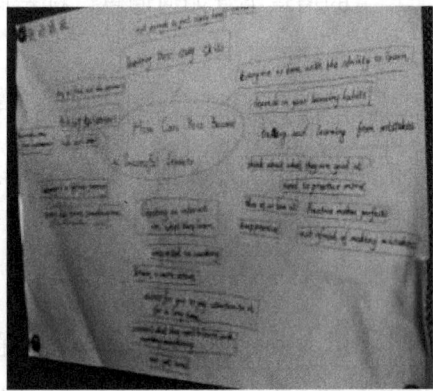

九年级8班张雨路小组思维导图

电影欣赏（Movie Time）。为了加强学生对"情态动词"的理解和运用，九年级英语备课组特别节选电影片段，让学生在故事中学习并完成短文。寓教于乐，效果良好。

Strange·events·in·Cornish·

An·old·lady·used·to·live·very·quietly·in·Cornish.·However,· these·days,·strange·things·happened·to·her.·After·every·meal· she·was_____,·and·she·got·burning·pain.·But·when·his· husband·was·not·at·home,·she·was·quite_____·again.· Unfortunately,·She·was_____·soon·after·she·met·Porot.·

The·maid·thought·it·must·be_____who· murdered·her.·Because·she·found·he·stood·beside_____· with·herbicide(除草剂)·in·his·hands.·The·doctor·thought·it· can't_____because_____. The·old·lady's·niece(女)thought_____·but·her·boyfriend· thought_____.·

Everyone·has·his·own·idea.·

九年级学案截图

（2）课外拓展

八年级英语备课组举办了Spelling Bee 词汇达人比赛。这次活动现场十分热烈，掀起一股学单词记单词的热潮。

八年级英语备课组举办了以Spelling Bee词汇达人比赛

九年级面对学生开展了"English Reading Marathon 英语阅读马拉松"活动，并引导学生写读书报告。不少学生在这次活动中突破了自我——第一次完整地阅读了一本英文简易小说，感受到了成功的喜悦！

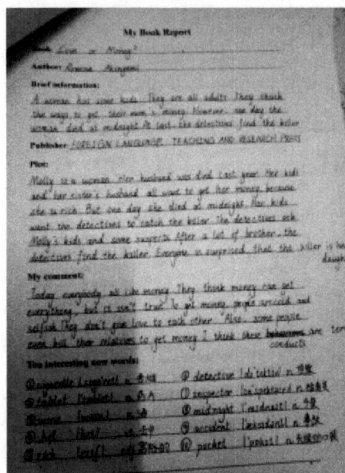

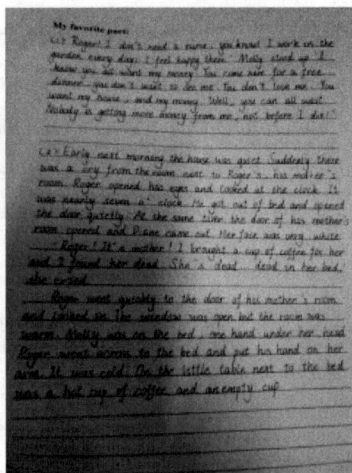

九年级4班李智慧读书报告 Love or Money?

陈琳教授强调开展英语课外活动的重要性，强调课内课外相结合，将课内所学的知识技能运用到日常生活中。在这样的大背景下，学校英语科组全体老师开拓创新，积极开展丰富多彩的第二课堂活动，全面培养学生能力素养。

（3）运用实践

为了更好地学习课本 Unit 8 How do you make a banana milk shake? 七年级英语备课组组织各班学生开展了Salad and Sandwich Making Show（沙拉和三明治制作表演）。学生不仅仅根据教材提示亲手制作沙拉和三明治，而且用英文进行制作过程的讲解。寓教于乐，学以致用，精彩纷呈。

举办English Short Play Competition 英文短剧比赛。八年级10班以短剧表演When aliens come to us（当外星人来到我们身边）获得一等奖。

3.2.2 初中英语一体化活动支持的环节设计

表3-4 初中英语一体化活动支持的环节设计

序号	时间/地点	活动名称	活动目标	活动环节	活动记录/报道	负责人	备注
1	教室	我是小小书法家	让学生形成良好的英语学习习惯，在学习中享受书写的快乐，为个人以后学习英语打下一个坚实的基础	1. 准备阶段：公布书写内容和评价标准。2. 竞赛阶段：在规定时间内完成书写，必须书写正确、规范，必须使用水性笔书写。参赛用纸统一发放，不得做记号，姓名和班级必须书写在规定的位置上。否则以弃权处理。3. 评选阶段：由教师和学生代表共同选出获奖名单		各班英语教师	七年级（上）
2	架空层展板	手抄报比赛	提高学生学习英语的兴趣，培养学生创造能力和合作学习能力，丰富学生的课余生活，扩大学生的英语文化知识，让学生通过收集资料，动手设计制作手抄报，发挥自己的想象力和创造力，学会用英语做事情，使英语学习变得更有趣	1. 活动原则：学生以班级为单位参加。每份手抄报由1—4位同班级同学创作，可按主编、文章手写、资料收集、美工等分工。2. 活动主题：以国庆节为主题，收集各国是如何庆祝国庆节的材料进行创作，版式与内容自定。3. 展板展示：各班推选优秀作品在学校架空层展板展示，并派发纪念品（学生与作品一同拍照，留下美好时刻）		各班英语教师	七年级（上）

（续表）

序号	时间／地点	活动名称	活动目标	活动环节	活动记录／报道	负责人	备注
3	教室	词组比赛	更好地促进七年级全体学生学习英语，进一步营造校园英语学习气氛，增强学生的英语学习兴趣，加强学生对英语词组的记忆，夯实英语基础知识，扩大词汇量	1．比赛内容：七年级上册。 2．比赛规则：某周的英语自习课，20分钟，限时完成。 3．评奖：分一等奖、二等奖、三等奖并派发奖品		各班英语教师	七年级（上）
4	教室	小小演讲家	提高学生对各国新年风俗的了解，为学习英语中考话题——节日，打下背景知识的基础	1．活动准备：各班以小组合作为形式挑选一个国家，国家不重复，并制作PPT进行展示。 2．活动时间：某周的英语自习课，以小组为单位在课室展示。 3．评选优秀作品并派发奖品		各班英语教师	七年级（上）
5	教室	我是小小书法家	让学生重视英语文字的书写，养成良好的书写习惯	1．准备阶段：公布书写内容和评价标准。 2．竞赛阶段：某自习课限时20分钟现场进行书写比赛。 3．评选阶段：赛后，匿名评选，由教师和学生代表共同选出获奖名单		各班英语教师	七年级（下）

序号	时间/地点	活动名称	活动目标	活动环节	活动记录/报道	负责人	备注
6	教室	听力训练	为提供学生更多的听力素材，提高学生的思考能力和理解能力	每周的英语自习课，通过年级统一的广播播放统一的听力材料，每周一套题，听后由班级英语课代表讲评答案		各班英语教师	七年级（下）
7	多功能报告厅	Role play Competition	搭建平台让学生展现课堂所学知识，在表演中大胆展示自我，培养学生的记忆力、理解力、表现力等能力	1．准备阶段：两周前公布比赛方案，学生准备英文比赛稿，可咨询英语教师。2．预赛阶段：英语课进行海选，每班选出3组参加年级决赛。3．决赛阶段：匿名评选，由本年级（2位）和其他年级（3位）共5名英语教师组成评审团，当场打分决定名次		备课组长	七年级（下）
8	教室	百词竞赛	把竞赛放在期末进行，以赛促学，达到温故而知新的目的	总结学生一个学期以来所有学过的英文单词和短语，列表，考核，并且在班级之间进行评比		各班英语教师	七年级（下）
9	每两周	学唱英语歌曲	培养学生对英语及英语学习的兴趣；为学生提供自我展示的舞台	1．欣赏歌曲。2．学习英语歌曲中的生词。3．学唱歌曲。4．在学校艺术节及大型活动中进行表演	英语课外小组成员	英语课外小组负责人	八年级（上）

（续表）

序号	时间／地点	活动名称	活动目标	活动环节	活动记录／报道	负责人	备注
10	第九周／报告厅	英语学习方法交流	1．通过同学间的交流，增强学生学习英语的动力和学习效果。2．提升不同层次学生的学习能力	1．准备阶段：选出年级优秀同学，分享学习经验；英语学习进步大的同学，分享心得。2．活动过程：全程由学生主持、维持秩序；学生分享经验和心得后，现场学生提问，发言学生给予解答	学生	老师和学生	八年级（上）
11	第十三周／教室或报告厅	英语课文朗读比赛	1．加强学生的语速、语调，进一步促进学生的口语能力，避免哑巴英语。2．提升学生学习英语的自信心	1．准备阶段：开学初布置朗诵任务，要求学生每天跟着录音朗读课文。2．活动过程：指定朗读课文内容；先在班内进行初赛，选出两名优秀选手参加全年级的决赛。3．全年级评奖，颁发奖状和奖品	学生	任课老师	八年级（上）
12	第十八周／教室	评选"单词大王"	词汇是学生学习英语的基础，此活动有利于增强学生词汇量	1．准备阶段：开学初布置词汇比赛的任务。2．活动过程：期末阶段，总结出每单元的重点词汇，每班全员参加比赛。3．全年级评奖，颁发奖状和奖品	任课老师	任课老师	八年级（上）

序号	时间 / 地点	活动名称	活动目标	活动环节	活动记录 / 报道	负责人	备注
13	多功能报告厅	英语故事大王比赛	鼓励学生积极、主动地参与语言实践活动和尝试创造性使用语言，促进语言技能的发展，检验学生综合运用语言的能力	1．准备阶段：两周前公布比赛方案，学生准备英文故事（5分钟），可咨询英语教师。 2．预赛阶段：英语课进行海选，每班选出2名学生参加年级决赛。 3．决赛阶段：匿名评选，由本年级（2位）和其他年级（3位）共5名英语教师组成评审团，当场打分决定名次		各班英语教师	八年级（下）
14	教室	英语阅读竞赛	提高学生学习英语的兴趣，提高学生英语阅读能力，让学生更加重视英语阅读的意义，加强英语阅读的意识	选取课外阅读材料，其中选词填空、补全对话、看图完成句子等不同题型，依据文章内容设计的练习题，主要考查学生的英语阅读理解能力（如概括句意，提炼重点词句，联系上下文理解语句等）。每班选出3名获奖名单		各班英语教师	八年级（下）
15	教室	"画外音"英文配音比赛	活跃全体同学学习英语的气氛，提高学生的英语口语表达能力	1．准备阶段：两周前公布比赛方案，学生准备英文配音文件。 2．比赛阶段：根据评选方案每班选出2组获奖名单		备课组长	八年级（下）

（续表）

无边界学习之「大」课程

序号	时间／地点	活动名称	活动目标	活动环节	活动记录／报道	负责人	备注
16	教室	写电影影评	活跃学生学习英语的气氛，提高学生的英语写作表达能力	从推荐表中选取1—2部感兴趣的英文电影观看，看后写影评，每班选出3名获奖名单		各班英语教师	八年级（下）
17	教室	英语学习经验分享大会	1．让学生学以致用，用英文表达自己是如何学英语的。2．让同学分享优秀学习经验，共享资源，互相促进学习	1．预先准备好的同学上台演讲。2．小组讨论并记录刚刚分享的各种经验。3．派代表上台总结并发表感受。全程在老师帮助下，用英文表达		各班英语老师	九年级（上）
18	教室	各国特色节日体验会	1．课外拓展学生跨文化的触角和意识。2．培养学生自主学习与搜索设计活动的能力	1．学生课前准备资料：PPT、节目等（老师提前辅导与验收）。2．小组轮流上台介绍并与大家互动。3．对刚介绍的节日进行抢答回忆环节，加深学习效果		各班英语老师	九年级（上）
19	教室	辩论会（内容为该单元话题）	1．培养学生学英语用英语的能力。2．提供多样的口语训练机会。3．增添英语运用的氛围，给予学生展示才华与口才的舞台	1．各班推选出一名辩手，全年级共分为两大组，即正方与反方。2．抽取辩题。3．各班英语老师分成两组进行辅导。4．正式比赛。5．上级领导及英语老师作为评委，并进行评分颁奖，与赛后总结		备课组长	九年级（上）

序号	时间/地点	活动名称	活动目标	活动环节	活动记录/报道	负责人	备注
20	教室	班级音乐节	1．了解跨文化。2．增强人文意识。3．放松身心，劳逸结合	1．以班级学习小组为单位针对主题进行素材收集。2．排练展示内容。3．小组分别上台展示。4．班级投票选出优秀展示小组。英语老师上台点评并总结		各班英语老师	九年级（上）
21	教室	天天向上礼仪班（中外礼仪杂锦）	1．注重培养学生的礼仪文明意识。2．陶冶跨国文化情操。3．倡导英语学以致用	1．各班自行组织中外礼仪资料。2．筹备展示形式。3．学校提供展板，进行文本展示。4．天天向上礼仪大会汇报演出		备课组长	九年级（上）
22	教室	模拟联合国环境保护商讨大会	1．提高学生国际文化意识，树立远大目标。2．教授传播更多专业国际化知识。3．给予学生体验感受的文化舞台	1．各班推选出代表竞选大会中的各种成员。2．学生资料收集。3．英语老师辅导各种发音及专业问题。4．大会展示。5．老师专业点评		徐小莹	九年级（上）
23	教室	我们这一家（毕业同学会）	1．加深同学间情谊。2．作为英语学科的汇报表演，让学生爱英语、用英语	1．各班自定汇报形式与内容，限时表演8分钟内。2．表演大会进行时。3．老师们亦参与汇报表演，为同学们送上祝福		全体九年级老师	九年级（上）

（续表）

序号	时间/地点	活动名称	活动目标	活动环节	活动记录/报道	负责人	备注
24	教室	词汇连连看	复习词汇，激发学生记单词的热情以及启发学生记单词的方法，夯实英语学习基础	1．准备阶段：明确"词汇连连看"的竞赛形式（笔试），范围（初中词汇），题型（单选题：中英配对、近义词配对、反义词配对、图文配对，最佳词汇完成句子等），评优标准等，并号召各班的班内进行热身赛。 2．竞赛阶段：全年级统一比赛。 3．评选阶段：答题卷进行统一过机。评选出个人及团体优胜者		备课组长	九年级（下）
25	教室	话题分类阅读马拉松	强化话题分类阅读，开拓阅读视野，提高阅读速度，练习阅读方法，鼓励学生坚持自主阅读	1．准备阶段：以中考话题为依据，各个话题挑选出5篇阅读文章。对所有文章进行编号，以此作为阅读题库。 2．即兴抽取10篇，进行阅读竞赛。评选出个人及团体优胜者。其余阅读文章，各班安排时间有序完成。鼓励学生主动阅读，定期对阅读优先的学生进行奖励		各班英语教师	九年级（下）

序号	时间/地点	活动名称	活动目标	活动环节	活动记录/报道	负责人	备注
26	报告厅	超级即兴演讲60秒	激发学生勇于用英语表达自我的兴趣，提高学生英语的综合运用能力，展示个人风采	1. 明确比赛形式：以图片和关键词，或录音为提示，选手进行60秒即兴演讲。2. 各班在班内进行初赛，推选2名选手进行全级复赛		各班英语教师	九年级（下）
27	架空层展板	毕业季之英语留言板：献给我的五中	激发学生用英语进行思考和表达的兴趣，引领学生回顾、感悟和成长	1. 以"献给我的五中"为主题，各班进行英语写作，内容可以包括对初中生活难忘瞬间的回忆、对三年初中生活的感悟、对五中的祝福等。2. 各班挑选出具有代表性和具有特色的写作，全年级进行整理排版展览。在展板处留一空白，给学生自由发挥的空间		备课组长	九年级（下）

3.3 初中英语"大"课程的一体化实践研究体系

英语学科在确定了研究核心目标和目标体系后，制订出了确实可

行的行动方案。根据行动方案确定了研究步骤与内容，深入研究学校学生能力情况，制定适合学校学生特点的不同阶段学生的能力达成目标，认真探索并落实能力的培养途径。

接着从本学科一体化建设的研究目的、研究内容、研究人员等方面一一进行细致的规划，围绕着能力分级、校本特色教材开发、集体备课模式与策略以及具有学科特色的学习实践活动而展开。以科组备课组为单位，通过对课本的整合，以阅读训练为基础，接着展开不同形式的课题课堂展示课和示范课，以及集体专题探讨研究，不断培养学生各方面的能力，同时结合课堂开展"课内延伸""课外拓展""运用实践"的课下活动，辅助课堂教学。三个模块一起启动，最终达成对学生能力的培养。

3.3.1　集体备课研讨，形成主题思路

围绕"快乐与能力导向"课题的核心内容，为打造高效课堂，提升学生能力素养，启发学生思维能力。英语科组老师开展了以"能力提升，发展思维"为主题的课堂教学活动。各备课组老师认真准备，积极探索课程活动与课堂教学相结合，努力提升学生阅读力、思考力和表达力。老师们围绕选定的课题，先进行个人备课，再进行集体备课，备课组内展示课和示范课。在课题开展两年时间内，刘莉、张凡、何芳、江学英、李鹤、黄小莉、李慧贤、赖小荣、胡慧豪、徐小莹、李慧贤等老师先后在校内、校外承担公开课、示范课，均受到一致好评。

英语学科在实践研究的过程中，开展了不少的主题研讨活动。

例如，从"如何培养学生的英语阅读兴趣？如何在阅读活动中渗透有效的阅读策略？如何以读促写和以写促读？"作为集备的重点，

进行微专题活动——"提升英语读写能力"以及"提升英语综合能力"的话题复习课教学研究，接着将研讨成果融入教学实践，邀请专家听评，全面深化教学研究。教师集思广益，深入扎实地探讨阅读教学的技巧，并在各个学期进行组内公开课研讨。

这些主题研讨活动，不仅提升了科组的建设，还有效地促进了科组内教师的科研能力、教学能力、信息技术应用能力，更促进了学生的快乐学习和能力提升。

为了更好地建设英语"大"课程，英语课题组各教师探索开发了具有校本特色的集体备课模式，其中包含四个维度——集备主题、集备内容、集备过程、集备效果。在此过程中收集、积累形成统一校本教材，汇总各教师建议，并设计了以下行动。

准备阶段先成立课题组，健全课题研究的组织机构；组织教师学习课题研究的理念，明确课题研究的目的、内容和思路，明确和落实研究任务等；研究制订《基于"快乐和能力导向"的英语学科三年一体化建设的研究方案》；明确各组员任务；明确要求；仔细研究教材、课程标准，撰写研究方案；明确"快乐与能力导向"的英语研究方向，制订出英语研究方案的目标体系；根据目标体系，设计课堂活动，落实教学；多角度揣摩课题中"快乐与能力"的含义，结合教学实践和案例，形成文字（随笔和论文）；组织课题组教师开展理论学习，收集文献资料。

实施阶段根据专家指导，修订研究方案，根据开题报告做出了相应修改，并按照研究目标和实施方案开展了一系列研究，及时总结备课和教学的经验，反思研究的过程和方法，适时修订课题研究方案，深化课题研究。本课题主要通过开展课堂与课下活动，以及三年一体化的集备模式落实研究过程。制订三年一体化校本特色的集体备课模式和策略。

召开科组会备课组长会议，做课题宣传，动员集体研究。课题组

教师进行任务分工、规划制订校本特色的三年一体化集体备课模式和策略。开展科组一体化建设集体教学微专题研讨：提升英语读写能力的教学研讨（第一期简报，小结记录）；各级每学期定期开展集体教学研讨（校本培训记录）；开展一体化建设青年教师论文评比（课题组论文评比记录）；每周定期召开备课组集备，落实能力导向（编写集体备课导学案、教案），并最终形成了以下思路。

（1）界定"快乐与能力导向"的科组一体化建设的定义。

（2）制订本学科"快乐与能力导向"学生分级能力要求。

（3）生成"快乐与能力导向"的科组一体化建设的目标体系。

（4）形成体验能力培养的集体备课模式。

（5）落实"快乐与能力导向"的课堂学习模式以及课下综合活动配套计划。

（6）重新拟定对学生能力的评价机制。

（7）总结生成规律与策略。

3.3.2　导向快乐能力，融合教学模式

为培养学生阅读能力、思考能力和表达能力，英语课题组教师分级制订三年学生英语学习阶段能力要求，配合能力要求整合英语学科三年教材构建以"快乐与能力"为导向、为主线、为基础的新型英语课堂以及课后学习活动。发展"活动育人，快乐学习"的英语课堂教学模式和策略。以培养学生阅读能力、思考能力和表达能力为导向构建课堂教学新模式，课堂强调能力实践结合培养。创设情境让学生体验、实践和参与。引导学生自主合作，体验学习乐趣和成功。

针对英语学科，课题组教师培养学生以"英语语言综合实践能力"为目标进行英语学习，养成英语阅读习惯和掌握阅读策略，具备

一定英语思维，并大胆运用英语表达。实现英语学科以"快乐与能力为导向"的三年一体建设以及校本教材的开发。

为了完成英语"大"课程建设，进一步开展基于"快乐与能力导向"的学生英语学习三年一体化的课堂教学模式。课题组教师齐心协力，针对一体化教学模式进行了如下探索。

首先召开科组会备课组长会议，做课题宣传，动员集体研究。课题组教师进行任务分工，分级开展课堂教学的研究，由课题组教师承担示范课。第一阶段，课题组教师黄小莉、李慧贤、赖小荣、胡慧豪分别展示示范课，全体教师观摩，反馈，评价。第二阶段，课题组教师刘莉、张凡、何芳、江学英、李鹤、黄小莉、李慧贤、赖小荣、胡慧豪分别展示示范课，全体教师观摩，反馈，评价。第三阶段，课题组教师张凡、黄小莉、徐小莹分别展示示范课，全体教师观摩，反馈，评价。

通过两个学期的集中研讨，听说课教学程序设计的基本模板形成。

Step 1　热身（Warm-up）

话题交流（Free talk or daily English）结合本单元的中心话题，师生或者生生进行互动，开展口语交流活动。目的是营造愉悦的英语环境和引入（Lead-in），主要有以下两种形式。

（1）English songs

通过播放英文歌曲，学生迅速把注意力转移到课堂上，并感受到一种轻松和谐的学习氛围，真正融入听说课的情景之中，全神贯注地聆听老师所授内容。

（2）Free talk

Free talk 是一项行之有效的口语训练方式，在这项训练中，学生有充分的自主权，选择自己感兴趣的话题，并可以提前准备。每组学生

自编短小的对话，可以涉及各方面的话题，有英语学习、个人逸事、班级活动、地区气候等。此项活动不仅使学生们敢于开口讲英语，而且增长了见识、扩大了词汇量。在这项活动中，教师要起到引导、督促的作用，使学生自由交谈达到预期的效果。

Step 2　学习目标语（Study new language）

（1）Study new language

任务1　通过图片谈论导入新语言知识的学习，学习完成任务所需要的目标词汇、句式等。

（2）Speaking：Take about the picture in 1a

任务2　对1a图片所提供的情境或者创设新的语境来进行交际练习、体会、使用新目标语言。教师引导学生就1a的图片进行观察，描述自己在图片中看到的内容。在此期间，可以采取小组讨论、小组竞赛的形式激发他们的积极性，初步展示学生对新目标语言的口语表达能力。

Step 3　1b 听力训练（Listening）

任务3　听前活动（Pre-listening）。听前活动设计的目的是激活学生已有的相关知识，补充相关文化和背景信息，扫除生词，并预测听力材料的内容和结构，为之后的听力理解活动做好铺垫。为此听前活动设计要选择学生熟悉的、了解的和感兴趣的内容，通过图片、对话、视频等形式，激发学生的求知欲望。具体有以下三种方式。

话题导入：为了引起学生对听力活动的兴趣，教师应从学生实际生活出发，认真分析听力材料的话题，找出话题与学生生活的联系。

词汇梳理：为了降低听力难度、提高听力效果，教师需在听前设计一些活动，让学生初步感知听力材料中的生词和短语。

预测内容：利用标题、插图、题干，引导学生对听的内容进行预测。

任务4 听中活动（While-listening）。听力活动中，教师必须把握听力活动的内容难度，设立阶梯递进式的听力任务链。首先，让学生整体听一遍，要求听懂并叙述主要内容。其次，提出细节性问题，然后逐段听，把握细节。最后，再整体听一遍，整体感知材料，提升认识，完成课本题目。当然，根据学生实际情况，应灵活调整，以学生完成听力任务链为目标。

Step 4 1c对话练习（Pair work）

任务5 听后活动设计（Post-listening）。

Listen and repeat：听录音跟读。听力练习后，学生已有了较完整的听力材料，再通过听录音跟读，让学生朗读录音材料中的句子、问题、对话等内容，训练正确的语音语调，进一步巩固目标语言，为后面要完成的任务打下口语基础。

1c Pair work：根据对话内容，进行模仿练习。

Competition and Speaking：竞赛与口语表达。

任务6 创设情境，展开活动，巩固目标语。

教学中，教师应积极组织例如游戏、竞赛活动。竞争是诱发进步的动力，小组竞赛是激发学生积极性和争取优良成绩的一种有效手段，同时能激发学生浓厚的兴趣和上进心。

竞赛前，将竞赛规则、过程、内容明确让学生了解，使他们做好相应准备，准备越充分，学生参与比赛的积极性就越高，在取得成功后，他们能从同伴的羡慕中得到自我提高的内驱力。竞赛内容可以是根据听力材料复述所听的内容，将短文改成对话或将对话改成短文，改换人称角色扮演，故事续尾，调查访问及辩论，也可以是教师根据学生生活体验，时代背景利用多媒体另设情境，在竞争赛中，内容设计应层层递进，注重启发式教学，采用"多维互动启发式"教学方法，优化课堂要素结构，营造良好课堂氛围。

Step 5　2a-2b 听力训练（Listening）

（1）听前活动（Pre-listening）

Take about the pictures in 2a & 2b：针对课本图画进行描述，教师要帮助学生明确要求，2a的听力是在1b的基础上加以拓展的，难度要比1b大一些，因此，在设计教学活动的时候，要为学生搭建一个可供向上攀登的阶梯，教师可以引导学生就课本图画进行自由表述，可以提出具体的问题启发学生思考，带领学生预测将要听到的内容，调动学生积极参与活动。

（2）听中活动（While-listening）

任务7

听录音，完成2a部分练习（Listen and finish 2a）：经过图片表述以后，学生对听力的内容有所预知，有所了解，降低了听力的难度。学生在听第一遍的同时，一般能顺利地完成2a的内容，并且为2b的听力打下了坚实的基础。在听录音前，教师要注意引导学生抓关键信息。

听录音，完成2b部分练习（Listen and finish 2b）：再次听录音，根据2a练习内容，补充完成2b练习，引导学生对所获信息进行有效筛选和处理。

听录音，回答问题（Listen and answer）：为灵活处理的环节。完成2a和2b后，教师可以根据听力内容再设计1—2个较概括性的问题，进行判断或选择，训练学生辨别信息真伪的能力。

（3）听后活动（Post-listening）

任务8

漏词填空／对话排序（Complete the conversation／Order the conversation）：在设置漏词填空时要考虑到本课的重点，把本课的基本句式和重点词汇等作为漏词的内容，让学生在训练听的同时不知不觉中强化识记了单元话题的有关词汇和句式。

跟读或朗读（Listen and repeat/ Read aloud）：此时学生已经熟悉了听力材料，再放一遍录音，让学生跟读。这样，既可以使有限的听力材料得以反复听、反复用，在听和读的过程中培养学生听、说的技能，也是帮助学生熟悉背诵语言材料的有效手段。同时，又为2c的 Pair work 打下了基础。

Step 6　2c Pair work

任务9

Pair work：根据对话内容，进行模仿练习。

Consolidation and Extension：巩固拓展。

Activity:　make new conversations

教师根据话题提出任务，借助于图片与相关的keywords的提示，让学生运用所学目标语言完成任务，人称混合应用，是对本课所学内容的综合提升和拓展。教师设计的任务应尽量贴近学生生活，生活就是知识，生活化的角色更易于调动学生参与的积极性，要使用有限的课程资源，尽可能多地为学生提供"开口说英语"的机会。

Step 7　小结（Summary）

任务10　结课环节是指课堂结束前3—5分钟，艺术的结课不仅可以对整节课的内容进行概括总结，还可以起到画龙点睛的作用，达到"课虽尽而意未完"的效果，使学生回味无穷，从而增加学生的学习兴趣。在此总结三种结课方式。

讨论式：在下课前，组织学生讨论本课的重难点，让学生获得对所学系统完整的印象。这样做不仅有利于突破教学的重难点，而且有利于培养学生的发散思维以及发现问题、解决问题的能力。

启发式：外语课堂的佳境就是学生学有所思、学有所悟、学有所获、学有所盼，教学活动的出发点和落脚点都是学生的学。

悬念式：悬念是众多学生求知欲的动力源泉。制造悬念就是要在学生已形成的概念，对某些问题的生活体验与对这些问题更精确的解释与陈述之间树立矛盾。

作为集备的重点，根据教材每单元Section B阅读课文的特点以及各班学生的英语程度，教师集思广益，深入扎实地探讨阅读教学的技巧，并在各个学期进行组内公开课研讨。以下节选教师的总结。

张凡老师：教师应该尽量多地为学生创造英语阅读的机会及环境。做法包括：（1）给学生提供难度适当、内容丰富的英语阅读材料并时常给予英语阅读方法的指导。（2）与学生一起创办英语班报，让学生找来自己喜欢的英语文章或自写英语文章，编辑成班报，让学生们传阅。（3）成立阅读小组，每月或每周给出一定的阅读内容、提纲或任务，让学生去自由阅读，然后互相交流阅读的感想及阅读方法经验等。（4）与学生一起收集日常生活中遇到的英语阅读材料，如商品的英文名称及说明等，定期让学生展示并说明自己的收集品，然后交换各自收集的材料来阅读欣赏，展出一些有趣的或学生喜爱的收集品。以上几个方法可尽量组织学生参加，让学生们在参与的同时体会到英语阅读的乐趣，从而激发他们的英语阅读兴趣。部分学生对英语阅读有畏难情绪或者是教师所给的阅读材料确实太难，为此，应注意在选择阅读材料时要选择比学生的程度稍微容易的文章来给学生阅读，增强他们对阅读的信心，从而培养他们的阅读兴趣。此外，教师还可通过举办阅读大赛等课外活动的方式培养和提高学生的阅读兴趣。

李鹤老师：每个语篇文本都有其核心目标，教师要让学生明确在语篇学习结束后能用哪些语言及相应的逻辑结构来描述和谈论相关话题。而对于篇幅较长的泛读文本，则更应关注学生在阅读教学后哪些阅读技能与策略得到了发展。教师在确定主要的阅读策略后，在教学设计中应通过不同的有梯度的活动复现这些策略，以达到渗透和掌握阅读策略的目的。

黄小莉老师：同课异构演绎了同一课题Unit 10 If you go to the party, you'll have a great time的一节课。小黄人Minion的引入，让八年级的学生们其乐融融，陶醉在何老师的课堂里。何老师的课，像和风像细雨，滋润了孩子们的心田。但又浅出深入，以游戏的方式，紧跟中考形势和进行了跨学科的文化交际。这是一节有趣有效、有温度、有纬度的课，并得到了横琴一中领导和听课老师的高度评价。

何老师课堂

李鹤老师：张老师在阅读教学中，设计表格帮助学生理解文章内容，提高阅读课中词汇教学的效果。将词块教学渗透在对文本理解的过程中，逐步提高语言运用能力。读后通过构建新的语篇而再现核心词块并灵活运用，并给出句子框架，让学生补充词块来完成一个新的语篇，从而充分提升学生的阅读能力和表达能力。本课获得听课老师好评，并荣获香洲区"一师一优课"评比二等奖。

张凡老师课堂

为了创造高效课堂，提升学生能力素养，启发学生思维能力，英语课题组教师开展了"能力提升，发散思维"为主体的课堂教学活动，努力提升学生的阅读能力、思考能力和表达能力。

陈雪文老师：

一、提炼文本篇章结构，进行写作篇章思维训练

新课标初中英语"以读促写策略"意在将初中英语阅读与写作教学。在每一课中都将阅读作为写作的基础，将写作作为阅读的深化。教师把写前的阅读文本作为写作教学的一个重要研究范本。它既可以促进学生储备丰富的语言知识、词汇句型应用能力；又可以培养学生的语感和训练学生的语篇领悟能力。从不同层面和不同角度解决学生写作上的难题。同时，在此基础上，将阅读与写作教学中各种行之有效的方法进行分析、筛选、优化组合，引导学生对阅读材料总结归纳，同时给学生类似写作材料，加以仿写，举一反三，写作中要求学生使用连接词为文章锦上添花，真正实现英语学科上以读促写的策略，目的是进一步提高新课标初中英语教学的针对性和实效性。

二、依托文体话题，进行写作话题

拓展借鉴阅读材料中的话题，进行拓展性写作。教材中出现的课文是语言信息的载体，也是写作素材的聚集地，是表达方式的模板，也是学生写作的话题源泉。教师要立足课文，引导学生在把握课文所提供的材料内容的基础上，积极地吸收和运用，进行适当的同话题延伸与拓展，开展续写活动。

三、借鉴文本词汇句型，进行写作词汇积累

阅读文本中一些实用的词汇和句型，思想性极强，而且大多使用漂亮的词语、规范的表达，语句间衔接自然、地道，这些都是以后学生写作的"源头"。阅读课文为学生写作提供了语言材料与语言图式，学生要在阅读课文的过程中感悟语言的特性，获取语言信息，吸收语言材料，并把它们转变成写作的内容，以疏通从读到写之间的通道。教师在课堂教学中，要引导学生善于发现、善于模仿，最后内化成学生自己的语言积累。借鉴阅读材料的词、句等语言表达，先缩写原文，再仿写。

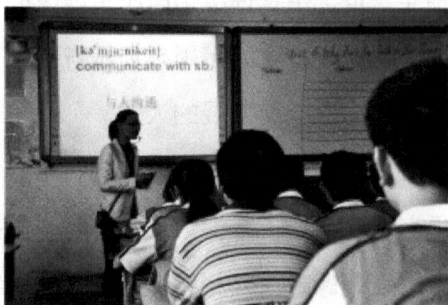

英语课堂

李胜碧和徐小莹两位老师是师徒关系，同台竞技，在八年级进行了同课同构，主题是"中考题型之短文填空解题技巧"。徐小莹和李老师补充注明第几课和流程，两位老师语言漂亮，分工合作十分默契，你中有我，我中有你。亦庄亦谐，相得益彰，让我们不禁感叹两位教师专业素养之高！她们为803班同学量身定做了这节课！例如原创803班的双蓝组合（Blue sun & Blue moon）为主人公的文段，并利用随机点名软件抽签讲故事，让孩子们惊喜不断！她们把一节英语课备得如此精细，备到了学生生活中，备到了学生心里面，让学生都参与进来，零距离感悟英语！把外在知识内化为孩子们的乐趣，令人十分感动赞叹！这样的课堂激发了学生学习英语的兴趣和求知欲，体现了能力提升的核心：思考与表达。

李胜碧和徐小莹老师同课同构

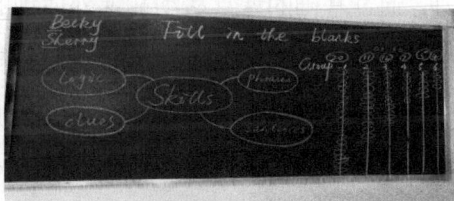

课堂板书

3.3.3　构建课外活动，发展综合能力

英语课外活动是英语教学过程中的一个有机组成部分。它和英语课堂教学紧密相连，是学生掌握英语所不可缺少的辅助形式，是对课堂教学的补充和延续。教育家苏霍姆林斯基说过："没有符合学生兴趣的课外活动，培养不出全面发展的人才。"北京外国语大学陈琳教授说过："课内所设置的情景不管如何逼真，都是假的，只有学生日常生活中运用语言，才能真正掌握语言。"陈琳教授强调开展英语课外活动的重要性，强调课内课外相结合，将课内所学的知识技能运用到日常生活中。在这样的大背景下，学校英语科组全体老师开拓创新，积极开展丰富多彩的第二课堂活动，全面培养学生能力素养。

为了有效地落实"快乐与能力"的目标，进一步提升学生阅读、思考和表达能力，英语课题组教师开拓配套"活动育人，快乐学习"的英语课后学习活动根据单元能力要求，有目的、有计划组织学生课后学习活动。在这一过程中注重培养学生养成积累的习惯，给课堂以足够支撑。教师以多种形式开展学生课后英语学习活动，享受学习与合作的快乐。

起始的七年级，英语课题组教师重点规划学生的兴趣培养和表达力，通过各种课堂活动和课外活动提升学生能力的同时，发展学生的兴趣，让能力和兴趣结合在课外延伸。

在基础的八年级，英语课题组教师重点提升学生的思考力和阅读力，通过基础的课堂活动和课外活动的配合，提升学生思维力，发展学生更深层的表达力，让能力训练培养贯穿课堂和课外活动。

在冲刺的九年级，英语课题组教师重点关注学生阅读能力，思考能力和表达能力的结合和输出，力求在课程活动的设置中能够更好地引导学生实现学生"三力"的发展。

前期：召开课题组会议，课题组教师进行任务分工、制订目标体系，撰写课题研究方案，制订三个年级课堂教学模式，以及课下活动支持体系方案。

后期：探究"快乐与能力导向"课堂配套课下活动体系，利用课下活动激发学生兴趣，培养学生英语综合语用能力。活动设计紧扣"课内延伸""课外拓展""运用实践"，辅助课堂教学。

在课题的引领下，英语科组的课下活动形式多样，不但有配合课程的每周、每月活动，更是创新性地成功举办了第一届英语节活动周。旨在从"课内延伸""课外拓展""运用实践"等方面辅助课堂教学。所有活动内容丰富具有时代感，学生参与面广。这些活动的展开，不仅让学生学以致用，体验学习乐趣，也感受团队合作的力量。学生在活动中凸显个性展现风采，综合能力得到进一步提升，很好地传达出快乐与能力导向的核心。

3.3.4 落实教材内容，创新教学模式

在三年一体化的科组建设体系指导下，英语科组进行了定时、定目标、定人员的集体备课，每个星期定期进行扎实的备课组活动，每次科组集备的内容有负责人，有探讨主题，真正落实备教材、备学生。每个星期的集备一定会讨论下一周的教学内容，包括研究教材、教法、学法、评测机制，编写教学教案，创新整合教材，命制测试题目等，这些在集体备课本上有详细的记录和体现。同时在集备的时候，新老教师经验交流、学生学习效果分析，课程、课改的最新研究动态等。

通过开展集备活动，英语科组的教学效率得到提高，科组的团结、积极向上的研究氛围得到很大提升，英语科组以三年一体化的建设和发展为核心，创新性地整合教材，真正做到三年一体，能力逐步

提升，同时英语科组也建立了自己学校科组的资料库：如小测集、单元测验集、分级阅读材料集等。

在落实教材内容的同时，教师开阔视野，不断尝试新的教学方法，开展丰富多彩的课外活动，旨在让学生学有所得、学有所乐。

各年级探索快乐课堂和能力发展教学模式，进行总结，探索英语阅读听说等几类课堂的教学模式和快乐课堂实践的要素，并以年级备课组为单位整理和归纳能力导向课题的学案，具体成员分工如下。

张凡：组长，主要负责课题的计划、实施、课题报告的撰写和阶段总结。

胡慧豪：副组长，负责协助课题的计划、实施、课题报告的撰写和阶段总结并负责九年级研究资料的整理和收集。

黄小莉、刘莉、赖小荣：负责七年级研究资料、论文收集整理、七年级教学案例、课件整理。

李鹤、李慧贤：负责八年级研究资料、论文收集整理、八年级教学案例、课件整理。

徐小莹：负责九年级研究资料、论文收集整理、九年级教学案例、课件整理。

3.3.5 发挥成果导向，带动团队成长

英语课题组每位教师都围绕课题精神进行课题研究，取得了以下成果。

（1）认识成果

新的初中英语课程标准为英语学科梳理了四项学科核心素养：语言能力、文化意识、思维品质、学习能力。这四项学科核心素养，或将成为各个学段英语课程核心素养的基础，成为义务教育英语课程

标准进一步修订的基础。围绕能力核心课题发展的学校英语教学也正符合英语学科核心素养的培育，通过教师科组备课组集备将能力提升落实在英语课堂教学实践中，以教材、学生、教学为原点开展教学活动，做到基于教材内容，因材施教；基于学生学情，因人施教；基于教学需求，因需施教。

在整个研究过程中，英语科组对"快乐与能力导向"这个核心概念有了更深刻的认识，并且教育观念有了一定的转变，打破了传统的教学模式。

（2）理论成果

通过课题研究，教师通过科组建设和集备讨论研究，更好地分析教材、整合教材、设计课堂，形成实在有效、精简灵活、以"快乐与能力导向"为主导的教学模式；生成了英语的教学和学习的目标体系、课下综合实践活动体系；汇集了初中英语课堂学习导学案，以及课下综合实践活动体系；发表了《初中英语阅读教学的"三入三出"》等论文。

（3）操作成果

实施了英语科组建设方案，同步开展了三个模块活动，其中两个主题活动还制作了两期的简报，并开展了珠海市第五中学基于快乐与能力导向的首届英语节活动周。这些活动生动有趣，很好地体现了学生快乐与能力的核心内容，同时也是科组教师参与课题教师智慧的结晶。两期简报图文并茂地记录了本课题研究的内容、过程和方法，是鲜活的研究载体，反映出课题扎实开展的成果。

（4）实践成果

通过课题实践研究，学生英语成绩稳居前列，成为学校众多学科中的带头学科。在课题研究过程中，教师的精心设计，让学生在学习中真正感受快乐，同步提升能力。相辅相成的是课题组老师带动科组老师在课堂教学以及课后活动的组织能力上大大提升，科组建设也逐

渐规范，课堂以及课下活动层次得到飞跃。科组下的备课组集备已经逐渐形成系统化、模式化，英语科组还建立了自己的资料库，实现资源共享，共同进步。

参考文献

［1］中华人民共和国教育部. 九年义务教育课程标准：英语课程标准（实验稿）［M］. 北京：北京师范大学出版社，2004.

［2］何安平. 新课程理念与初中英语课程改革［M］. 长春：东北师范大学出版社，2002.

［3］许余龙. 影响中国学生英语阅读能力的学生因素［J］. 现代外语，1998（03）：65–72.

［4］张天宝. 新课程与课堂教学改革［M］. 北京：人民教育出版社，2003.

［5］辛广勤，丁立斌. 课程标准与阅读能力：问题与对策［J］. 深圳大学学报（人文社会科学版），2005（04）：109–112.

4 初中物理篇

问题先行·演示跟进
实验操作·命题作业

4.1　初中物理"大"课程的一体化目标管理体系

在课题"以人为本""能力为重""快乐教育"三位一体的育人理念下，从物理学科的特点出发，物理学科组确定本课题物理学科的研究方向，以培养学生科学思维、科学探究能力为目标，以"教材阅读、实验观察及综合应用"为载体，以"学生参与实践活动"为手段，对学科能力进行系统的分类研究，构建学科两年一体化的能力目标体系。

根据物理学科特点，物理科教研组建立两年一体化初中生物理学科的阅读、思考和表达能力的培养及评价体系，开发相应的校本教材培养初中生学习物理的兴趣，能在快乐中掌握两年一体化的义务教育阶段物理学科知识体系及基本的学习方式；同时培养初中生在两年的物理学习中具备良好的提取信息（阅读）、处理信息（思考）、输出信息（表达）的能力，在不断深入的学习中保持学习物理的兴趣，形成有利于终身学习的良好习惯；促进教师探索培养初中生学习能力的方法，并对培养的方法由经验提炼为可推广的策略。

4.1.1 初中物理"快乐与能力导向"大课程一体化建设的总目标

"基于快乐与能力导向的初中学科三年一体化建设的策略研究",是以"快乐与能力导向"为理论根基,推动各学科三年一体化的建设,重建教学与发展、知识与能力、教与学的关系,以科组集体备课的力量,推进课堂教学的改革。依托学校课题,物理科组务实地做好八年级至九年级的教学目标体系,从物理学科的特点,确定本课题物理学科的研究方向,对学科能力进行系统的分类研究,构建学科两年一体化的能力目标体系。详见表4-1。

表4-1 初中物理"快乐与能力导向"大课程一体化建设的总目标

序号	总目标表述
1	初中生能熟练掌握两年一体化的义务教育阶段物理学科知识体系及基本的物理学习方式
2	初中生具备良好的提取信息(阅读)、处理信息(思考)、输出信息(表达)能力
3	教师具备培养初中生良好科学思维的能力,并对培养的方法由经验提炼为可推广的策略
4	建立两年一体化初中物理学科的能力培养体系和评价体系,以此为依托提升物理科组教研能力

4.1.2 初中物理"快乐与能力导向"大课程一体化建设的阶段目标

物理科组从本学科一体化建设的研究目的、内容、人员等方面进行了细致的规划,围绕着能力分级、校本特色教学资料开发、集体备课模式与策略以及具有学科特色的学生实践活动而展开论证。通过查找资料学习、设置调查问卷了解学生学情,分析论证初中生学习物理必须具备

的基本能力，并细化为初中生学习物理的能力目标，进而转化为科组建设具体目标，从而确定了阶段目标要从阅读、思考、表达、情感四个方面考虑，表4-2为物理学科两年一体化阶段目标。

表4-2 初中物理"快乐与能力导向"大课程一体化建设的阶段目标

维度	序号	阶段目标表述	
		八年级	九年级
阅读	1	能从课本、课外书籍、互联网等多种途径阅读物理知识，判断信息的有效性、客观性，提取关键信息	能熟练地从大文段阅读中提取与物理知识相关联的关键信息
	2	能从实际情境、实验现象及作图、图像、数据表格等特殊阅读材料中读取与物理相关的信息	能从多个实际情境、实验现象中区分当中蕴含的物理知识
	3	能从试题中提取与物理知识相关联的关键词	能从作图、图像、数据表格等多元素组合的综合性试题中提取信息解决问题
思考	1	能从阅读文段、观察实验中初步分析、归纳、总结得出物理规律	能从阅读文段中用物理思维方法分析问题、从观察实验过程中分析实验方案，提出改进措施
	2	能用控制变量法、转换法、类比法等物理研究方法思考问题	能灵活运用各种物理研究方法、数学方法综合、熟练分析解决物理问题
	3	能用图表法、数据分析法、比值法等数学的方法推理物理规律	学会用递推法、倒推法、排除次要因素等进行逻辑推理
表达	1	能大胆地通过书面、口头表达和交流自己的观点	能熟练地通过书面、口头表达和交流自己的观点
	2	能用作图、计算、图像和表格数据等特殊方式表达研究结果	能用作图、计算、图像和表格数据综合表达研究结果
	3	能通过类比法、对比法陈述不同物理概念和规律	能够灵活运用各种方式综合表达自己的观点
	4	能用思维导图进行章节、知识板块的梳理总结	能熟练运用思维导图进行知识板块的梳理总结

维度	序号	阶段目标表述	
		八年级	九年级
情感	1	激发学生物理学习的热情和求知欲，强化物理知识与方法在生活、生产中的应用意识，同时鼓励学生在生活中探究物理现象、发展科学思维，学生在快乐中学习物理	

4.1.3　初中物理"快乐与能力导向"大课程一体化建设的单元目标

单元目标、阶段目标以及总目标三者相辅相成、相互促进，单元目标以总目标为导向，来设置安排每个章节的能力目标以及确定能力与快乐活动。基于此制订的初中物理"快乐与能力导向"大课程一体化建设的单元目标详见表4-3。

表4-3　初中物理"快乐与能力导向"大课程一体化建设的单元目标

章节	讲学内容	能力目标	能力与快乐活动	备注
第一章 机械运动	1. 知道机械运动，举例说明机械运动的相对性。 2. 知道自然界和生活中简单的热现象。了解分子热运动的主要特点，知道分子动理论的基本观点。 3. 举例说明自然界存在多种多样的运动形式。知道物质在不停地运动。 4. 会选用适当的工具测量长度和时间，会根据生活经验估测长度和时间。	1. 从情境中读取与物理相关的信息。 2. 从实验观察中提取信息，提出问题。 3. 能从定量测量的观察过程中分析优劣，提出改进措施。 4. 能用作图、计算和表格数据等方式表达研究结果	1. 用刻度尺测量长度。 2. 用停表测量时间。 3. 测量物体运动的平均速度。 4. 与速度相关的计算训练	八年级（上）

（续表）

章节	讲学内容	能力目标	能力与快乐活动	备注
	5．能用速度描述物体运动的快慢，并能进行简单计算。会测量物体运动的速度			
第二章 声现象	1．通过实验，认识声的产生和传播条件。 2．了解声音的特性。了解现代技术中声学知识的一些应用。知道噪声的危害及控制方法	1．从情境中读取与物理相关的信息。 2．从实验观察中提取信息，提出问题。 3．能从课本、课外书籍、互联网等多种途径阅读物理知识。 4．能用控制变量法做小实验、用对比法区别声音三个特性	1．实验探究音调与频率的关系。 2．实验探究响度与振幅的关系。 3．列举超声的应用实例。 4．举例说明如何减弱生活环境中的噪声	八年级（上）
第三章 物态变化	1．能描述固态、液态和气态三种物态的基本特征，并列举自然界和日常生活中不同物态的物质及其应用。 2．了解液体温度计的工作原理。会用常见温度计测量温度。 3．经历物态变化的实验探究过程，知道物质的熔点、凝固点和沸点，了解物态变化过程中的吸热和放热现象。能运用物态变化知识说明自然界和生活中的有关现象。	1．从实验观察中提取信息，提出问题。 2．能从课本、课外书籍、互联网等途径阅读物理知识。 3．能从定量测量的观察过程中得出结论并分析优劣，提出改进措施。 4．能用图表法总结推理物理规律。 5．用对比法，区别六种物态变化	1．用温度计测量水的温度。 2．探究固体熔化时温度的变化规律。 3．探究水沸腾时温度的变化特点。 4．阅读介绍水的三态联系。 5．举例说明生活中的物态变化。 6．调查当地水资源的利用状况，并对当地水资源的利用提出自己的见解。	八年级（上）

章节	讲学内容	能力目标	能力与快乐活动	备注
	4．能运用物态变化知识，说明自然界中的水循环现象。了解我国和当地的水资源状况，有节约用水和保护环境的意识		7．调查学校和家庭的用水状况，设计一个学校或家庭的节水方案	
第四章 光现象	1．探究并了解光的反射定律。通过实验，了解光的折射现象及其特点。2．探究并了解平面镜成像时像与物的关系。知道平面镜成像的特点及应用。3．通过实验，了解白光的组成和不同色光混合的现象	1．从实验观察中提取信息，提出问题。2．能从定性实验的观察过程中得出结论并分析优劣，提出改进措施。3．能用作图表达物理规律	1．光路图、平面镜成像作图训练。2．探究光的反射规律。3．探究光的折射规律。4．探究平面镜成像特点	八年级（上）
第五章 透镜及其应用	1．了解凸透镜对光的会聚作用和凹透镜对光的发散作用。2．探究并了解凸透镜成像的规律。3．了解凸透镜成像规律的应用	1．从实验观察中提取信息，提出问题。2．能从定性实验的观察过程中得出结论并分析优劣，提出改进措施。3．能用作图表达物理规律	1．凸（凹）透镜作图训练。2．探究凸透镜成像的规律实验活动。3．实验观察色光的合成与分解	八年级（上）
第六章 质量与密度	1．知道质量的含义。会测量固体和液体的质量。2．通过实验，理解密度。会测量固体和液体的密度。能解释生活中与密度有关的一些物理现象。	1．从情境中读取与物理相关的信息。2．从实验观察中提取信息，提出问题。	1．探究同种物质的质量与体积的关系。2．测量固体和液体密度的实验活动。	八年级（上）

（续表）

章节	讲学内容	能力目标	能力与快乐活动	备注
	3．了解关于物质属性的研究对生产生活和科技进步的影响	3．能从定性实验或定量测量的观察过程中推导结论并分析，提出改进措施。 4．能用比值法推理物理规律。 5．计算、图像和表格数据等特殊方式表达研究结果	3．利用密度知识解决生活中的一些问题。 4．与密度相关的计算训练	
第七章 力	1．通过常见事例或实验，了解重力、弹力和摩擦力，认识力的作用效果。 2．探究并了解滑动摩擦力的大小与哪些因素有关。 3．能用示意图描述力。 4．会测量力的大小。了解同一直线上的二力合成。 5．知道二力平衡条件	1．从情境中读取与物理相关的信息。 2．从实验观察中提取信息，提出问题。 3．能从课外定性实验或定量测量的观察过程中推导结论并分析优劣，提出改进措施。 4．能用控制变量法、模型法等物理研究方法思考问题。 5．能用图表法、数据分析法、比值法总结推理物理规律。 6．能用作图、计算、图像和表格数据等特殊方式表达研究结果	1．举例生活中力的作用效果。 2．力的示意图作图训练。 3．练习使用弹簧测力计测量力。 4．探究重力大小与质量的关系。 5．重力计算训练	八年级（下）

章节	讲学内容	能力目标	能力与快乐活动	备注
第八章 运动和力	1．通过实验和科学推理，认识牛顿第一定律。 2．能运用物体的惯性解释自然界和生活中的有关现象	1．从情境中读取与物理相关的信息。 2．从实验观察中提取信息，提出问题。 3．能用实验加推理的物理研究方法思考问题	1．探究阻力对物体运动的影响。 2．列举与惯性相关的事例。 3．探究二力平衡的条件。 4．利用二力平衡解决问题。 5．探究硬性滑动摩擦力大小的因素	八年级（下）
第九章 压强	1．通过实验，理解压强。 2．知道增大和减小压强的方法，并了解其在生产生活中的应用。 3．探究并了解液体压强与哪些因素有关。知道大气压强及其与人类生活的关系。 4．了解流体压强与流速的关系及其在生产生活中的应用	1．从情境中读取与物理相关的信息。 2．从实验观察中提取信息，提出问题。 3．能从课外定性实验观察过程中推导结论并分析优劣，提出改进措施。 4．能用控制变量法设计实验分析问题。 5．能用作图、计算、图像和表格数据等特殊方式表达研究结果	1．列举生活中压强的事例。 2．探究影响压力作用效果的因素。 3．探究液体内部的压强。 4．列举事例或设计实验证明大气压存在。 5．测量标准大气压值。 6．压强计算训练。 7．运用流体压强与流速的关系解释生活中的物理现象	八年级（下）

（续表）

章节	讲学内容	能力目标	能力与快乐活动	备注
第十章 浮力	1．通过实验，认识浮力。 2．探究并了解浮力大小与哪些因素有关。 3．知道阿基米德原理，能运用物体的浮沉条件说明生产生活中的有关现象	1．从情境中读取与物理相关的信息。 2．从实验观察中提取信息，提出问题。 3．能从课外定性实验或定量测量的观察过程中推导结论并分析优劣，提出改进措施。 4．能用作图、计算、图像和表格数据等特殊方式表达研究结果	1．测量物体浸没水中所受到的浮力。 2．探究浮力的大小与哪些因素有关。 3．探究浮力的大小跟排开液体所受重力的关系。 4．应用物体的浮沉条件解决物理问题浮力计算训练	八年级（下）
第十一章 功和机械能	1．结合实例，认识功的概念。 2．知道做功的过程就是能量转化或转移的过程。 3．知道动能、势能和机械能。 4．通过实验，了解动能和势能的相互转化。 5．举例说明机械能和其他形式能量的相互转化。 6．知道能量守恒定律。 7．知道机械功和功率。用生活中的实例说明机械功和功率的含义。 8．知道机械效率。了解提高机械效率的意义和途径	1．从情境中读取与物理相关的信息。 2．从实验观察中提取信息，提出问题。 3．能从定量测量的观察过程中推导结论并分析优劣，提出改进措施。 4．能计算功和功率。 5．用对比的方法，区别功和功率、动能和势能	1．功的计算训练。 2．功率的计算训练。 3．设计方案测量功率。 4．探究物体动能跟哪些因素有关。 5．解释动能、势能在生活中的应用。 6．解释生产生活中机械能的转化	八年级（下）

（续表）

章节	讲学内容	能力目标	能力与快乐活动	备注
第十二章 简单机械	1．知道简单机械。 2．探究并了解杠杆的平衡条件。 3．了解人类使用机械的历程，了解机械的使用对社会发展的作用。 4．能说出人类使用的一些机械。了解机械的使用对社会发展的作用	1．从情境中读取与物理相关的信息。 2．从实验观察中提取信息，提出问题。 3．能从课本、课外书籍、互联网等多种途径阅读物理知识。 4．能从定量测量的观察过程中得出结论并分析优劣，提出改进措施。 5．能计算机械效率	1．探究杠杆的平衡条件。 2．杠杆示意图作图训练。 3．杠杆平衡条件计算训练。 4．解释生活中各种杆杆的类型和作用。 5．探究动滑轮和动滑轮的特点。 6．探究使用动滑轮是否省功。 7．测量滑轮组的机械效率。 8．机械效率的计算训练	八年级（下）
第十三章 内能	1．知道自然界和生活中简单的热现象。 2．了解分子热运动的主要特点，知道分子动理论的基本观点。 3．通过自然界和生活中的一些简单热现象。 4．举例说明自然界存在多种多样的运动形式。知道物质在不停地运动	1．学会"宏观现象推导微观机理特性"这种物理科学方法。 2．从情境中读取与物理相关的信息。 3．从实验观察中提取信息，提出问题。 4．能从课本、课外书籍、互联网等途径阅读物理知识	1．观察扩散现象，能用分子动理论的观点加以说明。 2．利用常用物品设计实验，说明组成物质的微粒在不停地运动。 3．举例说明改变内能的两种方式。 4．实验比较不同物质吸热的情况。 5．热量的计算训练	九年级（上）

（续表）

章节	讲学内容	能力目标	能力与快乐活动	备注
第十四章 内能的利用	1．了解内能和热量。从能量转化的角度认识燃料的热值。 2．通过实验，了解比热容。 3．能运用比热容说明简单的自然现象。 4．了解热机的工作原理。 5．知道内能的利用在人类社会发展史中的重要意义	1．从情境中读取与物理相关的信息。 2．从模型中观察提取信息，提出问题。 3．能从课本、课外书籍、互联网等途径阅读物理知识	1．看模型、挂图或视频说明汽油机（柴油机）工作原理。 2．热机效率的计算训练。 3．举例说明提高热机效率的措施。 4．举例说明能量的转化和守恒。 5．阅读或调查研究近年国内外燃料结构变化和提高能量利用效率措施，从经济、环保和社会发展等方面进行讨论。 6．讨论和分析简单的永动机设计方案，说明永动机是不可能造成的	九年级（上）
第十五章 电流和电路	1．观察摩擦起电现象，了解静电现象。 2．从能量转化的角度认识电源和用电器的作用。 3．知道电压、电流。 4．会使用电流表。会看、会画简单的电路图。	1．学会"宏观现象推导微观机理特性"这种物理科学方法。 2．从情境中读取与物理相关的信息。 3．从实验观察中提取信息，提出问题。	1．举例说明生活中的静电现象。 2．用图形、文字或语言描述原子的核式模型。	九年级（上）

章节	讲学内容	能力目标	能力与快乐活动	备注
	5．会连接简单的串联电路和并联电路。 6．能说出生产生活中采用简单串联电路或并联电路的实例。 7．探究并了解串联电路和并联电路中电流的特点	4．能从课本、课外书籍、互联网等途径阅读物理知识。 5．数据分析法总结推理物理规律	3．通过实验，了解物质的导电性，比较导体、半导体、绝缘体导电性能的不同。 4．连接简单的串并联实物电路。 5．电路图作图训练。 6．使用电流表测量电路中的电流。 7．探究串并联电路中电流规律	
第十六章 电压电阻	1．知道电压和电阻。 2．会使用电压表。 3．探究并了解串联电路和并联电路中电压的特点	1．用类比法理解概念。 2．从实验观察中提取信息，提出问题。 3．数据分析法总结推理物理规律	1．使用电压表测量电路两端电压。 2．探究串并联电路中电压的规律。 3．探究影响导体电阻大小的因素。 4．练习使用滑动变阻器	九年级（上）
第十七章 欧姆定律	探究电流与电压、电阻的关系，理解欧姆定律	1．从实验观察中提取信息，提出问题。 2．能从课外定性实验观察过程中推导结论并分析优劣，提出改进措施。	1．探究电流与电压和电阻的关系。 2．运用欧姆定律解释生活中的电学现象。	九年级（上）

（续表）

章节	讲学内容	能力目标	能力与快乐活动	备注
		3．能用控制变量法设计实验，分析问题。 4．能用数据分析法推理物理规律。 5．能用图像、计算等方式解决物理问题	3．运用欧姆定律计算训练。 4．伏安法测量电阻	
第十八章 电功率	1．通过实验，了解焦耳定律。 2．能用焦耳定律说明生产、生活中的有关现象	1．从生活情境中提取信息，提出问题。 2．能用多种方法定量测量能用数据分析法推理物理规律。 3．能用计算方式解决物理问题	1．调查常见用电器的铭牌，读家用电能表并解释各参数的意义，通过电能表计算电费。比较用电器的电功率。 2．使用电功率知识解释家庭安全用电的问题。 3．电能、电功率计算训练。 4．测量小灯泡的电功率。 5．举例说明电流的热效应在生活中的利用和防止	九年级（上）
第十九章 生活用电	1．了解家庭电路的组成。 2．有安全用电和节约用电的意识	1．能从课本、电器说明书、课外书籍、互联网等途径阅读物理知识。 2．能运用电学知识做家庭安全用电的建议	1．做以"安全用电"为主题的手抄报。 2．做家庭安全用电的分析报告和建议书	九年级（上）

章节	讲学内容	能力目标	能力与快乐活动	备注
第二十章 电与磁场	1．通过实验，认识磁场。 2．知道地磁场。 3．通过实验，了解电流周围存在磁场。 4．探究并了解通电螺线管外部磁场的方向。 5．了解电磁铁在生产生活中的应用。 6．通过实验，了解通电导线在磁场中会受到力的作用，并知道力的方向与哪些因素有关。 7．探究并了解导体在磁场中运动时产生感应电流的条件。了解电磁感应在生产生活中的应用	1．用语言、文字、模型或图表描述物理概念。 2．能用物理知识解决简单问题。 3．能结合已知图像、模型或实物，简单描述仪器、仪表的工作原理。 4．能用对比法区分容易混淆的物理概念和规律	1．实验探究磁极间的相互作用。 2．用磁感线描绘磁体周围的磁场作图训练。 3．探究通电螺线管外部的磁场分布。 4．探究影响电磁铁磁性强弱的因素。 5．解释电磁继电器在生活中的应用。 6．制作简单电动机并介绍它的基本构造和工作原理。 7．探究什么情况下磁可以生电。 8．介绍发电机的基本构造和工作原理	九年级（上）
第二十一章 信息的传递	1．知道电磁波。 2．知道电磁波在真空中的传播速度。 3．知道波长、频率和波速。 4．了解电磁波的应用及其对人类生活和社会发展的影响	1．学会"宏观现象推导微观机理特性"这种物理科学方法。 2．从情境中读取与物理相关的信息。 3．从实验观察中提取信息，提出问题。 4．能从课本、课外书籍、互联网等途径阅读物理知识	做以"信息的传递"为主题的手抄报	九年级（上）

（续表）

章节	讲学内容	能力目标	能力与快乐活动	备注
第二十二章 能源与可持续发展	1．了解能源的类型。 2．列举常见的不可再生能源和可再生能源。 3．知道核能的特点和核能利用可能带来的问题。 4．从能源开发与利用的角度体会可持续发展的重要性。 5．从能量转化和转移的角度认识效率。 6．列举能量转化和转移具有方向性的常见实例	1．从情境中读取与物理相关的信息。 2．能从课本、课外书籍、互联网等途径阅读物理知识。 3．能和同伴交流阅读成果		九年级（上）
第一板块 复习声学	1．声音的产生与传播。 2．响度、音调、音色（举例考察）。 3．如何利用声音（高科技领域的应用）。 4．噪声的危害及控制方法	1．能熟练地通过书面、口头表达和交流自己的观点。 2．能用思维导图进行章节、知识板块的梳理总结，能熟练用思维导图进行知识板块的梳理总结。 3．能通过温习实验、类比法、对比法陈述不同物理概念和规律	1．做《声学》复习思维导图。 2．做《声学》各种题型训练。 3．综合性阅读及实验。 4．错题分析	九年级（下）
第二板块 复习光学	1．光的基本原理（几何光学）、光路作图题。 2．光学的基本应用：以凸透镜、平面镜成像为主，考查学生对几何光学的理解	1．能用作图表达物理知识。 2．能熟练地通过书面、口头表达和交流自己的观点。 3．能熟练用思维导图进行知识板块的梳理总结。 4．能通过温习实验、类比法、对比法陈述不同物理概念和规律	1．做《光学》复习思维导图。 2．做《光学》各种题型训练。 3．综合性阅读及实验。 4．错题分析	九年级（下）

章节	讲学内容	能力目标	能力与快乐活动	备注
第三板块复习热学	1．六种物态变化，注重生活实例及实验分析，本章的实验部分，与化学实验相联系，是理化实验的基础操作。 2．热和能（分子热运动、内能、比热容）	1．学会"宏观现象推导微观机理特性"这种物理科学方法。反之，用微观的物理知识解释宏观的热现象。 2．能熟练地通过书面、口头表达和交流自己的观点。 3．能用思维导图进行章节、知识板块的梳理总结，能熟练用思维导图进行知识板块的梳理总结。 4．能通过温习实验、类比法、计算、对比法陈述不同物理概念和规律	1．做《热学》复习思维导图。 2．做《热学》各种题型训练。 3．综合性阅读及实验。 4．错题分析	九年级（下）
第四板块复习力学	1．基础物理（长度、时间、质量与密度、机械运动等）。 2．力学的基本定律。 3．力学与运动学。 4．功和功率、能量。 5．简单机械（杠杆、滑轮、滑轮组）。 6．压强和浮力	1．能用实验加推理、模型法、控制变量法等物理科学方法分析问题。 2．能熟练地通过书面、口头表达和交流自己的观点。 3．能用思维导图进行章节、知识板块的梳理总结，能熟练用思维导图进行知识板块的梳理总结。 4．能通过实验设计，计算推演理解运用不同物理概念和规律	1．做《力学》复习思维导图。 2．做《力学》各种题型训练。 3．综合性阅读及实验。 4．错题分析	九年级（下）

（续表）

章节	讲学内容	能力目标	能力与快乐活动	备注
第五板块 复习电学	1．充分理解电流、电压、电阻、电功、电功率的概念，掌握并灵活运用欧姆定律、焦耳定律。 2．电磁学基础知识，掌握电如何生磁、磁如何生电及生活案例	1．能在电路实物图和电路图之间相互转化作图。 2．能运用电学知识解释、解决生活中的实际问题。 3．能用控制变量法、宏观现象解释微观机理、模型法和类比法等科学方法解决物理问题。 4．能熟练地通过书面、口头表达和交流自己的观点。 5．能用思维导图进行章节、知识板块的梳理总结，能熟练用思维导图进行知识板块的梳理总结。 6．能通过实验设计，计算推演理解运用不同物理概念和规律	1．做《电学》复习思维导图。 2．做《电学》各种题型训练。 3．综合性阅读及实验。 4．错题分析	九年级（下）
第六板块 复习综合知识技能训练	1．声、光、热、力、电五大知识板块的综合梳理，以"能量的转化和守恒"建立知识之间的联系。 2．通过提供阅读资料，开阔学生物理知识的视野，提升解决问题的综合能力。	1．能熟练地阅读大文段并从中提取关键信息。 2．能从多个物理情境、现象中区分当中蕴含的物理知识。 3．能从作图、图像、表格综合性题目中提取信息解决问题。	1．做三册书的复习思维导图。 2．综合实验训练"换花样测密度""估测电水壶的加热效率"等。 3．综合题训练。 4．错题分析	九年级（下）

章节	讲学内容	能力目标	能力与快乐活动	备注
	3．通过分析学生五大板块复习后存在的知识缺漏，精选试题，有针对性地提升运用知识解决实际问题和应试的解题能力	4．学会用递推法、倒推法、排除次要因素等进行逻辑推理。 5．能用作图、计算、图像和表格数据综合表达研究结果。 6．能熟练用思维导图进行知识板块的梳理总结		

4.2　初中物理"大"课程的一体化活动支持体系

　　为切实促进学生的思维发展和能力提升，进一步完善本学科的一体化建设，物理科组开展内容丰富、形式多样，体现能力层级的课下综合能力实践活动，以构建学科三年一体化建设的活动支持体系。八年级开展课下活动：说"汽车的那些事"、玩转"形形色色的乐器"、测量"透镜的焦距"、自制"简易温度计"、鉴别"它是真的吗？"、画"力的示意图"、估测"压强"比赛、制"纸飞机"、说"升力"、测"爬楼梯功率"、晒"简单机械"等。九年级开展课下

活动：说"微观世界与宇宙世界"、展"科技新材料"、测"电器电功率"、说"安全用电"、"知识梳理思维导图"比赛、"100道选择题"竞赛、"计算题"竞赛、换花样测密度、估测电水壶的加热效率等。课下活动的组织形式主要是学生现场展示、板报展示及周末活动式作业。每次活动，需要科组做好活动计划，课下辅导，现场组织，各部门沟通协调等工作，极大提升教师的综合素养和专业水平。

自制温度计

多姿多彩温度计板报

4.2.1 初中物理一体化活动支持的高效课堂

只有立足于课堂的课题才有生命力，而立足于课题的课堂才能不断提高实效。课堂活动设计能够激发学生学习兴趣，高效完成教学目标。在课题的引领下，物理科组围绕一个个小主题展开集体备课、磨课、研课，做到课堂上的问题为主线，创新实验引领，组织引导学生收放自如，循序渐进，在课题研究过程，不但掌握本学科更宽厚的知识，对教材理解更透彻，处理更灵活，把握教材更准确，力争以最轻松的方法把知识传授给学生，既让学生快乐提升能力，同时又提升科组竞争力和教师自身的专业技能，以下分享几个课堂经典案例。

4.2.1.1　创新物理演示实验，提升科组教学教研能力及学生综合能力

众所周知，物理学是以科学实验作为理论基础的一门学科，在初中阶段的物理教学中演示实验对学生学习积极性的提高作用是不言而喻的，实验教学能够帮助学生在理论与实践的结合之中更好地掌握物理的相关概念，形成一套属于自己的物理学思想，从而可以在学习之余，有能力理解更深的知识，提高学生的操作能力，这样一来学生的学习积极性就得到了很好的发展，观察能力、分析能力更是可以在这之中得以深化。

在学校课题"基于快乐和能力导向的初中学科三年一体化建设的策略研究"框架下，物理科组构建学科课题——基于"实验"能力训练策略的研究，从三方面开展教学改革，一是探索引导初中生在有趣的实验中观察思考提出问题的策略；二是探索培养学生灵活运用物理研究方法设计实验的能力的策略；三是探索课堂上以"说有趣实验提问题"方式培养学生表达实验设计的能力。科组围绕这三方面开展教研活动，特别是教师创新演示实验的研究，取得了不俗的收获。科组集体备课中开发创新实验教研活动，"创新点"主要围绕"激发学生兴趣和培养学生能力"展开研讨。下面以三个年轻教师的创新实验举例说明。

创新实验1：多功能光学实验演示仪（以二力平衡为例）

（珠海市第五中学　李志光）

【实验目的】探究二力平衡的条件。

【实验图片】

图1　　　　　　　　图2

图1所示：力的大小相等、方向相反。

图2所示：力的方向不在一条直线。

【实验器材】木块、强磁铁、滑轮、螺丝、卡纸、细绳、钩码。

【实验原理】作用在同一物体上的两个力，当物体处于平衡状态时，两个力的大小相等，方向相反且作用在同一直线上。

【实验步骤】

（1）用螺丝钉将滑轮和强磁铁固定在木块上，将木块吸在黑板上，两端挂钩码的细绳绕过定滑轮作用拉着卡纸两端。

（2）在绳子两端挂上不同的钩码，卡纸两端受力大小不同，观察二力不等时卡纸能否保持平衡；然后改为挂上相同的钩码，观察二力相等时卡纸能否保持平衡。

（3）在探究两个力大小相等，方向相反时，用手旋转卡纸一定的角度，同时移动其中一块木块，使作用在卡纸上的两个力，不在同一直线上，松手后观察卡纸能否保持平衡状态。当静止时，两力是否在同一直线上。

（4）在探究卡纸两端受力大小相等，方向相反，作用在一条直线上静止时，用剪刀剪开卡纸，观察作用在不同物体上时，能否保持平衡状态。

（5）根据以上几点实验现象，分析归纳出二力平衡的条件。

【注意事项】

（1）螺丝固定滑轮时，受力适度，滑轮容易转动，有利于减少小摩擦。

（2）实验时下挂的钩码，适当即可（8个钩码以内），以免木块滑落，一般实验要求范围内两个强磁铁即可。

（3）实验研究对象用卡纸，应尽量用薄卡纸，以减少重力的影响。

【创新点和实效性分析】

（1）适用范围广，功能多样。适合二力平衡、定滑轮、动滑轮、滑轮组、滑轮组的机械效率、单摆、力的合成与分解、共点力的平衡等实验。

（2）实验器材成本低，取材简单，组装简易，操作方便，实验现象直观。

（3）利用长度较大（约20cm）的木块的进行实验，有利于增加磁铁，增强牢固性，同时可以自由增减滑轮个数，用于不同实验需求。

（4）携带方便，容易推广，城市农村合适，黑板白板皆可。

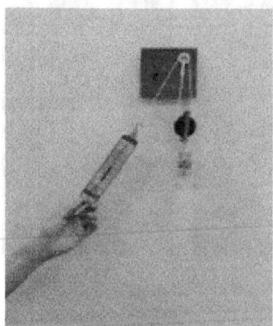  

　　　图3　轮滑组　　　　　　图4　动滑组　　　　　　图5　单摆

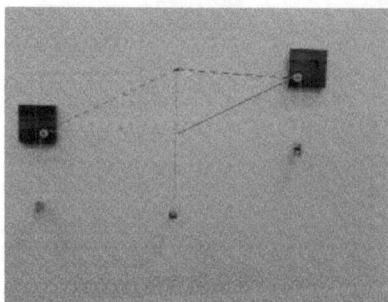 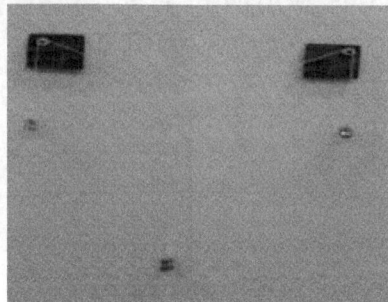

　　　　图6　力的分解与合成　　　　　　　图7　共点力平衡

还可以做滑轮或滑轮组物体的位移和绳子自由端的位移关系、物体重力和拉力的关系，滑轮和滑轮组的机械效率等实验。（为了增强观察效果，可用彩色棉线。）

汉

创新实验2：气体内能的改变

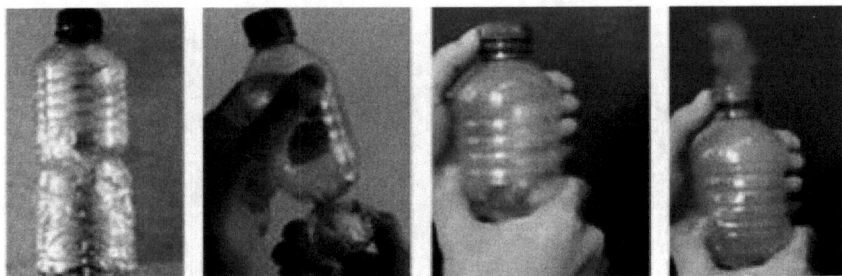

（香洲区第五中学　李志光）

【实验目的】了解外界对气体做功和气体对外界做功对气体内能的影响。

【实验图片】

气体内能的改变

图1　矿泉水瓶做功内能变化

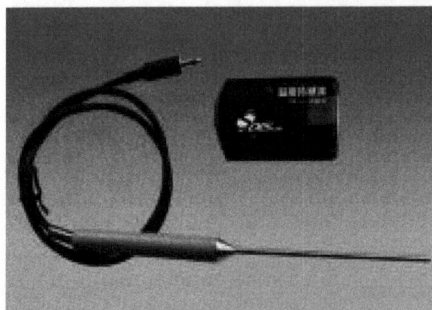

图2　温度传感器

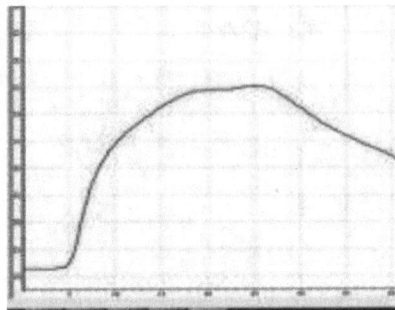

图3　气体温度变化曲线

【实验器材】温度传感器、数据采集器、Dislab软件、图二线、打气筒、矿泉水瓶、纸风车、细胶管。

【实验原理】外界对物体做功，内能增大，温度升高；物体对外界做功，内能减小，温度降低。

【实验步骤】

（1）先挤压矿泉水瓶，再打开瓶盖，"嘭"一声响，瓶口形成雾气，观察现象（见图1）。

（2）用温度传感器（见图2）的探头，放入密闭的瓶内，通过数据采集器链接入电脑，启用Dislab软件通用实验。

（3）以图1为模型，用打气筒对瓶内气体做功，通过观察温度曲线（或数字温度）的变化，说明气体内能的变化（见图3）。

（4）停止打气，打开气阀，对小风车吹气，小风车转动，观察温度曲线（或数字温度）的变化，说明气体内能的变化（见图4）。

（5）根据以上几点实验现象，分析归纳出外界对气体做功和气体对外界做功对气体内能的影响。

图4　课堂实验

【注意事项】

（1）如图1实验，可事先在瓶中加入适量的酒精，实验效果更明显。

（2）对瓶内打气，气压要适度，打气的次数不宜过多，一般在10次以内为宜。

【创新点和实效性分析】

（1）数字化实验和传统实验的积极整合，对实验中微小变化实现快速直观记录，对传统实验进行有效的补充。

（2）利用计算机即时实现数据分析、探讨，降低难度，加深理解，为开放的、互动性的课堂教学创造了条件。

（3）利用数字化技术解决问题，对引领学生学习新技术，利用新技术解决新问题，对培养学生科技意识，有一定的陶冶作用。

创新实验3：影响滑动摩擦力大小因素

（珠海市第五中学　赵宇恒）

【实验目的】

（1）知道影响滑动摩擦力因素——压力大小、接触面粗糙程度。

（2）知道滑动摩擦力大小与接触面积无关，与物体运动速度无关。

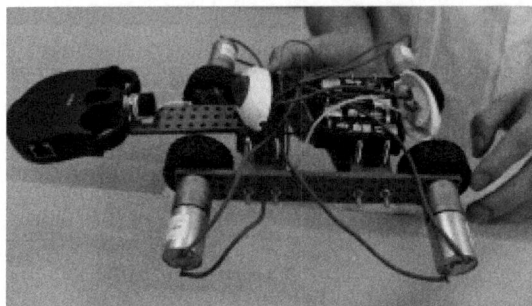

图1

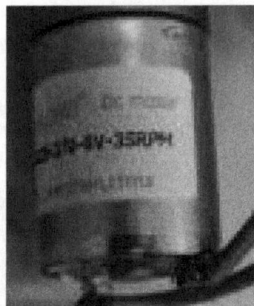

图2

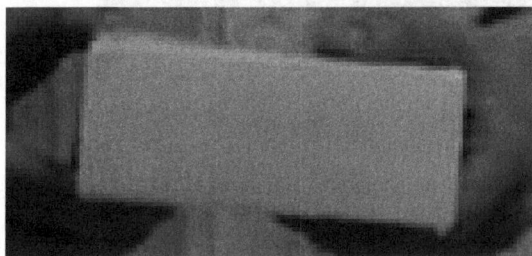

图3

图4

图5

【实验器材】

（1）电动小车（见图1）。

①为了使小车获得一个比较大的抓地力，小车质量要稍大。

②为了满足在摩擦力大小不同的情况下，小车匀速直线运动的速度不受影响，需采用大功率、小转速马达实现（见图2）。

③为实现速度可控，采用两档可调电源电压的设计。

（2）力的传感器：为了避免由于弹簧伸缩带来的"读数不稳定"，采用力的传感器（见图1）。

（3）长方体物块：为突出与接触面积无关，需底面与侧面面积差异较大，效果更佳（见图3）。

（4）钩码若干：用以改变压力大小（见图4）。

【实验原理】

在水平桌面上，使小车拖动与力的传感器相连的物块，一起做匀速直线运动，根据二力平衡可知，物块所受滑动摩擦力等于力的传感器的示数。

【实验步骤】

（1）在水平桌面上，使小车拖动与弹簧测力计相连的正放的物块，一起做匀速直线运动，记录力的传感器示数。

（2）多次重复步骤（1），只改变小车的运动速度，记录力的传感器示数。

（3）多次重复步骤（1），只往物块上添加不同数量的钩码，记录力的传感器示数。

（4）多次重复步骤（1），只更换接触面，记录力的传感器示数。

（5）多次重复步骤（1），只使物块分别侧放、立放，记录力的传感器示数。

【注意事项】

（1）为使示数更为稳定，木块用白纸包住，接触面要尽量均匀，

使它们之间摩擦力基本稳定。

（2）为免小车与物块中间连接的力的传感器下坠，而导致拖到接触面或测量方向倾斜，使小车后尾固定一个小槽，用于承托弹簧测力计。

（3）小车速度尽量慢，以便用实物投影或录像观察；动力足够大，以便拖动较大、较重的物块。

【教学中面临的实际问题】

教材把这个实验设定为学生实验，课程标准上要求学生"通过实验和实例，了解摩擦力"。我校学生虽然都进行了学生实验与相关知识点的题型训练，但依然常常在答题时认为滑动摩擦力与压力大小、接触面积有关，认为物块以不同速度做匀速直线运动的过程中，所受滑动摩擦力大小不同。证明实验效果不足以刺激和加深学生对滑动摩擦力影响因素的理解。

因此，如何进一步通过实验和实例，强化与刺激学生对滑动摩擦力影响因素的认识，是本实验需要解决的主要问题。

【创新点和实效性分析】

针对教学中面临的实际问题，需要解决以下问题。

（1）如何设计实验，强化与刺激学生对滑动摩擦力影响因素的认识？尤其针对两个影响因素与两个非影响因素。

（2）怎么使物体做匀速直线运动？

（3）怎么使得弹簧测力计示数稳定？

创新点一：以电动小车拖动与力的传感器相连的物块，一起做匀速直线运动，实现真正的"匀速直线"。

创新点二：以力的传感器代替弹簧测力计，以避免运动时"一卡一卡"的情况发生，会导致示数也跟着"一卡一卡"前后波动，如图5所示。

创新点三：用力的传感器代替弹簧测力计，使得测量精度高，量程大。

创新点四：电动小车实现小车运动速度可控。这样解决了用人手拖动，难以实现快速匀速拖动与慢速匀速拖动的问题。

创新点五：用体积较大，底面积、侧面积差异较大的物块。这样由于"夸张"而非常直观地刺激了学生的视觉，从而加深了学生对现象的记忆与理解。（未在图片中实现，可进一步优化。）

创新点六：用电脑屏幕显示读数，这样能让学生直接从远处观察到实验装置，且能从屏幕上看到示数，从而增强了演示实验的可观性。

4.2.1.2　创新课堂练习形式，提升学生阅读力、思考力及表达力

基于学生思维训练的创新式演示实验促进学生观察力、思维力及表达力，提升综合能力发展。因而在具体的策略实施中要注意抓住核心知识点设计引导学生发现问题、探讨问题的物理实验现象。学生分组实验演示是实验创新点之一，能够训练学生实验设计能力。创新实验设计注重学生对实验结果的预测猜想及根据实验现象进行推理验证。采用新技术、新材料，开阔学生视野，培养学生勇于创新的精神。

案例：中考复习——简单机械命题复习

【教学过程】珠海市第五中学赵宇恒老师（A老师）是一位有活力、有想法的教师，喜欢做各种对学生有益、对自身有益的教学尝试。他对待学生亲切，与学生关系融洽。珠海市第五中学李志光老师（B老师）是一位沉稳、有条理的教师，在实验创新方面有许多突破。作为备课组组长，支持、配合科组老师工作，受大家的肯定。

【教学蓝图】本节课是以学生自主命题的形式展开的第二轮复习课。两位老师分工合作，李志光老师负责错题引入，赵宇恒老师负责引导命题。在学生命题的时候，有效利用两位老师同时上课的优势，每位学生都得到教师的关注。

【授课课题】人教版初中物理八年级下第十二章第二轮复习课。

【同构教师】角色A：珠海市第五中学赵宇恒。角色B：珠海市第五中学李志光。

【教学目标】

（1）学会根据知识点、题型命题（三大块知识点，三大类题型）。

（2）赏析学生的命题，明确知识点并分类。

【重点定位】赏析本章的题目，明确知识点并分类。

【难点挖掘】结合自身错题、知识点、题型命题。

【学情特点】学生经历了《简单机械》第一轮复习（较细致的复习），对本章知识点已梳理了一遍。学生在做相关的练习时，仍会有不少错误。在第二轮复习时，授之以鱼，不如授之以渔。尝试教会学生结合知识点，领会命题者的意图。同时变换一种复习方式，能激发学生的兴趣。对于不同层次的学生，应该让他们结合自己的错题，进行命题。因此，本节课将采用小组合作形式，每组应有优、良、中三种层次的学生，同层探讨，同时又可以向上层递进。

【实验器材】无。

【教学过程】

教学环节	知识内容	教师活动（A或B或AB等、内容）	学生活动（个人或小组、内容）
新课引入	以本班学生作"最小力"的错题引入	B老师：问这位学生的解题思路，分析此题知识点	做错题目的学生回答解题思路
新课教学	1. 本章近五年广东中考真题的分值、知识点。 2. 命题指引： ①确认命题的题型，结合自己的错题、经典题，选择一个知识点 ②选择任一"附图"为题目情境 ③经过改编或原创一道题 ④自己检查，小组讨论，互相练习	A老师： 1. 本章近五年广东中考中的分值、知识点分析。 2. 命题示范	听讲，阅读

教学环节	知识内容	教师活动（A或B或AB等、内容）	学生活动（个人或小组、内容）
新课教学	课堂练习：按要求命题（要求：难度适中，考点不能太偏，教师择优选用一道题评讲）。 （一）作图题 知识点：①杠杆的作图（画力臂、最小的力、阻力等）；②滑轮组绕线(最小拉力、已知拉力方向等)	A、B老师：每位负责三组，巡堂指导，择优选题。 A老师：选择三道题展示，全体一同赏析；以"问法"对题目进行分类。	命题，参考编题范例、自身错题。依次确定题型、知识点、附图，从而命题。解题听讲
	（二）实验题 知识点：探究杠杆的平衡条件（实验目的、装置、步骤、表格、结论、注意事项等）	A老师：播放杠杆平衡条件实验动画。 B老师：选择三道题展示，以"问法"对题目进行分类，布置课后命题作业。 A、B老师：每位负责三组，巡堂指导	听讲；命题；解题听讲

4.2.1.3 创新课堂教学形式，提升学生学科融合综合能力

同课同构是一种创新的教学形式，在做基于"快乐和能力导向"的初中学科三年一体化建设的策略研究时，物理科组对教学形式对学生学习影响做思考和实践。

"同课同构"的含义是：两个（或两个以上）同学科（或不同学科）教师共同备一节课，并在同一个班级（或同一个学生群体）同台上课。这种创新的课堂教学模式，凸显的是"异中求同"且"和而不同"。它使科组及教师从"无助教研"到"互助教研"达到真正的集体备课，实现深度交流和高效合作；授课方面也体现了融合的课堂文化，构建了多学科教师的融合教学，实现了综合客观的学情分析，真正做到以生为本；在学生学习方面，加强了对学生指导和帮助的力度

和广度，相比较传统课堂，学生学习兴趣和能力提升方面有更突出的效果。以地理与物理学科融合"我国气候的主要特征及其影响因素"为例。

案例：我国气候的主要特征及其影响因素

【教学蓝图】本节课是以物理和地理融合的一节新课。两位老师分工合作，李志光老师主要负责物理现象的本质探究，江定舟老师负责地理现象解析和应用的学习。李志光老师擅长实验和思维探究，江定舟老师擅长现象分析和课程的讲解。在学生学习的时候，有效利用两位老师同时上课的优势，每位学生都得到教师的关注。

【同构教师】角色A：李志光。角色B：江定舟。

李志光老师是一位沉稳、有条理的物理教师，坚持实践中体会、体会中成长的理念，在实验创新方面有许多突破。作为备课组组长，积极组织科组老师投入课题研究工作，敢于开创新的课堂教学模式。

江定舟老师是一位有活力、有逻辑的地理教师，比较关注学生存在的问题，能较好地把握学生的认知情况。他对待学生亲切，与学生关系融洽。

【授课课题】人教版初中地理八年级上第二章第二节"我国气候的主要特征及其影响因素"。

【授课学校班级】珠海市第五中学八年级（5）班。

【教学目标】

（1）运用资料说出我国气候的主要特征。

（2）结合实验探究影响我国气候的主要因素。

【重点定位】我国气候的两大特征，影响我国气候的主要因素。

【难点挖掘】我国季风的特点及其影响。

【学情特点】学生对世界气候及其影响因素已有初步的了解，对我国气候的学习是在学习世界气候基础上的继续和深入，学生已经学习过我国的气温和降水特点，已经初步掌握了阅读气候分布图和气温曲线图、降水量柱状图的能力，对转换法、控制变量法等科学探究法有初步认识，掌握物态变化相关知识，对实验探究学习兴趣浓厚。本节课的重点是了解影响我国气候的主要因素及理解季风性显著的气候特征。

【实验器材】T形透明导管、烟饼、冰块、酒精灯、铁架台、试管、玻璃片、热水壶。

【教学过程】

教学环节	知识内容	教师活动（A或B或AB等、内容）	设计意图	学生活动（个人或小组、内容）	设计意图
新课引入	由A老师欲购买坐北朝南户型与我国气候引入	B老师：A老师，听说您最近买了一套豪宅？ A老师：以前想买豪宅，现在只剩买豪宅的梦了。 B老师：那你买房要考虑哪些因素呢？ A老师：价钱、位置、朝向等	从生活引入季风对我国气候的影响	学生随着老师对话，进入课题。学生回答房子朝向、对气候体验	从学生已有生活经验出发，引入课题
问题引出	了解我国气候的分布及特征	B老师：指导学生阅读课本我国气候类型分布图，提问（导学案）	与教材相结合引导分析我国气候特征	读图，讨论	自主分析我国气候特征，培养自主解决问题能力
合作探究1	分析纬度位置对我国气候的影响	B老师：展示漠河、海口的气候类型图和气温降水柱状图 气温降水柱状图	引导探究气候影响因素	读图分析温带季风气候和热带季风气候的特点及影响两者气候差异的主要因素	培养学生读图提取信息能力

（续表）

教学环节	知识内容	教师活动（A或B或AB等、内容）	设计意图	学生活动（个人或小组、内容）	设计意图
合作探究2	分析海陆位置对我国气候的影响	B老师：展示江南地区和阿拉伯半岛的位置和景观图，结合演示实验讲授我国季风气候显著的特征。 A老师：录制学校操场上实验，播放，渗透科学研究方法。 沙石与水的升温实验	对海陆位置对气候的影响教学做铺垫。设置冷热源，利用烟雾研究风的流动方向	观察实验，分析风的流动方向特点	结合导学案，完成实验探究，并将实验结论应用于季风季候的分析
实验验证	—	 夏季陆地和海洋的温度比较 A老师：演示实验 风的流动方向	—	观察实验，分析我国冬夏季风的风向、源地、性质	实验可视化了解温度差异，空气流动的方向说明温度差异导致季风的方向不同
合作探究3	了解季风气候的影响	提供北京和纽约的气温资料，以及1月和7月世界平均气温分布图	突出我国气候显著的成因	归纳季风对我国气温和降水的影响	加深季风气候对我国气温和降水影响的认识

教学环节	知识内容	教师活动（A或B或AB等、内容）	设计意图	学生活动（个人或小组、内容）	设计意图
	分析海陆位置对气候的影响	提供山脉示意图，山地植被垂直变化示意图，结合演示实验分析迎风坡和背风坡的降水差异 山脉示意图	A老师准备好热水，示范操作后，引导学生操作	进行实验操作，液化实验	了解地形地势对气温和降水的影响
课堂训练	练习和课外探究活动	结合我国气候，结合习题了解气候对军事和生活的影响	加深理解	完成课堂检测	巩固提升
课堂小结	结合知识和方法的总结	结合板书设计	知识和方法回顾	总结课堂学习的内容	知识和方法梳理

【教学反思】

（1）学生基本学会本节知识，他们掌握得很快，课堂有新意，学生学习兴趣盎然。

（2）学生结合导学案，采用小组合作学习，利用室外视频实验，分组实验和演示趣味实验，较好地促进学生知识生成，突破重难点。

（3）学生结合导学案，采用小组合作学习，还初次尝试利用室外视频实验，分组实验和演示趣味实验，较好地促进学生知识生成，突破重难点效果良好，并且学习过程能得到两位老师的细致辅导，也大大提高学生效果。

（4）实验设计接入点较好，效果明显，学生兴趣高涨，物理在部分地理课堂能力大大提高地理知识的理解和应用以及趣味性，为学生

终身发展垫基础。

（5）课堂交流的设计及效果分析

两位教师的交流虽然不多，但在选题过程中相互补充、搭配。两种思维在牵引学生前行，对学生综合能力的发展有重要作用。在完成学生知识性融合、思维性融合和学习方式融合的同时，如何更好地进行师生交流、师师交流、生生交流，将是课堂流畅、更加完美的重要探讨方向。

【教学策略】

跨学科的同课同构教学形式能够促进学生知识性融合、思维性融合和学习方式融合，提升综合能力发展，在具体的实施过程中需注意以下几点要求。

（1）学科融合的集体备课中，把知识点的融合和衔接设计作为核心，进行深入探讨。

（2）围绕学科知识融合点设计教学活动（本节课是物理实验和地理现象的融合）。

（3）教学活动中需精选学生小组活动，既要能启发学生又提高学生兴趣。

（4）注重科学探究方法与知识的结合。例如，本节课在设计上利用实验探究时，进行科学方法的引导，学生能初步得到控制变量法和转换法这两种重要科学研究方法。这两种方法对学生今后的学习也有很好的指导意义。

（5）注重知识的应用。本节课的地理知识在生活中的应用也是物理知识在生产、生活和军事上应用的重要体现，能较好地体现从生活中来的理念。

案例：概念性知识的教学策略——多素材多方式的多重感知策略

学生学习时，多种感官（如视觉、听觉、触觉等）同时协同参与能加深对所学知识的理解和记忆。教师可以借助实物、模型、图表、物理实验等。

【活动】教师请各组学生将几个不知名的实心小物块，按照物质种类进行分类，并写出分类依据（体积不同的三块钢、三块铝、三块木头，以及几个铜柱、铝柱）。学生在分类时，有些会按照形状、颜色进行分类，有些会按照物质种类分类，从而从视觉上、触觉上，感性认识物质的一种新性质——密度。

引自：赵宇恒《基于布鲁姆教育目标分类的初中物理概念性知识教学探讨》。

4.2.1.4 创新集体备课形式，提升课前资源共享课后资源提炼的能力

本着整体性、和谐性、学术性和包容性的学科建设原则，物理科组借着课题研究完善了科组管理和建设，主要分以下三个部分进行。

第一部分，健全集体备课的程序，做到有研究主题、有课堂观摩研究、有听课评课反馈、有记录总结提炼。

第二部分，健全学科各项体系，如物理实验创新体系、课堂设置问题体系、课堂检测评价体系、学生课下活动体系、课堂练习体系等，教师在常规教学中参与课程设置及实施的研究。

第三部分，积极参加校内外实验创新比赛、赛课等教研活动，以赛促教、以赛促研，并总结撰写成论文发表，不断提升科组研究力和竞争力。

根据学校课题总体安排，物理科组扎实落实本科组制订的课题方案，开展了多个主题活动，如"初中生物理能力目标体系研讨""学生课下综合实践活动展示""基于快乐的物理课下实验研讨展示""课题展示课""课堂创新模式研讨交流""课堂5分钟检测改编研讨"等。从课题开展后，通过以上举措，不断建设和发展物理

科组文化内涵。教师在课上课下都积极探索"快乐与能力导向下的教学",随着课题深入,教学改革渐显成效,学生成绩在2017年中考中有明显提升,科组科研氛围更浓,凝聚力更强了。

团结奋进的物理科组在新老科组长陈利民老师和张卫红老师的带领下,积极开展校内教研活动,利用集体备课时间,上课观摩、听课评课,及时点评反馈,提出改进意见,相互交流,共同进步。有丰富经验的陈利明老师和容维桃老师给课题组成员上示范课,传授丰富经验,每次公开课都认真指导,实验室林遂弟老师为公开课及实验创新大赛等创新实验设计出谋划策,提供制作条件。

探索共享课前资源的模式和策略,在愉悦的氛围中提升课堂教学新模式的科研能力,其包括如何训练学生阅读课文,画关键词,引发思考提出问题;如何训练学生读题技能,画关键词,找物理量及其与知识点联系;如何通过学生"说情境提问题""说实验提问题"培养学生的表达习惯和能力;如何对四本教材中每一章节(实验)进行设计编排,由浅入深,由易到难,有层次性。设置学生观察点,设置问题引发学生思考;如何对教材中的每节内容设置5分钟课堂检测,达到培养学生思维能力的意义;九年级复习阶段如何综合性复习和训练,设置情境、精选课堂例题和练习题提升学生逻辑思维能力。同时探索整理提炼课后资源的模式和策略。

意气风发的年轻教师在校外各层次教学交流,展示学校物理科组风采,吸取先进科组建设和教学方法,不断优化科组内涵及提升科组竞争力。在每周的集体备课中,围绕课题展开教学中实际问题的讨论,碰撞出无数智慧的火花。以下是一次集体备课记录,与大家分享。

八年级(2)班赵宇恒老师物理课《平面镜成像》第2课时,听课反馈如下。

1. 上课知识容量大。

2. 对实验的分析细致有条理。

3. 利用手机开发小实验、拍摄实验操作解决知识难点，效果好。

本节课是八年级物理备课组利用集备时间组织组内听课后评课，效果非常好。总结如下。

一、科组长兼八年级物理备课组组长张卫红建议

1. 新课要有梯度，不要在新知识讲授中解决所有问题，而是根据初中生的学习心理特征有计划地安排，知识从易到难，由浅入深地安排在新课、习题课、复习课等课型中，让学生在每一个学习阶段都对知识保持新鲜感，而且学会利用知识解决问题。

2. 要通过课前的充分准备提高课堂教学的实效性。例如，精心开发了创新性小实验和拍摄了实验操作图片，应该力求现象更加明显，发挥它们辅助教学的效果。

二、科组成员围绕"如何兼顾进度和学生活动的矛盾"展开小组讨论得出结论

1. 公开课和常态课要统一，都要注重学生主体性。教学中要发挥教师的主观能动性和智慧，既要完成教学进度，又要充分调动学生积极性提高教学效果，完成学生的"学"，而不是满堂灌赶进度，完成教师的"教"。

2. 具体操作：在备课中精心设计学生活动，把学生可以理解的知识点由学生阅读完成（布置并落实好预习作业），把学生掌握知识后能自主思考解决的问题由学生回答（充分利用多媒体设备，分层提问），把一切可以由学生完成的绝不教师代劳。

三、总体建议

对本节课的知识点及所使用的教学素材进行整合，分成三大部分：实验结论分析、画图训练、知识应用。合理的教学流程编排能提高课堂教学效率效果。特别表扬：开发的创新小实验很棒，让同行学习了！李志光老师建议可以把多个小实验系列化，科组的智慧在集备中碰撞出新的火花！（听课行政：卓晓芸）

4.2.2　初中物理一体化活动支持的环节设计

表4-4　初中物理一体化活动支持的环节设计

序号	时间	活动名称	活动目标	活动环节	活动记录（活动报道）	负责人	备注
1	课下及课堂	说"汽车的那些事"	让学生学会通过多种途径阅读；学会阅读说明书、学会看车速、列车时刻表和学会分享和表达	1．学生课外阅读收集资料。2．课堂举例介绍如何读汽车上的速度表及如何看列车时刻表。3．做活动资料户外展示。4．评价学生和活动成效	1．学生所阅读的资料。2．学生活动过程的记录。3．课堂、课外展示活动成果。4．学生活动后的体会	周艺、李志光	八年级（上）
2	课下及课堂	玩转"形形色色的乐器"	让学生学会通过多种途径阅读，掌握改变声音特性的因素；学会利用物理知识进行创作发明和学会分享和表达	1．学生课外阅读并自制一把乐器。2．评选优秀作品课堂展示，学生介绍设计理念。3．作品展示。4．评价学生和活动成效	1．学生所阅读的资料。2．学生活动过程的记录。3．课堂、课外展示活动成果。4．学生活动后的体会	周艺、李志光	八年级（上）
3	课下及课堂	测量"透镜的焦距"	让学生学会通过多种途径阅读，掌握透镜知识；学会应用物理知识进行简单测量；学会应用物理知识和学会分享与表达	1．学生课外阅读拓展有关透镜的物理知识。2．校园中完成测量任务，分享活动收获。3．学生完成测量报告，课堂上分析数据，分享测量的过程和改进方案。4．评价学生和活动成效	1．学生所阅读的资料。2．学生活动过程的记录。3．课堂、课外展示活动成果。4．学生活动后的体会	周艺、李志光	八年级（上）

序号	时间	活动名称	活动目标	活动环节	活动记录（活动报道）	负责人	备注
4	课下及课堂	自制"简易温度计"	让学生学会通过多种途径阅读，掌握温度计知识、学会用物理知识制作模型；学会分析表达实验现象和改进；学会分享和表达	1．学生课外阅读并自制简易温度计。2．课堂展示讨论温度计的改良。3．作品展示。4．评价学生和活动成效	1．学生所阅读的资料。2．学生活动过程的记录。3．课堂、课外展示活动成果。4．学生活动后的体会	周艺、李志光	八年级（上）
5	课下及课堂	鉴别"它是真的吗？"	让学生学会利用物理知识"密度"鉴别不同的物质；学会把物理与生产、生活相联系；学会在社会实践中和他人交流	1．学生课外选择不同销售点的物质，通过测量其密度鉴别物质的真假。2．课堂分享社会实践。3．评价学生和活动成效	1．学生所阅读的资料。2．学生活动过程的记录。3．课堂、课外展示活动成果。4．学生活动后的体会	周艺、李志光	八年级（上）
6	课下及课堂	画"力的示意图"	学会用作图描述重力、弹力和摩擦力；学会建立物理模型表达物理知识；学生养成规范作图的习惯	1．课堂作图训练。2．作图比赛活动。3．展出获胜作品。4．学生及活动评价	1．学生所阅读的资料。2．学生活动过程的记录。3．课堂、课外展示活动成果。4．学生活动后的体会	周艺、李志光	八年级（下）
7	课下及课堂	估测"压强"比赛	学会运用物理知识"压强"解决实际问题；学会运用物理科学方法	1．学生自己选择一个物体，估测物体对地面的压强。2．学生活动过程的记录。	1．学生所阅读的资料。2．学生活动过程的记录。		八年级（下）

（续表）

序号	时间	活动名称	活动目标	活动环节	活动记录（活动报道）	负责人	备注
			"控制变量法"设计实验；学会与同伴讨论改进活动方案；学会分析表达实验数据和改进实验	2．学生完成测量报告，课堂上分析数据，分享测量的过程和改进方案。 3．评价学生和活动成效	3．课堂、课外展示活动成果。 4．学生活动后的体会	周艺、李志光	
8	课下及课堂	制"纸飞机"说"升力"	学会把物理知识"流体压强和流体流速的关系"应用在生活生产中；学会制作模型解释物理知识；学会分析表达实验现象和改进	1．学生根据阅读课本制作一个能说明飞机升力的"纸飞机"。 2．课堂上展示作品，小组同学分析飞机升力产生的原因。 3．评价学生和活动成效	1．学生所阅读的资料。 2．学生活动过程的记录。 3．课堂、课外展示活动成果。 4．学生活动后的体会	周艺、李志光	八年级（下）
9	课下及课堂	测"爬楼梯功率"	学会运用物理知识"功率"测量爬楼梯功率；学会延伸知识，掌握"间接测量物理量"这同一类型的物理科学方法；学会分析表达实验数据和改进实验	1．学生课下测量自己或其他同学的爬楼梯功率。 2．学生完成测量报告，课堂上分析数据，分享测量的过程和改进方案。 3．评价学生和活动成效	1．学生所阅读的资料。 2．学生活动过程的记录。 3．课堂、课外展示活动成果。 4．学生活动后的体会	周艺、李志光	八年级（下）

（续表）

序号	时间	活动名称	活动目标	活动环节	活动记录（活动报道）	负责人	备注
10	课下及课堂	晒"简单机械"	学会运用物理知识"简单机械"分辨简单机械的类型、解释生活中的简单机械的具体应用，学会应用物理知识和学会分享与表达	1．学生课下根据各种途径阅读相关知识后收集家中的简单机械，分析其类型及用途。2．学生课堂上以手抄报、个人口述、小组分享等形式介绍简单机械。3．手抄报展览。4．评价学生和活动成效	1．学生所阅读的资料。2．学生活动过程的记录。3．课堂、课外展示活动成果。4．学生活动后的体会	周艺、李志光	八年级（下）
11	课下及课堂	说"微观世界与宇宙世界"	学会运用物理研究方法，从微观角度用转换法分析固液气态物质宏观特性；学会把相关的知识综合学习，能对物质世界从宏观到微观排出大致尺度；关注新科技，能表述人类探索宇宙的重大活动	1．学生课外阅读收集资料。2．课堂举例和演算。3．做活动资料户外展示。4．评价学生和活动成效	1．学生所阅读的资料。2．学生活动过程的记录。3．课堂、课外展示活动成果。4．学生活动后的体会	张卫红、赵宇恒、卓晓芸	九年级（上）

（续表）

序号	时间	活动名称	活动目标	活动环节	活动记录（活动报道）	负责人	备注
12	课下及课堂	展"科技新材料"	学会把"新材料"知识进行汇总，并通过多种途径的阅读扩展内容；会举例说明力学性能、半导体、超导体、纳米材料等新材料的特点及其应用对人类社会发展的影响；能用不同方式展示阅读成果	1．围绕"科技新材料"展开课外阅读并记录所发现的科技新材料。2．课堂讨论分享最新科技特殊材料。3．课外展示制作的展品。4．评价学生和活动成效	1．学生所阅读的资料。2．学生活动过程的记录。3．课堂、课外展示活动成果。4．学生活动后的体会	张卫红、赵宇恒、卓晓芸	九年级（上）
13	课下及课堂	测"电器电功率"	学会运用物理知识"电功率"测量用电器的电功率；学会用多种方法测量同一物理量；学会分析表达实验数据和改进实验；能结合电功率的物理意义比较常见用电器的电功率；学会延伸知识，计算家庭电费，建立节约用电的意识	1．学生课下阅读课本后用多种方法测量家中各种用电器的电功率。2．学会查阅电器说明书，运用各种参数估算家庭用电量。3．学生完成测量报告，课堂上分析数据，分享测量的过程和改进方案。3．评价学生和活动成效	1．学生所阅读的资料。2．学生活动过程的记录。3．课堂、课外展示活动成果。4．学生活动后的体会	张卫红、赵宇恒、卓晓芸	九年级（上）

序号	时间	活动名称	活动目标	活动环节	活动记录（活动报道）	负责人	备注
14	课下及课堂	说"安全用电"	学会通过各种途径大致了解安全用电的基础知识，了解电流大小对人体的危害与应用；能用不同方式分享和宣传阅读成果	1．围绕"安全用电"展开课外阅读并做阅读记录。2．课堂讨论分享阅读收获。3．课外展示制作的展品。4．评价学生和活动成效	1．学生所阅读的资料。2．学生活动过程的记录。3．课堂、课外展示活动成果。4．学生活动后的体会	张卫红、赵宇恒、卓晓芸	九年级（上）
15	课下	"知识梳理思维导图"比赛	学会运用"思维导图"梳理各章节的知识点；学会用"汇总""对比""类比"等不同方法梳理知识点；能用不同方式分享和宣传复习成果	1．学生课下用"思维导图"梳理各章节、每册书的知识点。2．课外展示思维导图。3．评价学生和活动成效	1．学生所阅读的资料。2．学生活动过程的记录。3．课堂、课外展示活动成果。4．学生活动后的体会	张卫红、赵宇恒、卓晓芸	九年级（下）
16	课下及课堂	"100道选择题竞赛"	通过大题量选择题排查九年级学生掌握知识的缺漏；学会快速阅读题目提取关键词；学会运用"排除法""逆推法"等思维方式快速作答选择题；规范选择题填涂习惯	1．选择题竞赛。2．分析学生答题情况，根据知识和能力的缺漏进一步学习检测。3．评价学生，进行奖励、激励	1．学生所阅读的资料。2．学生活动过程的记录。3．课堂、课外展示活动成果。4．学生活动后的体会	张卫红、赵宇恒、卓晓芸	九年级（下）

（续表）

序号	时间	活动名称	活动目标	活动环节	活动记录（活动报道）	负责人	备注
17	课下及课堂	"计算题"竞赛	分知识板块进行多次小题量计算题竞赛，排查九年级学生知识及计算技能的情况；学会快速阅读题目提取关键词和物理知识相联系；学会"逆推法"等思维方式快速找到解题思路；规范计算题表达的习惯	1．分知识板块多次小题量计算题竞赛。2．分析学生答题情况，根据知识和能力的缺漏进一步学习检测。3．评价学生，进行奖励、激励	1．学生所阅读的资料。2．学生活动过程的记录。3．课堂、课外展示活动成果。4．学生活动后的体会	张卫红、赵宇恒、卓晓芸	九年级（下）
18	课下及课堂	换花样测密度	学会综合运用"密度""压强""浮力"等物理知识，用"发散思维"设计多种测量物体密度的方法；学会分析优选实验方案；学会分析表达实验数据和改进实验；学会延伸，总结一题多解的思维方法	1．学生课下阅读课本后用多种方法测量物质的密度。2．学生完成测量报告，课堂上分析数据，分享测量的过程和改进方案。3．评价学生和活动成效	1．学生所阅读的资料。2．学生活动过程的记录。3．课堂、课外展示活动成果。4．学生活动后的体会	张卫红、赵宇恒、卓晓芸	九年级（下）

序号	时间	活动名称	活动目标	活动环节	活动记录（活动报道）	负责人	备注
19	课下及课堂	估测电水壶的加热效率	学会综合运用"热学"和"电学"的知识测量电水壶的加热效率；学会分析表达实验数据和改进实验；学会延伸知识，计算其他热机的效率；能通过实验分析提出提高热机效率的方案	1．学生课下阅读复习课本后测量电水壶的加热效率。 2．学会查阅电器说明书，运用各种参数评价测量结果。 3．学生完成测量报告，课堂上分析数据，分享测量的过程和改进方案。 4．评价学生和活动成效	1．学生所阅读的资料。 2．学生活动过程的记录。 3．课堂、课外展示活动成果。 4．学生活动后的体会	张卫红、赵宇恒、卓晓芸	九年级（下）

4.3　初中物理"大"课程的一体化实践研究体系

　　让学生快乐地成长，培养学生的综合能力是我国深化教育改革的重要主题，是国家教育改革发展的战略任务之一。"快乐"指的是学生保持强烈的学习欲望与兴趣，在学习中因能获得知识与情感体验、提升自我能力而得到的满足感。"能力导向"及"能力方向"，即学科建设的核心和方向在于培养学生学习的基础能力（阅读能力、思维

能力、表达能力）。

设计学生课堂活动，促进科组（教师）多方位研究课程需从以下三个方面入手。

（1）基于"课堂问题设置"的快乐及提升能力的课堂教学活动

教师要指导学生探索物理规律，根据建立物理规律的思维过程和学生的认知特点，选择适当的途径，对感性材料进行思维加工，以问题的形式引导学生认识研究对象、现象之间的本质的、必然的联系，概括出物理规律。

（2）基于"物理实验"的快乐及提升能力的课堂教学活动

新颖的演示实验设计吸引学生，让学生在愉悦的教学氛围中观察思考，改进分组实验，培养学生灵活运用物理研究方法设计实验的能力，在课堂教学中提供生活中常见的物品，让学生设计实验；同时也注重学生课堂上"说实验提问题"，通过对话培养学生表达能力。

（3）基于"初中物理基本题型"的快乐及提升能力的课堂教学活动

学生在习题练习中，运用所学物理知识解决相关的物理问题，这需要学生有良好的阅题习惯，掌握一定的读题技巧；在培养学生对解题思路的研究，有目的、系统渗透逻辑推理的思维方法，培养学生掌握解决物理问题的思路和方法，从而增强自信及深层次激发学习兴趣；这一切都需要科组的总体规划和研讨，需要每位教师课前大量的案头准备工作。

因此，物理科组进行了一系列有计划的实践研究，运用"快乐和能力导向"的课堂教学及学生活动，确立"快乐和能力"为核心的教学活动主题、设计、过程及评价等，激发学生热爱学习的驱动力，切实提升学生适应社会发展的综合能力。在课题研究中，着重集体备课、科组活动、课堂活动、课下活动、学习评价等方面建设，建设物理科组两年一体化的思路逐步清晰。在通过不断地实践，在课堂教学方式的创新、科组创新实验教研及学生作业的创新三个方面做了深入研究实践，将经验进一步提炼成策略，初步形成了初中物理学科两年一体化建设策略。

4.3.1 基于"课堂问题设置"的课堂导入研究

在课堂教学中，教师选择适当的途径，引导学生对有趣的实验现象和物理情境等感性材料进行阅读、思考和表达，以问题的形式引导学生认识研究对象、现象之间的本质的、必然的联系，概括出物理规律，建立探究物理知识的思维能力。学生头脑中的物理概念和规律是通过阅读教材后大脑对物理现象和物理过程分析、抽象、概括、推理、综合等一系列思维活动形成的，并因此产生疑问。而"提出问题"是贯穿阅读、思考和表达最有力的方式，在"问题"中提升学生探究物理的欲望，激发兴趣。

积极探索引导初中生在预习阅读中思考提出问题的策略，研究教师分析整合教材，以"问题"为引培养学生的阅读思考能力的教学模式，探索课堂上以"说情境提问题"方式培养提升初中生表达能力的教学模式。

设置情境引导学生思考　　　　小活动后设置问题引导学生快乐思考

学生课堂"说情境提问题"　　　　　课堂上学生积极愉悦抢答问题

为激发学生的好奇心和学习兴趣，物理科组重点设计了每节课新颖的引入环节。比如，第一节《浮力》的新课引入：播放"飞屋环游记"中屋子通过气球升空的片段，以趣味浓厚的动画片激发学生的好奇心；第三节《物体的浮沉条件及应用》的新课引入：通过播放有关潜水艇的视频以及演示潜水艇模型，以"为什么潜水艇能自由上浮、下沉？"这一问题引入新课，让学生带着问题去学习。

案例一：人教版第十四章第一节《压强》实验引入

【课堂回放】为最大限度地激发学生的学习兴趣，物理课堂活动设计的重点在于新课引入和实验环节。周卫红老师运用精彩的导入引领高效《浮力》主题学习。

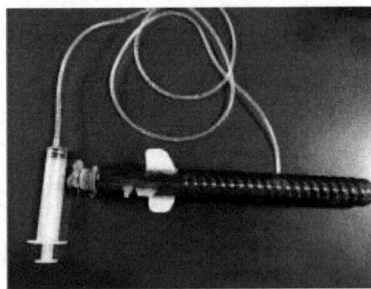

师：我们知道鸡蛋是很容易破碎的，但是我们有时会看到有些表演特技的却可以稳稳地站在鸡蛋上面，他们有什么绝技吗？

生：有。

师：我们一起来探究这里的奥秘。

老师拿出一板鸡蛋，让学生来实验。学生不知道到底什么原因可以站在鸡蛋上，生怕把鸡蛋压碎，都不敢实验，在老师的鼓励下，终于有一个学生出于好奇，战胜了恐惧，小心翼翼地站在鸡蛋上，同学们发现他也可以安稳地站在鸡蛋上，一起发出了惊叹声。

师：这位同学也是身怀绝技啊，我们这堂课学习《压强》来探究下他们到底是什么绝技。

案例分析：踩鸡蛋的实验也许有学生听说过，但是并没有亲见，对此会将信将疑，不太相信一碰就碎的鸡蛋能承受一个那么大的人，现在让他们亲自经历后，学生一下子受到很大的震撼，并对这个实验产生很大的好奇。学生的亲眼所见与认知有了很大的冲突，这样的导入直接把学生的注意力吸引了过来，产生事半功倍的效果。

案例二：生活中用吸管吸饮料导入大气压强

老师上课带了一罐可乐，问最近哪位同学的进步最大，奖励一罐可乐。小刚同学自告奋勇上来领了可乐正要下去。老师让小刚把可乐当场喝了，并给了小刚一个剪有小孔的吸管，小刚当场吸可乐，可是费了九牛二虎之力也没喝到饮料，只喝了满腔的空气，引得同学哄堂大笑。为什么现在喝不到饮料，我们平时吸饮料时饮料是怎么上来的？这样就将课堂引入到大气压强这个主题。

4.3.2　基于"演示、分组实验"的教学模式研究

实验是物理之本，物理教学应紧紧围绕实验进行，学生应能够熟练实验操作，展示流畅、明显的实验。而课程标准对本章实验的要求既有教师演示又有学生分组实验。教师演示：着重于提高实验的可视性，务必使每位学生观察清楚。例如"测量铝块所受的浮力"中，可选用大型号弹簧测力计；学生分组实验：每位学生必须清楚实验操作步骤，懂得分析实验数据得出实验结论。

探索引导初中生在有趣的演示实验中观察思考提出问题的策略

以及培养学生灵活运用物理研究方法设计实验培养科学探究能力的策略。

4.3.3 基于基本题型学习评价的命题作业研究

课题研究过程，科组全体年轻教师积极开展研讨课，主要有周艺"功率""眼睛和眼镜""光的反射"，张卫红、赵宇恒校内同课异构"电功率"，卓晓芸"中考复习：电学计算专题"及"功率"、李志光"压强""二力平衡""内能"，赵宇恒"影响滑动摩擦力大小因素""中考复习：简单机械命题复习"，地理教师江定舟和物理教师李志光同课同构"我国气候的主要特征及其影响因素"。在科组每周的集体备课中，从上述研讨课中共同提炼了多个培养学生物理阅读力、思考力及表达力的策略。

学生命题，既能让学生熟悉所学的知识，又能激发学生的积极性。把命题权交给学生，充分发挥学生的主体作用，充分调动起学生参与练习的积极性，突出了学生学习的主体地位。课堂教学最大的魅力就在于促进学生的发展，让学生经历由不知到知、由不会到会、由不能到能的过程，让学生感到经过努力也行，这才是对学生最大的鼓励。

学生命题式作业促进学生阅读力、思考力及表达力，提升综合能力发展。具体实施要求包括以下七个方面。

（1）教师要及时地给予学生命题方法、技巧或者变式训练的指导，促使学生自己出的题目可信有效。

（2）学生命题式作业，需循序渐进地进行训练，对规定题目内容和题型进行初步临摹、收集错题改编、按照教师提供的样卷进行模拟命题、独立自主命题，逐渐提高难度。

（3）学生之间合作命题，可以兼顾不同层次学生，同时带动学生互相辅导。

（4）课堂命题式作业和课外命题作业相结合，课堂落实知识和模仿练习，课外巩固练习。

（5）复习课的命题式作业，引导学生围绕课程标准及考纲，按照考试的知识范围、难易度等要求进行命题。

（6）准确诊断学生在命题中出现的问题，然后对症下药，提高命题教学效果。

（7）学生要出好题目，首先必须会解题目，命题可以在学生做适当练习之后进行。

兴趣是最好的老师，有了兴趣什么事情都容易做好。在中考复习中，让学生自己编物理习题，目的是让学生通过自己编题，能以一种新的学习方法培养学生复习物理知识的热情和创新思维。

学生在习题练习中，运用所学物理知识解决相关的物理问题，这需要学生有良好的阅题习惯，掌握一定的读题技巧；在培养学生对解题思路的研究，有目的、系统渗透逻辑推理的思维方法，培养学生掌握解决物理问题的思路和方法，从而增强自信及深层次激发学习兴趣；通过训练规范表达方式，让学生能以书面的形式正确表达。

训练学生具备良好的物理读题习惯和读题技能的策略以及在不同物理题型中培养初中生良好的物理思维和运用不同方式表达的能力，具体包括物理概念规律学习中（选择题和填空题）训练逻辑推理和简洁表达的能力；物理科学探究中（实验题）训练科学探究能力；物理数学计算中（数学题）训练逻辑推理思维和数学表达能力；物理作图中（作图题）训练数形结合推理及用作图表达的能力；综合能力题中训练学生综合分析推理及准确提取有用信息表达的能力等。

4.3.4 基于研磨课程的研究型教师打造

在课题研究过程，教师能够围绕课题精神开展公开课的研磨，在实践中不断探索领悟课题精神，更加难能可贵的是，能够总结经验，潜心撰写论文，学会通过反思提炼实践经验，做研究型教师，课题组成员感悟良多。

张卫红老师：

"子曰：'知之者不如好之者，好之者不如乐之者。'"要想让学生学好物理，就要先让学生喜欢上物理，进行快乐学习。如何能让物理课堂充满快乐？

实验教学。纸上得来终觉浅，绝知此事要躬行。实验可以满足学生一探究竟的好奇心以及成功后的成就感。要多开发实验，尤其是和生活联系紧密的实验。本人设计的"电磁感应事电子琴"在珠海市创新实验比赛中荣获一等奖、以实验为基础的微课"测量牛奶的密度"在广东省微课评选中获全省一等奖。

熟读物理学史。物理上很多科学家的成长故事或经历既可以培养学生的兴趣，也可以对学生的情操起到熏陶作用。如果在课堂中用作知识点的导入，也可以起到调节课堂气氛的作用。文章《运用精彩课堂导入引领高效物理课堂》发表在《珠海教育》。

教师通过教育实验对学生进行研究，以更好进行教学。例如，李志光在《科技小制作实践活动对初中生学习兴趣培养的分析研究》论文中，通过对九年级（1）班、（2）班学生，重点对学生学习兴趣和学习成绩两个方面进行前测，并对实验组和控制组的成绩用SPSS17.0软件统计分析，得到实验前实验组与控制组成绩统计及其差异显著性检验，数据见表4-5。

表4-5　学生学习兴趣实验组与控制组数据

（单位：人）

维度		组别	人数	均值	标准差	t值	p值
学习兴趣	直觉兴趣	实验组	42	2.89	0.282	-0.130	0.996
		控制组	42	2.89	0.283		
	动手兴趣	实验组	42	2.92	0.349	0.559	0.578
		控制组	42	2.88	0.328		
	因果兴趣	实验组	42	2.840	0.432	-0.830	0.409
		控制组	42	2.871	0.234		

由表中数据可以看出，通过两个独立样本t检验，在前测中，实验组与控制组在学习兴趣的直觉兴趣、动手兴趣、因果兴趣的t值分别是：-0.130、0.559、-0.830，据此而得到相应的概率值p分别为：0.996、0.578、0.409，按照$\alpha=0.05$水准，由于$p>0.05$，故实验组与控制组在物理学习兴趣的直觉兴趣、动手兴趣、因果兴趣等方面都有显著性差异。

4.3.5　基于整合课题经验的凝练推广策略

教师在课上课下都积极探索"快乐与能力导向下的教学"，可喜的是在课题研究的实践过程中，品尝了"减负增效"的成果，在实践中转变了固有的"应试教育更加实用"观念；提高了通过提升学生兴趣和物理学习能力提高教学质量的认识，增强了课题带动科研、科研带动教学的意识，在教学中重视课题研究成果的推行。

在课题研究过程中，年轻教师能够围绕课题精神开展研讨课的研磨，在实践中不断探索领悟课题精神，更加难能可贵的是，能够总结经验，潜心撰写论文，学会通过反思提炼实践经验，做研究型教师。两轮的课题研究，收获了不少的成果，提炼"设置提升思考力问题培

养阅读力——实验操作分析培养思考力——课堂5分钟小测提升表达力"的课堂教学模式；生成课堂活动体系中实操性较强的策略、科组（教师）提升教学能力的可操作性策略；汇集、编制几项校本资料，包括基于"快乐与能力导向"的初中物理创新实验设计集，基于"提升初中生物理思维能力的问题"集，基于"提升学生思维能力的初中物理课堂5分钟小测"集；教师发表论文《基于布鲁姆教育目标分类的初中物理教学策略》《谈初中生分级阅读物理教科书实现"以学为主"的课堂教学》等；多个创新实验设计在市区两级评比中获奖。

与此同时，在课题开展期间，课题成员在课堂教学上研磨的公开课如下所示。

● 周艺"功率"参加香洲区"一师一优课"比赛活动获二等奖。

● 张卫红、赵宇恒校内同课异构，张卫红课题汇报课"电功率"。

● 张卫红参加珠海市物理教研活动"电功率"。

● 周艺参加珠海市物理教研活动"光的反射"。

● 卓晓芸阳江支教课"中考复习：电学计算专题"。

● 卓晓芸省骨干教师培训公开课"功率"。

● 周艺校内课题汇报课"眼睛和眼镜"。

● 李志光"内能"参加香洲区"一师一优课"比赛活动一等奖。

卓晓芸老师：在做课题的过程中，本人努力实践着做一个"会教书""会写文章""会做课题"的教师，同时也一直在深思"怎样才能给予学生快乐和能力？"如果说教师的教书是痛苦的，那怎么能培养出快乐的学生呢？如果说我们安于现在，没有学习精神，不与时俱进研究教育教学，又怎么能培养学生的能力？对我来说，也许不能成为优秀的教师，但我希望自己能不断充实自己，做快乐的学习型教师。

因此，在这一年多的繁忙工作中，积极参加学习，在广东省骨干教师培训活动中，以学校课题为宗旨向广东省教育厅委托课题"中小学骨干教师专业发展研究"申请子课题"物理课设置预习作业提升学生阅读能力的研究"，并完成结题。撰写的论文《谈初中生分级阅读物理教科书实现"以学为主"的课堂教学》发表于《香洲教研》。

李志光老师：课题的研究，对教学中点滴问题的总结和提升，促进教学朝着高效、快乐方向发展。教研结合促进教学和研究共同进步，在各项教研活动中，都能不同方面地促进自身发展，都有着共同的主题：高效、能力和快乐。

活动类型	时间	活动内容	感悟
实验比赛	2015年	珠海市初中物理教师创新实验比赛一等奖(第一名)	1. 提升现场实验能力 2. 提升实验设计能力 3. 实验创新方法 4. 实验在教学中的乐趣
	2016年	珠海市初中物理教师创新实验比赛一等奖(第一名)	
教学比赛	2015年	香洲区"一师一优课"比赛活动一等奖	能提升教师综合能力
	2015年	珠海市"一师一优课一课一名师"比赛活动二等奖	
自制教具比赛	2015年	珠海市自制教具比赛二等奖	教具在教学中应用的时效性和乐趣性提升
	2015年	广东省第八届教具比赛三等奖	
微课比赛	2015年	珠海市微课比赛二等奖	进一步完善微课技术，使微课由技术性和讲解性向趣味性发展
命题比赛	2015年	珠海市命题比赛二等奖	提升对命题的理解，促进平时对习题的选择和讲解
论文比赛	2016年	校青年教师课题论文比赛一等奖	促进及时总结和写作

赵宇恒老师：对我而言，一个人的力量是有限的，所取得的成绩全靠老师们的支持。近两年，在学校、老师们的帮助下，获得广东省创新实验视频"影响滑动摩擦力大小的因素"一等奖，珠海市初中物理牛顿奖现场教学比赛"密度"一等奖，珠海市创新实验比赛一等奖，珠海市微课比赛一等奖，珠海市命题比赛二等奖。

对学生而言，仅仅锻炼应试的技巧，是得不到全面发展的。所以我在这两年里，也带着学生进行科技实践论文写作、科技创新发明等。所带学生获珠海市青少年科技创新大赛"揭秘——生活中的电磁辐射"三等奖。接下来还会跟物理、信息技术的老师，继续研究创客这一方向，尝试结合物理与信息技术，让科技给教学带来高效与便利，让学生体会科技创新之魅力。

比赛活动名称	作品名称	奖项等级
香洲区物理中考复习"同课异构"活动	动态电路计算	
2014年广东省计算机教育软件评审活动	影响滑动摩擦力大小的因素	省一等奖
2014年广东省计算机教育软件评审活动	通过光路分析和生活小实验学会应用凸透镜成像规律解题	省三等奖
珠海市初中物理牛顿奖现场教学比赛	密度	市一等奖
第三十届珠海市青少年科技创新大赛	揭秘——生活中的电磁辐射	论文三等奖
初中物理创新实验比赛	影响滑动摩擦力大小的因素	市一等奖
2015年市初中物理微课比赛		市一等奖
2015年市初中物理命题比赛		优秀指导老师
2015年市初中物理命题比赛		市二等奖

参考文献

［1］苏明义. 新版课程标准解析与教学指导·初中物理［M］. 北京：北京师范大学出版集团，2012.

［2］蔡志凌. 物理教学中的逻辑［M］. 北京：科学出版社，2013.

［3］赵希斌. 魅力课堂高效与有趣的教学［M］. 上海：华东师范大学出版社. 2013.

［4］余文森. 有效教学的理论和模式［M］. 福州：福建教育出版社. 2011，4.

［5］皮连生. 学与教的心理学［M］. 上海：华东师范大学出版社. 2001，9.

［6］李来政，何雄智. 现代基础物理教育学［M］. 武汉：华中师范大学出版社. 2004.

［7］梁旭. 中学物理教学艺术研究［M］. 杭州：浙江大学出版社. 2005，4.

［8］周兆富，物理试题编制原理与技术［M］. 广州：广东教育出版社. 2015，9.

5

主题示范·合作学习

教具开发·技术赋能

5.1 初中化学"大"课程的一体化目标管理体系

化学科组在课题研究成果的基础上，按照《义务教育化学课程标准（2022年版）》（以下简称新课标）的要求，精心选择促进学生核心素养发展的化学课程内容，构建大概念统领的化学课程内容体系，以下简称大课程。探究了不同课题所针对的不同目标，同时在教学中进行了实践，总结了将"能力与快乐"融合于教学的策略，并在教学活动中进行检验。建立了科学的目标体系，凝练了初中三年以"快乐与能力"为导向的大课程一体化建设的总目标、阶段目标和单元目标。

5.1.1 初中化学"快乐与能力导向"大课程一体化建设总目标

为进一步落实新课标提出的"重视开展核心素养导向的化学教学"，化学教研组确定了"以快乐与能力为导向"的大概念课程目标，化学教研组研讨后根据目标体系，设计课堂活动，落实教学，从多个角度揣摩"快乐与能力"含义，明确了"快乐与能力导向"的化学学习大方向，制定出化学学习的目标体系。仔细研究教材、新课程标准，撰写研究方案，结合初中化学核心素养，细化各阶段的目标，体现不同阶段的能力进阶特征。初中化学"快乐与能力导向"的大课程一体化建设的总目标表述详见表5-1。

表5-1 初中化学"快乐与能力导向"的大课程一体化建设的总目标

序号	总目标表述
1	界定化学学科的能力概念，制定并细化化学学科能力目标，落实化学学科能力教学目标、评价教学目标
2	激发学生学习化学兴趣，培养学生化学学科能力，即化学阅读能力、思维能力、实验能力、定量化能力和科学探究能力、培养学生热爱化学的情感
3	制定出有效评价学生化学学科能力的评测机制
4	通过本研究对于学生化学学科能力提高形成有效的教学策略，提高教师的教学效率

5.1.2 初中化学"快乐与能力导向"大课程一体化建设阶段目标

为进一步细化"以快乐与能力为导向"的化学课程目标，化学教研组结合学科特点，集中研讨后敲定化学大课程一体化阶段目标要素，其涵盖阅读、思考、表达、情感四个维度。这四个维度分别对应的是化学观念、科学思维、科学探究与实践、科学态度与责任这四个核心素养。初中化学"快乐与能力导向"大课程一体化建设阶段目标详见表5-2。

表5-2 初中化学"快乐与能力导向"大课程一体化建设阶段目标

目标要素		分目标表述
阅读	化学阅读能力	能阅读化学课本及化学文字；能阅读课本及生活中的化学现象；能阅读化学资料、图表和试题；能阅读课外化学实践；具备化学阅读意识
思考	化学思维能力	能利用逻辑思维分析、抽象、概括、比较、分类、判断和推理来加工化学问题；能利用非逻辑思维即联想、想象和顿悟（合理的猜想）等能力思考化学问题

（续表）

目标要素		分目标表述
表达	实验能力	能明确实验目的；能设计、进行操作，分析和排除异常情况；能观察、记录和分析实验现象、数据；能得出实验结论
	定量化能力	能依据化学基础知识，运用数学方法解决物质组成、结构和变化中的"量"的问题的能力
	科学探究	能提出问题；能做出猜想和假设；能设计实验方案；能进行实验并且收集证据；能进行解释并得出结论；能进行反思、评价、表达与交流
情感	快乐学习化学	以强大的热爱和愉悦的心情参与化学学习，增强对化学学习的兴趣和爱好，热爱化学这门学科，在学习过程中感到快乐

5.1.3 初中化学"快乐与能力导向"大课程一体化建设单元目标

化学教研组在学生化学能力导向的目标体系制定中构建了化学阅读能力、思维能力、实验能力、定量化能力、科学探究能力五大能力目标。

表5-3 初中化学"快乐与能力导向"大课程一体化建设单元目标

单元	讲学内容	能力与快乐目标	能力与快乐活动	备注
绪言化学使世界变得更加绚丽多彩	化学使世界变得更加绚丽多彩	能观察实验现象；喜欢实验（科学探究与实践、科学态度与责任）	课前导入：用一个简单的变色实验来引入新课。实验内容：在一支试管中滴入无色酚酞，再滴入少量的氢氧化钠溶液，然后滴入适量的稀硫酸。学生观察现象	九年级（上）

单元	讲学内容	能力与快乐目标	能力与快乐活动	备注
		能阅读化学课本及化学文字；能阅读课本及生活中的化学现象；具备化学阅读意识（化学观念）	通过教师的简单讲解，给出化学的研究范畴，具体的化学发展史、化学研究的范围、化学的定义以及理解都由学生通过看书与教师展示的课件进行自我的理解，教师引导学生进行阅读课本和课件	九年级（上）
第一单元走进化学世界	课题1物质的变化和性质	1．能阅读课本及生活中的化学现象。2．能观察和分析实验现象；喜欢实验（化学观念、科学探究与实践、科学态度与责任）	教师进行演示以及学生进行实验（课本中的四个实验），记录实验现象	九年级（上）
		能利用逻辑思维分析、抽象、概括、比较、分类等加工化学问题（科学思维）	根据实验的分析，教师引导学生分类总结出化学变化、化学性质、物理变化和物理性质的定义	
	课题2化学是一门以实验为基础的科学	1．能明确实验目的；能设计、进行操作、分析和排除异常情况；能观察和分析实验现象、数据；能得出实验结论；能记录实验现象。2．能提出问题；能做出猜想和假设；能设计实验方案；能进行实验并且收集证据；能进行解释并得出结论；能进行反思、评价、表达与交流。喜欢实验（科学探究与实践、科学态度与责任）	教师引导学生进行比较完整的科学探究，内容为：对蜡烛及其燃烧的探究、对人体吸入空气和呼出的气体的探究	九年级（上）
	课题3走进化学实验室	1．能阅读化学课本及化学文字；能阅读课本及生活中的化学现象；能阅读资料；具备化学阅读意识。2．能明确实验目的；能设计、进行操作、分析和排除异常情况；能观察和分析实验现象、数据；能得出实验结论；能记录实验现象。利用实验，提高学生课堂的参与度（化学观念、科学探究与实践）	教师借助化学课本本课题的内容演示、指导，学生根据自己对实验室以及化学实验注意事项的了解，观察教师演示实验，最终掌握固体药品、液体药品的取用，学会加热、连接以及清洗仪器等操作	

（续表）

单元	讲学内容	能力与快乐目标	能力与快乐活动	备注
第二单元我们周围的空气	课题1空气	1．能提出问题；能做出猜想和假设；能设计实验方案；能进行实验并且收集证据；能进行解释并得出结论；能进行反思、评价、表达与交流。2．能明确实验目的；能设计、进行操作、分析和排除异常情况；能观察和分析实验现象、数据；能得出实验结论；能记录实验现象。3．能利用逻辑思维分析、抽象、概括、判断和推理等加工化学问题。4．能依据化学基础知识，运用数学方法解决物质组成、结构和变化中的"量"的问题的能力。5．能阅读化学课本及化学文字；能关注课本及生活中的化学现象；能参与课外化学实践；具备化学阅读意识；提高学生参与学习化学的热情（化学观念、科学思维、科学探究与实践、科学态度与责任）	1．利用电脑播放一段身边美丽的自然环境，蓝天、白云、绿树、阳光等，从而引出我们离不开空气和氧气的观点。那么谁能通过实验证明氧气的存在呢？接着学生可以通过阅读课本第26页，受到启发，思考如何用实验证明空气中氧气的存在。2．学生通过合作探究"空气中氧气的体积含量"，学生通过科学探究的几个环节，进行活动。3．有些小组的同学通过探究，得到的实验结果是空气中氧气的体积分数没有达到五分之一，同学们进行思考，总结出几个可能性较大的原因。4．学生利用课本、网络资源等进行资料收集、小组讨论、得出结论、小组展示，学习第28—32页的课本内容（空气是一种宝贵的资源）。以这种活动进行，学生会提高学习化学的热情	九年级（上）
	课题2氧气	1．能明确实验目的；能观察和分析实验现象、数据；能得出实验结论；能记录实验现象。2．利用实验，提高学生课堂的参与度（科学探究与实践、科学态度与责任）	教师引导，学生进行四个实验（带火星木条复燃，硫、木炭、铁丝的燃烧）	

单元	讲学内容	能力与快乐目标	能力与快乐活动	备注
		3．能利用逻辑思维分析、抽象、概括、比较、分类等加工化学问题。 4．能利用非逻辑思维即联想、想象和顿悟（合理的猜想）等能力思考化学问题	以小组讨论的形式，通过对这几个实验以及生活中各种化学现象的分析，总结出化合反应概念	九年级（上）
	课题3 制取氧气	1．能提出问题；能做出猜想和假设；能设计实验方案；能进行实验并且收集证据；能进行解释并得出结论；能进行反思、评价、表达与交流。 2．能明确实验目的；能设计、进行操作、分析和排除异常情况；能观察和分析实验现象、数据；能得出实验结论；能记录实验现象。 3．喜欢实验 （科学思维、科学探究与实践、科学态度与责任） 4．能利用逻辑思维分析、抽象、概括、比较、分类、判断和推理等加工化学问题	1．教师引导学生进行科学探究：用过氧化氢制取氧气，探究二氧化锰的催化作用。 2．教师演示实验：用氯酸钾制取氧气，学生实验：用高锰酸钾制取氧气。 3．根据科学探究，分析得出催化剂的概念。 4．根据三个制取氧气的实验，分析得出分解反应的概念	九年级（上）
第三单元物质构成的奥秘	课题1 分子和原子	1．能利用逻辑思维分析、抽象、概括、判断和推理等加工化学问题。 2．能利用非逻辑思维即联想、想象和顿悟（合理的猜想）等能力思考化学问题。 3．能观察和分析实验现象、数据；能得出实验结论；能记录实验现象。 4．逻辑思维促进学生课堂参与度以及对化学理科思维的热爱（科学思维、科学探究与实践、科学态度与责任）	通过两个演示实验：品红扩散，氨水使酚酞变红，让学生感受分子的存在。同时通过生活中，糖溶于水消失了、樟脑丸消失了等现象，让学生清楚分子和原子的存在。再通过分子和原子模型的展示，让学生真正理解分子和原子（这部分知识非常抽象，因此是对于学生的思维能力很好的锻炼）	九年级（上）

（续表）

单元	讲学内容	能力与快乐目标	能力与快乐活动	备注
	课题2原子的构成	1．能阅读化学课本及化学文字；能关注课本及生活中的化学现象；能阅读资料、图表和试题；能参与课外化学实践；具备化学阅读意识。 2．能利用逻辑思维分析、抽象、概括、比较、分类、判断和推理等加工化学问题。 3．能利用非逻辑思维即联想、想象和顿悟（合理的猜想）等能力思考化学问题。 4．逻辑思维促进学生课堂参与度以及对化学理科思维的热爱。 5．能依据化学基础知识，运用数学方法解决物质组成、结构中的"量"的问题的能力（化学观念、科学思维）	1．小组合作讨论原子的内部结构，资料为课本、教师课件、原子内部运动的动画视频。 2．通过提问式讲解，分析核外电子对排布：原子核外的电子是怎样排布的？原子核外第一层最多有几个电子？原子核外第二层最多有几个电子？原子核外第三层最多有几个电子？不同的原子核外电子排布有无一定规律？ 3．利用图像、表格展示离子的形成过程、原子和离子的区别。 4．利用图表总结出相对原子质量的等量关系	九年级（上）
	课题3元素	1．能利用逻辑思维概括、比较、分类等加工化学问题。 2．逻辑思维促进学生课堂参与度以及对化学理科思维的热爱	1．利用几种碳原子、氧原子的质子数和中子数等的不同，来比较、概括得出元素的概念，继而将元素和原子进行对比学习。 2．对元素进行分类学习	九年级（上）
第四单元自然界的水	课题1爱护水资源	能阅读化学课本及化学文字；能关注课本及生活中的化学现象；能阅读资料、图表和试题；能参与课外化学实践；具备化学阅读意识（化学观念、科学思维）	学生利用课本、杂志、网络资料，制作本课题相关的PPT课件，在课堂上展示。同学们进行交流后，再进行展示	

单元	讲学内容	能力与快乐目标	能力与快乐活动	备注
	课题2 水的净化	1．能阅读化学课本及化学文字；能关注课本及生活中的化学现象；能参与课外化学实践；具备化学阅读意识。 2．能明确实验目的；能设计、进行操作、分析和排除异常情况；能观察和分析实验现象、数据；能得出实验结论；能记录实验现象。 3．喜欢实验 （化学观念、科学探究与实践、科学态度与责任）	1．利用自来水厂的净水视频引入新课，然后介绍自来水厂净水的几个主要步骤和使用的设备，结合这个净水过程讲解沉淀、过滤、吸附、蒸馏等净水方法。 2．通过过滤、蒸馏的实验活动，掌握这些实验操作以及注意事项	九年级（上）
	课题3 水的组成	1．能利用逻辑思维分析、抽象、概括、比较、分类等加工化学问题。 2．能利用非逻辑思维即联想、想象和顿悟（合理的猜想）等能力思考化学问题。 3．能提出问题；能做出猜想和假设；能设计实验方案；能进行实验并且收集证据；能进行解释并得出结论；能进行反思、评价、表达与交流。 4．能依据化学基础知识，运用数学方法解决物质组成、结构中的"量"的问题的能力 （科学思维）	1．水的组成如何呢？通过水的组成的科学探究，学生对于探究过程有一个比较完整的体验，教师引导学生进行科学探究的每一个步骤，进而通过探究得出实验结果。在分析实验现象和数据后，能依据所学习的化学知识，得出对应的结论。 2．在分析数据和实验现象的同时，通过比较分析，概括出微观角度的单质、化合物、氧化物的概念，通过利用数学图像关系（包含、并列、相交），让学生对于这些概念理解得更透彻	九年级（上）

无边界学习之『大』课程

（续表）

单元	讲学内容	能力与快乐目标	能力与快乐活动	备注
无边界学习之『大』课程	课题4 化学式与化合价	1．能利用逻辑思维抽象、概括、比较、分类、判断和推理等加工化学问题。 2．能利用非逻辑思维即联想、想象和顿悟（合理的猜想）等能力思考化学问题。 3．能依据化学基础知识，运用数学方法解决物质组成、结构和变化中的"量"的问题的能力。 4．逻辑量化促进学生课堂参与度以及对化学理科思维的热爱 （科学思维、科学态度与责任）	1．以氯化钠和氯化镁为例，设问两种化合物形成的过程中，钠原子和镁原子结合的氯原子个数为什么不同，这种不同就是由化合价决定的。教师讲解如何根据化学式计算化合价，如何根据化合价推出化学式。 2．通过学生的合作讨论进行计算相对分子质量、组成元素的质量、一种物质中某元素的质量分数	九年级（上）
第五单元 化学方程式	课题1 质量守恒定律	1．能提出问题；能做出猜想和假设；能设计实验方案；能进行实验并且收集证据；能进行解释并得出结论；能进行反思、评价、表达与交流。 2．能明确实验目的；能设计、进行操作、分析和排除异常情况；能观察和分析实验现象、数据；能得出实验结论；能记录实验现象。 3．能利用逻辑思维分析、抽象、概括、判断和推理等加工化学问题。 4．能利用非逻辑思维即联想、想象和顿悟（合理的猜想）等能力思考化学问题。 5．逻辑量化促进学生课堂参与度以及对化学理科思维的热爱 （科学思维、科学探究与实践、科学态度与责任）	1．教师引导学生进行完整的科学探究：质量守恒定律（红磷燃烧实验、硫酸铜与铁钉反应实验）。通过这两个科学探究，再推及各个化学反应，概括出质量守恒定律的定义。 2．再通过实验盐酸与碳酸钠粉末的反应、镁条燃烧来进一步理解质量守恒定律。 3．教师从微观角度进行质量守恒定律的解释，让学生明白质量守恒定律的本质	九年级（上）

（续表）

单元	讲学内容	能力与快乐目标	能力与快乐活动	备注
	课题2 如何正确书写化学方程式	1．能阅读化学课本及化学文字；能阅读资料、图表和试题；具备化学阅读意识。 2．能利用逻辑思维分析、抽象、判断和推理等加工化学问题；能依据化学基础知识，运用数学方法解决物质组成、结构和变化中的"量"的问题的能力。 3．逻辑量化促进学生课堂参与度以及对化学理科思维的热爱 （化学观念、科学思维、科学态度与责任）	教师引导学生学习化学方程式的意义后，引导学生进行化学方程式的配平。进行问题式讨论： 哪些物质参加了反应？ 需要在什么条件下进行反应？ 反应中生成了哪些物质？ 反应中各粒子间的相对数量如何？ 反应前后各物质质量间有什么关系？	九年级（上）
	课题3 利用化学方程式的简单计算	能利用逻辑思维分析、抽象、概括、判断和推理等加工化学问题；能依据化学基础知识，运用数学方法解决物质变化中的"量"的问题的能力（科学思维）	提出用化学方程式解决的简单的化学问题，然后让学生进行讨论解决，引导学生指出错误并纠正，教师再给出利用化学方程式计算的基本步骤，再通过几道典型的题目进行训练	
第六单元 碳和碳的氧化物	课题1 金刚石、石墨和C60	1．能阅读化学课本及化学文字；能关注课本及生活中的化学现象；能阅读资料、图表和试题；能参与课外化学实践；具备化学阅读意识。 2．能利用逻辑思维分析、抽象、概括、比较、分类、判断和推理等加工化学问题。 3．能明确实验目的；能设计、进行操作、分析和排除异常情况；能观察和分析实验现象、数据；能得出实验结论，能记录实验现象。 4．喜欢实验，热爱化学课堂（化学观念、科学思维、科学探究与实践、科学态度与责任）	1．引导学生利用课本、杂志、网络资料，小组合作学习碳单质的性质和用途，并且制作PPT，在课堂上展示和交流。 2．通过碳单质的性质和用途的学习，进行比较分析，推出物质、结构、用途之间的关系。 3．在碳单质的学习过程中，设置了三个实验：石墨的性质实验、活性炭的吸附性实验、木炭还原氧化铜	九年级（上）

无边界学习之『大』课程

单元	讲学内容	能力与快乐目标	能力与快乐活动	备注
	课题2 二氧化碳制取的研究	1．能提出问题；能做出猜想和假设；能设计实验方案；能进行实验并且收集证据；能进行解释并得出结论；能进行反思、评价、表达与交流。 2．能利用逻辑思维分析、抽象、概括、比较、分类、判断和推理等加工化学问题。 3．能利用非逻辑思维即联想、想象和顿悟（合理的猜想）等能力思考化学问题。 4．分类和抽象促进学生课堂参与度以及对化学理科思维的热爱 （科学思维、科学态度与责任）	从药品选择及反应原理、发生装置和收集装置等方面引导学生探究二氧化碳的制取，最后总结出气体制取研究的一般思路	九年级（上）
	课题3 二氧化碳和一氧化碳	1．能提出问题；能做出猜想和假设；能设计实验方案；能进行实验并且收集证据；能进行解释并得出结论；能进行反思、评价、表达与交流。 2．能明确实验目的；能设计、进行操作、分析和排除异常情况；能观察和分析实验现象、数据；能得出实验结论；能记录实验现象。 3．能阅读化学课本及化学文字；能关注课本及生活中的化学现象；能阅读资料、图表具备化学阅读意识。 4．喜欢实验，热爱化学课堂 （化学观念、科学思维、科学探究与实践、科学态度与责任）	1．通过探究几个实验：二氧化碳熄灭蜡烛、二氧化碳溶于水与水反应（重点实验）、二氧化碳与石灰水反应，来学习二氧化碳的物理性质和化学性质。 实验：一氧化碳还原氧化铜，学习一氧化碳的还原性。 2．利用课本的资料，学生进行自主学习二氧化碳对环境的影响，以温室效应加剧为主	九年级（上）

单元	讲学内容	能力与快乐目标	能力与快乐活动	备注
第七单元燃料及其利用	课题1燃烧和灭火	1．能明确实验目的；能设计、进行操作、分析和排除异常情况；能观察和分析实验现象、数据；能得出实验结论；能记录实验现象。2．能提出问题；能做出猜想和假设；能设计实验方案；能进行实验并且收集证据；能进行解释并得出结论；能进行反思、评价、表达与交流（科学探究与实践）	教师引导学生进行燃烧条件的探究（重点）、灭火的原理，并且进行实验。进行三个燃烧条件探究，以及各种灭火的方法，教师准备实验仪器，同学们也可以自备一些可行的实验用品	九年级（上）
	课题2燃料的合理利用与开发	1．能明确实验目的；能设计、进行操作、分析和排除异常情况；能观察和分析实验现象、数据；能得出实验结论；能记录实验现象。2．喜欢实验，热爱化学课堂（科学探究与实践、科学态度与责任）	进行生石灰与水的反应、实验室制取氢气的实验等	九年级（上）
		能阅读化学课本及化学文字；能关注课本及生活中的化学现象；能阅读资料、图表和试题；能参与课外化学实践；具备化学阅读意识（化学观念）	教师引导学生合作学习化学反应中能量的变化、化石燃料知识、燃料燃烧对环境的影响，开发和使用新能源，同时谈一谈通过这些内容的学习，对于我们的燃料和能源的新认识	
第八单元金属和金属材料	课题1金属材料	1．能明确实验目的；能设计、进行操作、分析和排除异常情况；能观察和分析实验现象、数据；能得出实验结论；能记录实验现象。	1．进行几个实验：展示几种常见的金属、比较金属与合金的硬度。2．通过课本的内容（文字、图像、表格等），结合生活的经验，思考以下问题：	九年级（下）

无边界学习之『大』课程

（续表）

单元	讲学内容	能力与快乐目标	能力与快乐活动	备注
		2．能阅读化学课本及化学文字；能关注课本及生活中的化学现象；能阅读资料、图表和试题；能参与课外化学实践；具备化学阅读意识。 3．喜欢实验，热爱化学课堂（化学观念、科学探究与实践、科学态度与责任）	金属都有哪些相似的物理性质？ 为什么菜刀、镰刀、锤子等用铁制而不用铅制？ 为什么灯泡里的灯丝用钨制而不用锡制？ 银的导电性最好，为什么选择铜做导线而不是银？ 为什么铁制品如水龙头等要镀铬？ 什么是合金？ 合金与组成它的纯金属有哪些性质差异？ 钛和钛合金有哪些优点？	九年级（下）
第九单元溶液	课题2金属的化学性质	1．能明确实验目的；能设计、进行操作、分析和排除异常情况；能观察和分析实验现象、数据；能得出实验结论；能记录实验现象。 2．能利用逻辑思维分析、抽象、概括、比较、分类、判断和推理等加工化学问题；能利用非逻辑思维即联想、想象和顿悟（合理的猜想）等能力思考化学问题。 3．喜欢实验，热爱化学课堂。 4．分类和概括促进学生课堂参与度以及对化学理科思维的热爱（科学思维、科学探究与实践、科学态度与责任）	1．复习几种常见金属与氧气反应的情况，进行比较分析出不同的金属与氧气反应的剧烈程度不同，推导出金属的活动性不同。 2．进行实验：几种常见金属与酸的反应，比较实验现象，不同金属与酸反应的剧烈程度不同。 3进行实验：金属与金属的化合物溶液反应，比较实验现象，发现有些反应可以进行、有些反应不能进行。 4．再通过这些进行分析，从而推出金属活动性顺序的方法。 5．金属与酸的反应，做几个典型的图形题，并且让学生进行不同种类图形的练习（此图形题为金属、酸、氢气、时间等关系图）	九年级（下）

单元	讲学内容	能力与快乐目标	能力与快乐活动	备注
课题3 金属资源的利用和保护		1．能明确实验目的；能设计、进行操作、分析和排除异常情况；能观察和分析实验现象、数据；能得出实验结论；能记录实验现象。 2．能提出问题；能做出猜想和假设；能设计实验方案；能进行实验并且收集证据；能进行解释并得出结论；能进行反思、评价、表达与交流。 3．能依据化学基础知识，运用数学方法解决物质组成、结构和变化中的"量"的问题的能力。 4．能阅读化学课本及化学文字；能关注课本及生活中的化学现象；能阅读资料、图表和试题；能参与课外化学实践；具备化学阅读意识。 5．喜欢实验，热爱化学课堂，参与环保 （科学思维、科学探究与实践、科学态度与责任）	1．进行实验：一氧化碳还原氧化铁，通过此实验结合生产中的炼铁工艺，掌握炼铁的基本步骤和方法。 进行实验：铁生锈条件的探究。 2．通过例题的讲解，分析如何解决有关杂质的计算，并且让学生进行练习加强。 3．教师引导学生自主学习铁制品的防护、合理利用金属资源（以小组讨论的形式开展）	九年级（下）
课题1 溶液的形成		1．能明确实验目的；能设计、进行操作、分析和排除异常情况；能观察和分析实验现象、数据；能得出实验结论；能记录实验现象。 2．能利用逻辑思维比较、判断和推理等加工化学问题；喜欢实验，热爱化学课堂 （科学探究与实践、科学态度与责任）	1．进行实验：蔗糖的溶解、观察硫酸铜溶液、碘与高锰酸钾在水与汽油中分别溶解的情况；氯化钠、硝酸铵、氢氧化钠分别在水中溶液；检测并记录溶液温度变化。 2．引导学生从微观上分析溶液以及溶液的形成，理解溶质与溶剂的关系	

无边界学习之『大』课程

（续表）

单元	讲学内容	能力与快乐目标	能力与快乐活动	备注
第十单元 酸和碱	课题2 溶解度	1．能明确实验目的；能设计、进行操作、分析和排除异常情况；能观察和分析实验现象、数据；能得出实验结论；能记录实验现象。 2．能利用逻辑思维分析、抽象、概括等加工化学问题；能利用非逻辑思维即联想、想象和顿悟（合理的猜想）等能力思考化学问题。 3．能阅读资料、图表和试题。 4．能依据化学基础知识，运用数学方法解决物质组成、结构和变化中的"量"的问题的能力。 5．分类和概括促进学生课堂参与度以及对化学理科思维的热爱 （化学观念、科学思维、科学探究与实践、科学态度与责任）	1．进行一系列实验：氯化钠在水中的溶解，硝酸钾在水中的溶解，其中这些实验不断地进行加水、加溶质、加热等操作。 2．从实验中引导学生分析概括出饱和溶液、不饱和溶液的概念，以及学会饱和溶液判断的方法，饱和溶液与不饱和溶液转换的方法。 3．通过比较溶解度表与溶解度曲线，知道溶解度曲线的直观性、利于计算。通过几个图形题，引导学生学会溶解度曲线的制作方法，并且从而学会利用溶解度曲线来解决一些实际问题	九年级（下）
	课题3 溶液的浓度	1．能利用逻辑思维分析、判断和推理等加工化学问题。 2．能依据化学基础知识，运用数学方法解决物质组成、结构和变化中的"量"的问题的能力。 3．能明确实验目的；能设计、进行操作、分析和排除异常情况；能观察和分析实验现象、数据；能得出实验结论；能记录实验现象。 4．喜欢实验，热爱化学课堂。 5．分类和概括促进学生课堂参与度以及对化学理科思维的热爱 （科学思维、科学探究与实践、科学态度与责任）	1．利用三道难度不同的练习题，引导学生明白溶液的浓度，以及用溶质的质量分数来进行表示，同时学会这种计算方法。通过结合实际生活的练习题，让学生学会利用溶质的质量分数的计算方法解决实际问题。 2．进行实验：一定溶质质量分数的氯化钠溶液的配制	九年级（下）

单元	讲学内容	能力与快乐目标	能力与快乐活动	备注
	课题1 常见的酸和碱	1．能阅读化学课本及化学文字。 2．能阅读课本中的化学现象与实例；具备化学阅读意识。 3．能提出问题；能做出猜想和假设；能设计实验方案；能进行实验并且收集证据；能进行解释并得出结论；能进行反思、评价、表达与交流。 4．能明确实验目的；能设计、进行操作、分析和排除异常情况；能观察和分析实验现象、数据；能得出实验结论；能记录实验现象。 5．能利用逻辑思维分析、概括、比较、分类等加工化学问题；喜欢实验，提高化学课堂参与度 （化学观念、科学探究与实践）	1．以罗伯特·波义耳的紫罗兰花作为酸碱指示剂的故事引入课题，引导学生设计出自制酸碱指示剂的方案，进而开展实验，观察和记录实验现象，并得出结论。 2．通过实验掌握盐酸和硫酸的物理性质，包括颜色、状态、气味、挥发性；实验展示浓硫酸的腐蚀性；实验展示浓硫酸的稀释操作。 3．通过复习总结概括酸的化学性质。 4．与酸的性质进行对比学习碱的物理性质和化学性质，同时进行实验掌握氢氧化钠和氢氧化钙的物理性质；实验展示氢氧化钠的腐蚀性；实验了解二氧化碳与碱的反应	九年级（下）
第十一单元 盐化肥	课题2 酸和碱的中和反应	1．能提出问题；能做出猜想和假设；能设计实验方案；能进行实验并且收集证据；能进行解释并得出结论；能进行反思、评价、表达与交流。 2．能明确实验目的；能设计、进行操作、分析和排除异常情况；能观察和分析实验现象、数据；能得出实验结论；能记录实验现象。	1．教师引导学生探究酸和碱之间发生的中和反应，设计出合理的实验方案，进行实验，观察和记录实验现象，得出结论。	

（续表）

单元	讲学内容	能力与快乐目标	能力与快乐活动	备注
		3．能利用逻辑思维抽象、比较、判断等加工化学问题。 4．能利用非逻辑思维即联想、想象和顿悟（合理的猜想）等能力思考化学问题。 5．能阅读化学课本及化学文字；能关注课本及生活中的化学现象；能参与课外化学实践；具备化学阅读意识。 6．喜欢实验，热爱化学课堂。 7．分类和概括促进学生课堂参与度以及对化学理科思维的热爱 （化学观念、科学思维、科学探究与实践、科学态度与责任）	2．教师依据酸和碱发生的中和反应，引导学生探究中和反应的实质，是酸中的氢离子和碱中的氢氧根离子结合生成水。 3．引导学生依据课本，总结归纳出中和反应的定义以及在生活生产中的应用	九年级（下）
	课题1生活中常见的盐	1．能阅读化学课本及化学文字；能关注课本及生活中的化学现象；能阅读资料、图表和试题；具备化学阅读意识。 2．能明确实验目的；能设计、进行操作、分析和排除异常情况；能观察和分析实验现象、数据；能得出实验结论；能记录实验现象。 3．能依据化学基础知识，运用数学方法解决物质变化中的"量"的问题的能力。 4．喜欢实验，热爱化学课堂。 5．逻辑量化促进学生课堂参与度以及对化学理科思维的热爱 （化学观念、科学思维、科学探究与实践、科学态度与责任）	1．引导学生阅读课本学习氯化钠的用途以及海水晒盐的过程。 2．进行实验：粗盐提纯——溶解、过滤、蒸发、计算产率。溶解和过滤操作学生已经掌握，这里主要是对蒸发操作进行学习	

（续表）

单元	讲学内容	能力与快乐目标	能力与快乐活动	备注
第十二单元 化学与生活	课题2 化学肥料	1．能阅读化学课本及化学文字；能关注课本及生活中的化学现象；能阅读资料、图表和试题；能参与课外化学实践；具备化学阅读意识。2．能明确实验目的；能设计、进行操作、分析和排除异常情况；能观察和分析实验现象、数据；能得出实验结论；能记录实验现象。3．喜欢实验，联系生活，热爱化学课堂（化学观念、科学探究与实践、科学态度与责任）	1．引导学生借助课本自主学习化学肥料的分类、氮磷钾肥的作用和缺乏时的症状以及不合理使用化肥和农药所带来的环境问题。2．实验：化肥的简易鉴别。通过观察颜色、气味、溶解性等初步判断，再加入熟石灰做进一步判断，再利用氯离子和硫酸根离子的鉴别方法，进行最后的区分	
	课题1 人类重要的营养物质	1．能阅读化学课本及化学文字；能关注课本及生活中的化学现象；能阅读资料、图表和试题；能参与课外化学实践；具备化学阅读意识。2．能利用逻辑思维分析、概括、比较、分类等加工化学问题；能利用非逻辑思维即联想、想象和顿悟（合理的猜想）等能力思考化学问题。3．联系生活，让学生爱上化学（化学观念、科学思维、科学态度与责任）	1．从以下几个问题引导学生自主学习本课题的内容：合理饮食，健康生活；蛋白质是构成人体的基本物质；热爱生命，关注健康；糖类、油脂和维生素。2．引申讨论：升旗仪式上，有一个学生晕倒，请分析原因，怎么处理？缺铁性贫血应补充什么？分析你的早餐合理吗？	九年级（下）
	课题2 化学元素与人体健康	1．能阅读化学课本及化学文字；能关注课本及生活中的化学现象；能阅读资料、图表；能参与课外化学实践；具备化学阅读意识。2．能利用逻辑思维分析、概括、比较、分类等加工化学问题；能利用非逻辑思维即联想、想象和顿悟（合理的猜想）等能力思考化学问题（化学观念、科学思维）	以问题式的形式开展本节课：人体的元素组成有哪些？人体中含量最高的非金属元素和金属元素分别是什么？常量元素和微量元素的区别是什么？钙、钠、钾三种元素在人体中的作用是什么？铁、锌、硒、碘、氟等微量元素如果缺乏会怎么样？哪些是有害元素？通过这些问题的解答、讨论，学生已经掌握了本节课的内容	

（续表）

单元	讲学内容	能力与快乐目标	能力与快乐活动	备注
	课题3 有机合成材料	1．能阅读化学课本及化学文字；能关注课本及生活中的化学现象；能阅读资料、图表和试题；能参与课外化学实践；具备化学阅读意识。 2．能利用逻辑思维分析、概括、比较、分类等加工化学问题；能利用非逻辑思维即联想、想象和顿悟（合理的猜想）等能力思考化学问题。 3．能明确实验目的；能设计、进行操作、分析和排除异常情况；能观察和分析实验现象、数据；能得出实验结论；能记录实验现象（化学观念、科学思维、科学探究与实践）	1．引导学生阅读课本，回答以下问题： 什么是有机化合物？ 什么是有机高分子化合物与有机高分子材料？ 什么是热塑性和热固性？ 何为链状结构和网状结构？ 天然有机高分子材料有哪些？合成有机高分子材料有哪些？并对这些材料做一些简单的介绍。 2．结合网络，完成以下问题： 什么是复合材料？ 请举出一些常见的复合材料的实例。 3．实验：热塑性塑料和热固性塑料，棉、毛、合成纤维的鉴别（燃烧法）	九年级（下）

5.2 初中化学"大"课程的一体化活动支持体系

为充分落实"以快乐与能力为导向"的大课程理念，培养学生的化学核心素养，化学科组根据学校总体部署，继续推行教师集体备课制度，提出一体化活动支持体系的建设思路，以更好地落实初中化学"快乐与能力导向"大课程一体化建设目标。

化学科组人员根据专家指导，修订研究方案，根据开题报告做出对应修改。并按照研究目标和实施方案展开研究，及时总结备课和教学的经验，反思研究的过程和方法，适时修订课题研究方案，深化课题研究，并主要通过开展主题活动，落实研究过程。

5.2.1 强化做中学、用中学、创中学的研究性系列主题活动

（1）趣味实验，激发学生兴趣

科学态度与责任主要内容包括发展对物质世界的好奇心、想象力和探究欲，保持对化学学习和科学探究的浓厚兴趣，而"兴趣是最好的老师"，因此，化学科组设计的第一个主题活动是"如何激发学生化学学习兴趣"。通过召开科组会，做课题宣传，动员集体研究。课题组成员围绕课题主题，进行任务分工、制定目标体系，撰写课题研究方案。通过课题的开展，不断地进行课堂教学的相互学习和改进，最终由化学老师魏明红进行了一堂化学示范课，科组和课题组成员在课程的准备过程中全程参与，并到场听课评课。

气体的制取与收集

讲课教师：魏明红　　课题：气体制取的研究

教学过程：本节课结合中考的要求进行备考和备课，同时也将实验教学结合其中，将下图中的①②③④进行实验展示，让学生充分体验这些实验的过程，同时结合实验简图的贴图版放大后贴在黑板上进行讲解。

本节课的能力活动二是重难点部分，尤其是"控制反应的发生和停止"这个特点，不同的装置都拥有，如何将这个装置的原理解释清楚，就靠实验展示同原理解释相结合，让学生真正明白这个原理，进而能够举一反三，然后再借助相关的练习进行巩固。

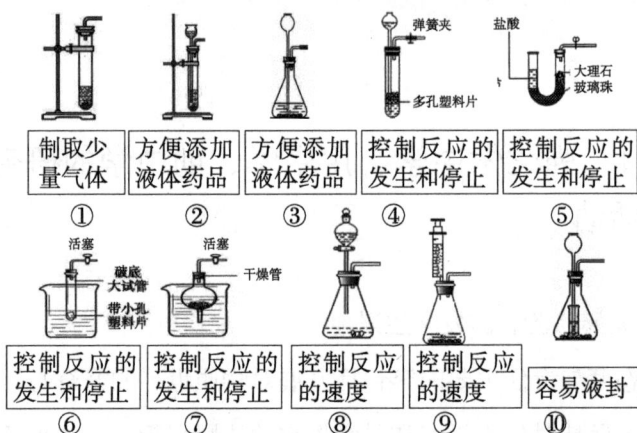

注：此次课中使用的贴图进行改进后，写成论文的形式，并且进行投稿，在全国期刊上发表。

黄传仪老师带领学生进行第二课堂趣味实验，叶脉书签的制作，学生体验和感受化学乐趣。教师事先准备好实验器材和药品，学生准备好桂花叶。指导学生实验步骤，再到实验室进行实验。

叶脉初步完成

刷叶肉过程

叶脉染色

（2）微专题研讨，培养学生情感

化学科组设计的第二个主题活动采用"微专题研讨"的形式，题目是"学生快乐学习情感的培养"。学生快乐学习很重要，如何做呢？通过加强学习目的的教育，在教学中培养学生的学习兴趣。子课题组的三个组员分别进行自己的观点阐述和自己做法的展示，科组的另外两位老师进行点评，教研室周主任进行了总结。

（3）第三主题活动："课题展示课"

魏明红老师上完示范课后，经过研究，黄传仪老师和莫柯开老师也分别上了展示课，课题分别是"燃烧和灭火"的第一课时和第二课时。这两节展示课，都充分体现了"快乐与能力导向"这一中心思想，同时对于化学的阅读能力、实验能力、培养学生热爱化学情感这三个目标实现得很好，即分别培养了学生化学观念、科学探究与实践、科学态度与责任三个素养。

（4）第四主题活动："利用信息技术促进化学教学"，利用微课，促进化学教学

通过对课题研究的深入，也对课题的核心内容有了更深的理解，魏明红老师在珠海市香洲区化学"同课同构"的教研活动中，与九中的邬泳老师进行了一堂同课同构的化学展示课，探索结合微课和实验进行快乐能力课堂的模式。科组和课题组成员在课程的准备过程中全程参与，并到场听课评课，且香洲区老师也进行了听课，课程获得听课老师的一致好评。

气体的制取与收集（复习课）

讲课教师：邬泳、魏明红

本节课结合中考的要求进行备课，与九中老师进行共同备课，并且在枯燥的复习课中探索快乐与能力并存的课堂模式。魏老师负责的部分是装置气密性的检查、收集装置的变形。在装置气密性检查部分采用了学生实验，活跃课堂气氛，让学生更容易理解。在收集装置的变形部分则采用了微课进行教学，利用信息技术让学生很好地理解多功能瓶的原理和使用方法。

5.2.2　初中化学一体化活动支持的环节设计

表5-4　初中化学一体化活动支持的环节设计

序号	时间地点	活动名称	活动目标	活动环节	活动记录（活动报道）	负责人	备注
1	9月中旬学校架空层	阅读化学展板	能阅读化学课本及化学文字；培养化学阅读意识；培养学生学习化学的兴趣（阅读能力；化学观念）	先制作出2—3个化学展板，内容为化学发展史、趣味化学实验等内容，在9—10月展出	通过这三个展板的学习，学生感到化学非常有趣，而且培养学生阅读化学文字的能力，同时让学生比较清晰地认识化学的发展史	魏明红	九年级（上）
2	9月中旬学生各自家中	家庭小实验	能观察和分析实验现象；能撰写实验报告；喜欢化学实验（实验能力；科学探究与实践）	从第一单元和第二单元中的实验中选出1—2个适合学生做的家庭小实验，观察和记录实验现象，并且简单地撰写实验报告（有条件的同学可以将实验过程录制下来，以个人或小组形式进行）。实验内容：水的蒸发，蜡烛燃烧实验的白烟燃烧、炭黑的收集，呼出气体水蒸气的检验	学生利用家中的仪器和工具，进行简单而有趣的化学实验。大多数学生都完成了这几个家庭实验	莫柯开	九年级（上）

序号	时间地点	活动名称	活动目标	活动环节	活动记录（活动报道）	负责人	备注
3	10月中旬 学校实验室和学生各自家中	科技小论文	能提出问题；能做出猜想和假设；能设计实验方案；能进行实验并且收集证据；能进行解释并得出结论；能进行反思、评价、表达与交流（科学探究能力与素养）	通过9月的学习，学生对于化学的科学探究有了一定的认识，学生从学习和生活中的化学问题自选课题，进行假设，设计实验，收集证据，得出结论，进行反思，最终将这个过程形成一篇科技小论文（以小组形式进行）；课题由学生遇到的问题来确定，只要与化学相关即可		魏明红	九年级（上）
4	11月中旬 各自教室和各自家中	化学手抄报或电子报	能利用逻辑思维分析、抽象、概括、比较、分类、判断和推理等加工化学问题（化学思维和科学思维）	根据学习内容，对于前面学习的内容选择一个课题进行书写手抄报或者设计电子报（以小组形式进行）；每个小组至少完成一份手抄报，大小为A4纸大小		黄传仪	九年级（上）
5	12月中旬 各自教室和各自家中	化学手抄报或电子报	能利用逻辑思维分析、抽象、概括、比较、分类、判断和推理等加工化学问题（化学思维和科学思维）	根据学习内容，对于前面学习的内容选择一个单元进行书写手抄报或者设计电子报（以小组形式进行）；每个小组至少完成一份手抄报，大小为A4纸大小		黄传仪	九年级（上）

（续表）

序号	时间地点	活动名称	活动目标	活动环节	活动记录（活动报道）	负责人	备注
6	3月中旬各自家中	家庭小实验	能明确实验目的；能设计、进行操作、分析和排除异常情况；能观察和分析实验现象、数据；能得出实验结论，并且撰写实验报告（实验能力；科学探究与实践）	从已学知识和生活中遇到的问题，自己设计一个家庭小实验，并且观察和记录实验现象，简单地撰写实验报告（有条件的同学可以将实验过程录制下来；以个人或小组形式进行）；实验内容为学生自己设计的实验内容，老师指导，同时提供必要的药品		莫柯开	九年级（下）
7	3月下旬各自的课室中	化学头脑风暴	能利用逻辑思维分析、抽象、概括、比较、分类、判断和推理来加工化学问题；能利用非逻辑思维即联想、想象和顿悟（合理的猜想）等能力思考化学问题（化学思维和科学思维）	教师依据化学思维能力目标的内容设计出3—5个典型问题，让学生进行思考，将其以纸质或口头形式表达出来，教师不做评论，只引导学生进行横向和纵向的思考。头脑风暴讨论的内容：溶液的形成、化学方程式计算与溶液计算的关系、杂质的计算与化学方程式计算的关系		莫柯开	九年级（下）

序号	时间地点	活动名称	活动目标	活动环节	活动记录（活动报道）	负责人	备注
8	4月中旬各自教室中	定量化竞赛	（定量化能力）能依据化学基础知识，运用数学方法解决物质组成、结构和变化中的"量"的问题的能力（科学思维）	依据定量化能力的目标，设计出一套合理的竞赛试题，学生统一进行竞赛。竞赛前教师指导学生进行针对性复习。设计出竞赛的测试卷		魏明红	九年级（下）
9	5月中旬学校实验室或各自家中	趣味实验	能阅读资料、图表和试题；课外化学实践的阅读；具备化学阅读意识；能观察和分析实验现象、数据（阅读能力、实验能力；化学观念）	通过对书籍、报刊或者是网上查阅资料的阅读，自己选择一个喜欢的趣味实验，并且借助实验室的力量，完成该实验，写出完整的实验方案，并将实验过程进行拍照或录像；实验内容由学生设计，教师指导，同时提供必要的药品和仪器		黄传仪	九年级（下）

5.3　初中化学"大"课程的一体化实践研究体系

课题研究立足于化学科组建设和教学实践，以快乐与能力导向

的化学学科两年一体化建设为研究对象，以探求科组的教学方法和教学策略，促进科组内青年教师的专业成长和发展、培养学生学习化学的学习能力为研究目标，采用了案例研究法、行动研究法、调查研究法、总结经验法等。

首先，研究制订详细的能力导向的目标体系，具体到每个阶段的活动内容，主要包括分单元分章节制订详细的能力导向的目标体系；列出不同阶段的课外活动内容，包括活动时间、地点、内容以及负责的老师等内容的覆盖。

其次，研究提高化学学科各种能力的方法和策略，提高化学学科能力的学习方法和学习策略，以及提高化学学科能力的教学方法和教学策略等，逐步提升教学效果。

最后，研究如何多方位、多形式评价学生的能力，制定出具体的评价学生能力的方案和制度，同时研究出具体的多方位、多形式评价学生能力的评测方法，如评测卷、评价表、实验能力评测方案等。

5.3.1　课程思政，激发积极情绪

如何在初中化学教学中激发学生的积极情绪，一直是化学科组研究关注的重点。莫柯开老师撰写的论文中认为：积极情绪（positive emotion）即正性情绪或具有正效价的情绪，是指个体由于体内外刺激、事件满足个体需要而产生的伴有愉悦感受的情绪。包括快乐（joy / happy）、满意（contention）、兴趣（interest）、自豪（pride）、感激（gratitude）和爱（love）等。

新课标强调充分发挥化学课程的育人功能。俄罗斯教育心理学的奠基人乌申斯基曾经说过："教师的人格就是教育工作者的一切。"所以有人曾把"教师"比喻成一部"隐性课程"。有积极情绪的教师

才容易培养有积极情绪的学生。在化学教学中，精心组织教与学的活动，营造良好的心理氛围，有效进行师生互动，激发学生积极情绪，更好地实现化学观念、科学思维、科学探究与实践、科学态度与责任等化学核心素养，全面展现了化学课程学习对学生发展的重要价值。

（1）用"师徒结对"互学模式，提高学生的学习兴趣和效率

在传统的课堂中，很多人为了增大课堂的知识容量，只是把现成的结论直接塞给学生，教师滔滔不绝地讲，学生被动地听，这样教师看似讲了很多，平时课堂也充实。但这样往往是剥夺了学生发现知识、形成知识的机会，学生参与思维容量过小，很难引起师生共鸣，久而久之，学生对学科失去了兴趣，无法在学习中体验到快乐和成就，学习效率也就自然低下。因此，优化课堂教学模式，提高学生的教学参与率和兴趣是激发学生积极情绪的关键。

学习是认知的过程，也是满足学习者心理需求的过程。学习的过程伴随着浓厚的情谊色彩。学习又是一种社会化行为，研究表明唯有同他人沟通、互动，才能取得较大成效。化学教研组发现基于小组内的师徒结对互学模式更加行之有效。通过用师徒结对互学模式优化传统的小组合作，以优生带后进生，一师傅带一徒弟。三对师徒成一学习小组。通过让师傅带领徒弟自学自教，互学互改，以兵教兵、兵练兵、兵强兵、兵测兵，达到以学生为主体、提高课堂效率、共同进步的目标。而这种模式既是同学之间互教互学、彼此交流知识的过程，也是互爱互助、相互沟通情感的过程。学习的过程不仅直接作用于学生的认知发展，并且还通过情感因素促进学生认知发展以及非认知品质（如人际交往等）的提高，同时也满足了每个学生"影响力"和"归属"方面的情感需求。实践经验表明，通过小组师徒结对的模式，对于化学基础知识有一个扎实掌握的过程，那么对于低分段的减少会起到决定性的作用，而师傅在给徒弟过关、讲解的过程中，自己的知识也会得到进一步的巩固，所以这种做法是一举两得，而且会使

整个班级学习化学的风气得到提升，进而利用这种氛围去提高学生学习化学的成绩，学生成绩的提高又会促进他们更热爱化学，如此进入良性循环。

（2）善用化学家的故事激发学生积极情绪，让学生快乐学习

在讲"测定空气中氧气含量的实验"时，给学生布置收集拉瓦锡的资料，在课堂上发表，具体情况如下。

A学生：（拉瓦锡）被后世尊称为"近代化学之父"。刚开始他支持燃素说，后来随着研究深入，拉瓦锡的发现和当时的燃素学说是相悖的。他把实验结果写成论文交给法国科学院。从此他做了很多实验来证明燃素说的错误。这提醒我们不畏权威理论，要敢于怀疑。

B学生：法国革命的战火席卷全国时，法国这块土地里，科学似已无处容身，所有法国学术界都面临存亡的危机。在这种情况下，拉瓦锡表现得很勇敢，他因筹款而四处奔走，还有时捐献私人财产作为同事们的研究资金。他的决心和气魄，成了法国科学界的柱石和保护者。

C学生：拉瓦锡出身名门，他继承了父母和姨母的巨额遗产，完全可以过上富裕的生活。但是他坚持追求科学，捐出财产支持别人的研究，在碰上革命动乱时丢了性命，我们可以学习他奋不顾身追求科学的精神。

新课标中指出，科学态度与责任是指通过化学课程的学习，在理解科学、技术、社会和环境相互关系的基础上，逐步形成的对化学促进社会可持续发展的正确认识，以及所表现的责任担当，包括发展对物质世界的好奇心、想象力和探究欲，保持对化学学习和科学探究的浓厚兴趣。新课标中指出，需对化学学科促进人类文明和社会可持续发展的重要价值具有积极的认识。通过化学史知识的普及，让学生了解在科学路上坚持的可贵，培养严谨的科学态度，以及不畏权威、敢于质疑的精神。

（3）开启实验，培养学生积极情绪

化学是一门以实验为基础的学科。化学的英语单词是chemistry，如果把它拆开，则是"Chem is try"（化学就是要尝试）。离开实验，化学无法生存。作为九年级新学科，化学除了要完成新课标规定的任务外，有必要为学生带来笑声和欢乐，这在培养学生的积极情绪方面是必要的。化学实验在其中的作用是显著的。

在初中化学课本，除了八个大实验，在各个课题中还插有一些小实验。把这些实验开齐了，能满足学生的新奇感，吸引他们的注意力。在序言部分，化学教研组做了魔棒点灯、镁条燃烧。学生一下子就被实验吸引住了，喊着要自己试。在做魔棒点灯实验时，从学生的一片"哇"声中，感受到了学生的喜悦，看着学生被神奇的现象折服时，老师感到再好的语言都不能描述出学生当时的美妙感觉。在做氢气爆炸实验时，班里有胆大的孩子举手要自己点火。刚开始一次由于收集气体太早，点燃时没有爆炸，学生在下面嘘声一片。老师不做声，第二次收集的时候，有的学生心不在焉，突然点燃。塑料杯炸到天花板上，下面学生吓了一跳，然后响起雷鸣般的掌声，并且要求再做一遍。而后来这个实验做了五遍，正要做第六遍时，下课铃响了。在用面粉做粉尘爆炸实验时，看到燃烧匙中的面粉被点燃时，学生惊喜地说，面粉竟然可以燃烧！当老师把装置瓶子中的面粉扬起并点燃时，火焰蹿到天花板上时，学生发出由衷的惊叹声。在这一节课，因为实验，学生是快乐的；在这一天，因为实验，学生是快乐的；在九年级一年，因为实验，学生依旧是快乐的。

新课标中指出，发展学生对物质世界的好奇心、想象力和探究欲，保持学生对化学学习和科学探究的浓厚兴趣。"使每一个学生以愉快的心情去学习生动有趣的化学。"对于老师来说，这些实验道理很简单，但学生大多是第一次看到这些现象，所以表现出兴奋和无法比拟的满足。化学实验是他们快乐的"源泉"。也正是因为这些来自

实验的体验，让学生爱上化学、爱上学习、爱上科学探究。

（4）学以致用，让学生体验积极情绪

化学与生活息息相关，你可以不学化学，但你不可以不用化学。所以莫老师认为，在化学学习中，体验的价值大于知识本身。而有些老师侧重分数，恨不得将所有的知识都塞进学生的脑子里，所以在教学中只注重知识的传输，而忽略学以致用带给学生的积极情绪的体验。化学本应是一门快乐的学科，而不应该受分数的约束，要让学习与生活联系在一起，学以致用，让学生在学习中体验积极情绪。

为了让学生直接感受化学改善生活的质量，莫老师尝试在教学活动中，传授生活小常识。例如，在讲到"硬水和软水"时，解释热水壶中的水垢可以用醋浸泡清洗，原因是水垢成分是$CaCO_3$、$MgCO_3$和$Mg(OH)_2$等难溶物，但可以和酸反应变成可溶物$CaCl_2$和$MgCl_2$而被除去。在讲到"酸的化学性质"解释说家里的食醋不能用不锈钢容器装，原因是酸可以和活泼金属反应，而造成铁容器被腐蚀。在讲到"化学肥料"时，有位学生说她家里楼顶种的菜叶子一直干黄，浇水也无济于事，课后她断定菜是缺氮肥，跟我要了些氮肥回去撒在土里一段时间后，菜的叶子果然变绿了。在学"乳化现象"时，学生跟我说，在学这部分知识之前总以为用洗洁精洗碗，是因为油溶解在洗洁精中，学了之后才明白是因为乳化现象。在讲"燃烧与灭火"时，我让学生按课本给的灭火器原理，自己设计一套装置，拿来学校展示。学生拿着自己做的灭火器灭火，甚是高兴，课堂中情绪高涨，掌声不断。还有一位学生自己家里是卖消防器材的，他从家里带了一个干粉灭火器展示，学生又是鼓掌又是欢叫。

（5）辩证对待消极素材，传递积极情绪

不少学生在接触"化学"学科之前，已经从媒体中对化学形成了初步的认识。由于媒体偏爱对化学物质做负面宣传，使得学生乃至全社会对化学的认识产生了一定程度的偏差，情感价值观出现了严重偏离，充满"消极情绪"。特别是自发生多起重大的食品安全事件后，如"三鹿奶粉""地沟油""瘦肉精""塑化剂风波""镉大米"等，以及环境污染事件，如"北京雾霾""常外毒地事件"等，全社会闻化学色变，以为化学是万恶的。我们必须承认化学在发展的过程中确实出现了化学物质在某些情况下对人类造成危害的事实，但化学并不是只有负面影响。如"瘦肉精"（化学名叫盐酸克伦特罗）是医学上用于急救和治疗平喘等肺科病的成分，"三聚氰胺"广泛用于塑料、涂料等工业，而"塑化剂"（邻苯二甲酸酯类的化合物）是一种增加材料的柔软或使材料液化的添加剂。它们都不属于食品添加剂的范畴。只是由于不法养殖户和商家唯利是图，道德败坏，胡乱添加于食品，以及再加上监管缺失，才使这些物质让我们厌恶，谈之色变。经过引导，使学生消极情绪向积极情绪转化。他们明白其实化学是无辜的，倘若有朝一日自己从事与化学有关的工作，一定不忘科学道德。

新课标提出，应具有严谨求实的科学态度，遵守科学伦理和法律法规，具有运用化学知识对生活及社会实际问题做出判断和决策的意识；形成节约资源、保护环境的习惯，树立生态文明的理念。莫老师在教学中一直坚持为学生创设体现化学、技术、社会和环境相互关系的学习情景。如在讲到"自然界的水"时，和学生利用周末放假的时间调查周围河流、海边、水库、生活废水排泄渠的水质，还做了"水质中致癌物亚硝酸盐含量的测定"的课题，从而使学生认识化学在实现人与自然和谐共处、促进人类和社会可持续发展方面所发挥的重大作用。相信化学必将为创造更美好的未来作出重大贡献。用科学眼光去看待化学的利与弊，传递积极情绪。

在教学中，教师要创造更多让学生参与的机会，激发学生积极情绪，让学生在化学学习中体验到快乐与自豪，始终对化学保持十分兴趣，充满爱，对化学心存感激，并充满期待。

5.3.2　小组合作，探究化学奥秘

新课标指出：聚焦学科育人方式的转变，深化化学教学改革。基于大概念的建构，整体设计和合理实施单元教学，注重启发式、互动式、探究式教学，引导学生自主学习，开展以化学实验为主的多样化探究活动；创设真实问题情境，倡导"做中学""用中学""创中学"，开展项目式学习，重视跨学科实践活动。提出在科学探究与实践活动中，学生能根据自己的实际情况制订学习计划，开展自主学习活动，能与同学合作、分享，善于听取他人的合理建议，评价、反思、改进学习过程与结果，初步形成自主、合作、探究的能力。通过以"自主、探究、合作"为特征的学习方式对当前教学内容的主要知识点进行自主学习，深入探究，并进行小组合作交流提高课堂效率。合作学习是当前基础教育课程改革倡导的主要学习方式之一，是培养学生主动学习、团队合作意识的重要途径。《浅谈"小组合作学习"在初中化学教学中的应用——以对蜡烛及其燃烧的探究为例》一文中以化学教学实例说明小组合作学习的模式设计、实施的效果，以及注意事项。

（1）小组合作学习教学模式的设计

化学是一门以实验为基础的学科，根据化学的学科特点，很多的教学课题可以设计成研究型的课题，让学生在小组内合作学习解决课题。例如，初中化学上册《对蜡烛及其燃烧的探究》一课就可以设计为小组合作学习的教学。

建立合理的学习小组并明确分工。对学生各种学习情况进行摸底调查。合作学习的分组原则是组内异质，组间同质。合作学习小组人数在2—6人为宜，设立小组长、监督员、记录员、发言员、组织员，成员角色可组内确认或老师委任并且成员角色需要进行轮换，这样小组成员可以得到不同的锻炼机会。

确立合作学习的目标。在进行合作学习时，先要明确学习的任务和目标。学生对蜡烛是熟悉的，但在化学课堂上要学习蜡烛的什么内容是模糊不清晰的，所以课堂上学生明确自己的学习任务，老师要给出明确的学习目标或需要学生解决的问题。学生通过小组内的合作方式进行学习，这样知识的本身是什么不重要，重要的是学生在学习知识的过程中已经学会了知识。

小组合作学习的过程。在合作学习的过程中，学生是学习的主体，老师是起指导作用的。老师指导学生从化学角度去认识蜡烛，去探究蜡烛燃烧的化学问题，可以通过"提出问题，猜想与假设，分析讨论，设计实验，实验验证，数据分析，得出结论"的科学探究的一般流程进行。先让学生分享自己对蜡烛及其燃烧已有的认识，并通过设计实验验证。遇到问题先用组内讨论分析、查阅课本的方法解决。组内不可以解决的问题可请教老师，老师要指导学生进行实验操作。

交流、总结和评价。每一组的发言员需要汇总本组的实验设计、实验现象、实验结论与其他组分享。这个过程是百花齐放，各小组都有各自的优点，小组间互相学习借鉴，老师进行最后的总结。在交流、总结后老师需要根据各小组的合作学习的表现进行评价，依据成员参与面、实验操作、分工是否明确等，但主要是以激励的评价为主。

（2）小组合作学习的实践效果

提高了课堂的效率，增强学生学习化学的兴趣。相比传统课堂，小组合作学习是学生主动参与，通过组内合作学习解决问题，这样对知识点掌握更牢固。

增强学生的团队意识，提升自信心。小组合作学习的评价是以小组为单位，改变了过去以个人的评价方式。这样必须小组内每个成员都要积极参与，发挥自己的长处，互相协作才可以完成学习任务和目标。

提升学生自学能力。小组合作学习把学生由旁观者变成参与者，它要求每个参与者都要贡献自己的力量，以会带不会。会的同学为了更好地讲授清楚就必须提前把问题和知识点理解透彻，对课本进行认真分析。不会的同学为了不拖小组后腿和希望在课堂上有好的表现也会积极地进行预习。这样全体学生的学习积极性就提高了，逐渐自学能力也提升了。

（3）小组合作学习开展注意事项

小组合作学习不能流于形式。经常有老师在公开课或有检查时，进行预先的排练，把讨论的过程和答案先给小组的某个学生，然后上课后就再重复进行一次。这种课堂看是学生讨论很激烈，课堂气氛很好，但是学生没有进行真正的思考和讨论，有些学生还是在讨论课外的话题。这种流于形式的合作学习是没有效果的。为避免这种情况，首先老师的认识要提高，实事求是不走形式；其次合理分组，课堂上老师要有序组织学生小组讨论，巧妙参与学生的讨论以促进学生的讨论。

小组成员参与面不等。通过观察小组合作学习时，发现讨论时积极发言的都是个别学生（基本是学习成绩好的学生），其他很多是沉默人士，或者在老师巡视的时候出现很多的"东郭先生"。有时老师为了上课的速度，也常常抽好学生回答问题，这样使得小组其他成员参与度低，导致参与面不均衡。

小组合作学习作为一种以学生为主体，老师为指导的教学模式有着很多的优点，而且它是以团队成绩为评价标志，着眼于全体学生，不求人人成功，但求人人进步。在初中化学教学中应用小组合作学习模式能够促进学生互相帮助，共同进步。小组内的成员也有更多的机会进行自我的调节和交流，提升自身的综合能力。

5.3.3　工具先导，助力深度学习

随着课程改革的不断开展，教学内容也在发生调整和变化，传统的实验器材、实验视频在讲解时都会存在不同程度的局限性，根据教学实际自制实验类教具就显得十分必要。与初中化学相关的各种教具也层出不穷，这里介绍的专门用KT板和磁性贴板制作的化学实验装置图的磁性贴板。实验室常用的药品一般有毒或具有腐蚀性，常用的实验装置一般是玻璃的，易碎，组成实验装置的仪器由于规格是有规定的，往往在演示实验中不利于学生观察。在初中化学的课堂上，虽然设有不少的学生实验，但是由于学校设备不足，往往由教师演示实验，实验效果可想而知。当然也有许多实验视频或者动画，学生可以通过观看这些视频来学习，但这与观察演示实验或者自己动手实验，是有很大区别的。同时，也要认识到有些实验无论是演示实验还是实验视频都无法进行清晰地观察，这与实验本身的装置有关。

据此，魏明红老师在教学中设计制作了初中化学实验装置的磁性贴板，将原有的初中化学实验中常见的药品、仪器和装置实物转变成实物简图，有效地减少使用时的危险性，同时也增加了趣味性，并且形成讲解的连续性。教师或学生根据教学的需要可以展示装置、拼接装置，随时用，随时拼接，巩固学习内容，增加了课堂教学手段。

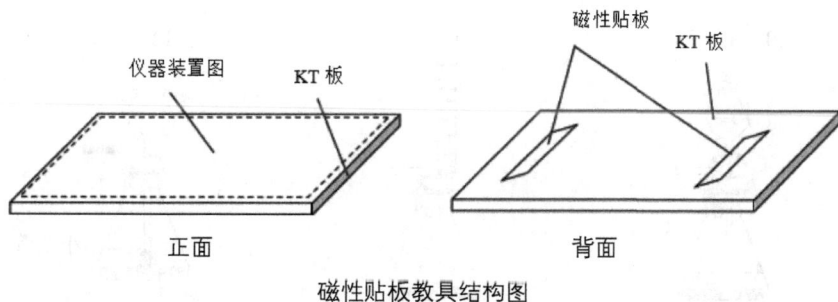

磁性贴板教具结构图

磁性贴板的主体是用KT板制作，KT板是一种由PS颗粒经过发泡生成板芯，经过表面覆膜压合而成的一种新型材料，板体挺括、轻

盈、不易变质、易于加工。选择这种材料的原因也是由于它轻盈、有一定的硬度、使用年限长，而且成本低。KT板的大小由需要展示的仪器装置图的大小来决定，它们之间用双面胶粘连。磁性贴板的背面贴有磁性物质，这个磁性物质可以是磁粒、硬磁条和橡胶软磁板等，经过比较，魏老师依据价格、使用便利性选择了橡胶软磁板。橡胶软磁板的大小与A4纸相同，可以根据需要利用剪刀将其剪成需要的形状和大小。橡胶软磁板与KT板之间用双面胶粘连。

磁性贴板的软件绘制装置图。魏明红老师在长期教学中积累了不少的仪器图和装置图，但这些图形都普遍存在一些问题：图形不够清晰；绘制图形的软件不一致，导致图形不配套；图形都是图片形式，对于一些想重新组装成新的装置时难以连接。基于此，魏老师统一利用"化学金排"这个软件绘制装置图，现在已经根据教学需要绘制了几十组实验装置图。这些装置图可以根据需要在Word文档中进行拆装和连接，且图形是镂空的，方便编辑。下图展示了其中部分装置图的截图，图中的数字是实验装置图的编号。

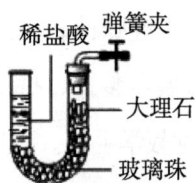

10

11

12

13

14

15

部分装置图

磁性贴板的制作程序。将这些图形绘制好之后，要将它们进行放大，可以放大打印，也可以打印后放大复印。这些贴板是贴于黑板或者白板上使用，经过多次试验验证，一张仪器简图以占满一张A4纸为宜，一组简易的装置图以占满一张A3纸为宜，一组复杂的装置图以占满一张A2纸为宜。放大的倍数以9.76为宜，即$1 \times 2 \times 4 \times 1.22$，这是根据纸张的大小以及复印机复印的倍数确定的。

磁性贴板教具有以下使用方法。

（1）磁性贴板教具可代替板画使用

在化学教学中，许多教学内容由于课堂需要，要进行板画，也就是在黑板上绘制出所需要的实验仪器或者实验装置。化学与数学、物理学科不同，数学和物理学科的教师都对作图能力有一定的要求，而化学则不然，因此许多化学教师的作图能力是比较弱的。因此在教学过程中，教师若绘制仪器或者装置图，可能会不太美观，更重要的是耗时。那么魏明红老师将教学中需要板画的图形提前做好磁性贴板，在课堂中直接使用，可以代替板画，提高效率，而且可观赏性直线上升。例如，在讲解人教版九年级上册第一单元课题3"走进化学实验室"检查装置气密性时，魏明红老师将装置图绘制于黑板上用时1分钟，而使用磁性贴板用时1秒，见下图。这套装置是比较简单，如果是遇到复杂些的装置，那么利用磁性贴板代替板画，可以节省更多的时间，同时增加可观赏性。

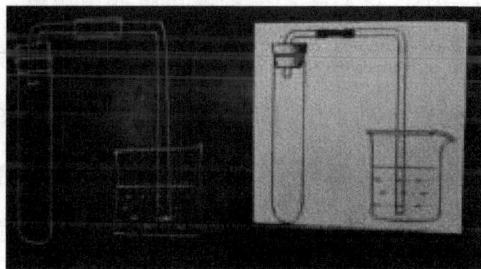

板画与磁性贴板的对照图

（2）磁性贴板教具可与演示实验相结合使用

在我们国家的中小学教学中，演示是一种辅助教学法，符合从生动的直观到抽象的思维，再从抽象思维到实践的这一认识规律。演示实验在初中化学教学中非常普遍，但是往往存在一个问题，学生观察实验现象以及实验装置时非常不清晰，这是由于仪器的规格问题，从第三排开始的学生便难以观察到，所以采取了将磁性贴板与演示实验相结合的方式，在课堂高潮部分，结合演示实验推出磁性贴板，对此演示实验进行观察和讲解。例如，在讲解人教版九年级上册第四单元课题2"水的净化"中的蒸馏时，演示实验以及实验实物图都无法清晰地展示此实验装置中的各个部分和实验过程，而用磁性贴板在黑板上展示，进行讲解，则非常清晰。

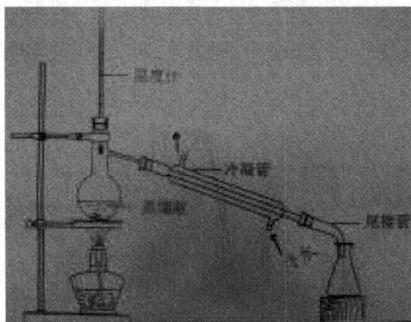

蒸馏装置（1）　　　　　　　　　蒸馏装置（2）

（3）磁性贴板教具可在课后学习及习题讲解时使用

在理科的教学中，课后学习与习题讲解非常重要。学生在课后学习相关的知识时，不需要依靠教师的PPT、微课等资源，拿着磁性贴板就可以进行讨论和学习。在习题讲解中，往往有许多的实验题，这些实验装置大都是学生未接触过的，在讲解时需要配合装置图进行讲解，很多学校是没有配备实物投影的，这样讲解起来很不方便。魏明红老师根据需要提前将这些实验装置图做成磁性贴板，在习题讲解时配合使用。

磁性贴板具有以下优点。

（1）激发学生学习的兴趣

兴趣既是培养学生学好化学课的基础素养，又是引领学生驶向化学海洋的开始。在化学课堂中，培养学生的能力固然重要，培养学生喜欢化学学科这种情感态度价值观同样重要。因此在实际教学中，自制教具是能很好地吸引学生的注意力的。初中生有一定的抽象思维能力，但还是以形象思维为主，所以，磁性贴板这种以演示为主的直观性教具非常实用。同时，这种类型的教具学生前所未见，促使学生在学习过程中充满好奇和乐趣，从而顺利完成教学任务。例如，在讲解人教版九年级上册第六单元课题2"二氧化碳制取的研究"时，对于发生装置和收集装置的选择，将装置图制成磁性贴板，让学生进行选择，学生出于对磁性贴板的好奇和喜爱，使整个教学进展很顺利，且教学效果得到提高。

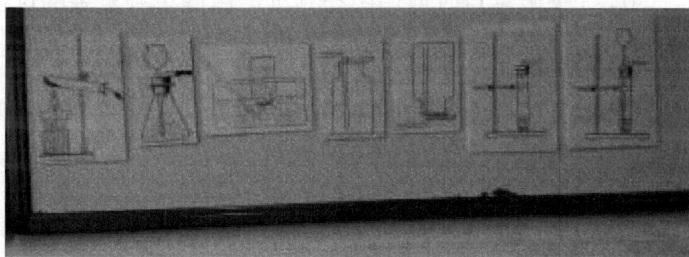

学生手绘的实验器材

（2）辅助演示讲解

在当代教学过程中，国家对义务教育的投入是非常大的，学校也引进了很多实验教学仪器，但是在实际教学过程中，总是会发现诸多不足。例如，有时候实验数量不足，或者品种不齐全，不能很好地满足化学实验教学，或者有些仪器不好操作，起不到良好的演示作用。磁性贴板教具可以弥补这些不足。例如，在复习时讲解"气体制取的研究"，有许多装置是无法购买到合适的仪器的，如下图中的干燥管和"U"形管购买到的型号所对应的橡胶塞是无法打孔的，因此此套

装置难以演示，而以这种磁性贴板的形式展示，就可以很好地进行演示讲解。

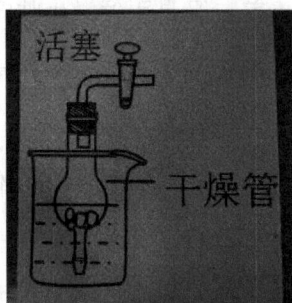

干燥管

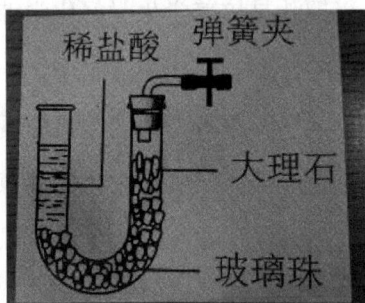

"U" 形管

（3）合理使用教具，突破教学难点

在化学教学中，有许多的教学难点存在，如何突破这些难点也是我们教学中很重要的环节。学生的认知顺序有：①从感知到理解；②从已知到未知；③从特殊到一般，三者结合，在理解的基础上再巩固应用。因此在突破难点时遵循由易到难、由简单到复杂的过程。建构主义教学者提出教学应创设多元化、开放、学习资源丰富的学习环境。教学过程中，磁性贴板作为一类新型教具，辅助教学也是很好的一种教学方法，而且它在突破一些难点时起到至关重要的作用。例如，在讲解人教版上册第一单元课题3"走进化学实验室"量筒的使用时，学生对于量筒读数时误差的分析是很难理解的，魏明红老师将平视、仰视和俯视时的情况都做成磁性贴板，在黑板上进行演示和讲解，起到很好的教学效果。再如在复习阶段讲解"气体制取的研究"具有控制反应发生和停止的装置时，学生很难理解该装置具备此优点的原因，魏老师根据实验装置图制作成磁性贴板，在演示实验后展示，让学生有了感官认识，再结合黑板上的磁性贴板进行讲解，简明易懂。

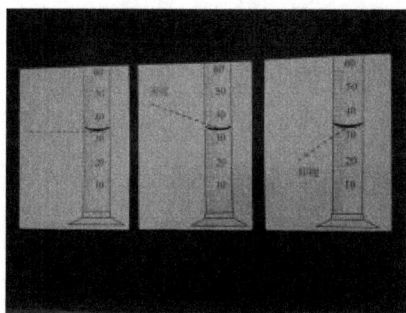

课堂演示图（1）

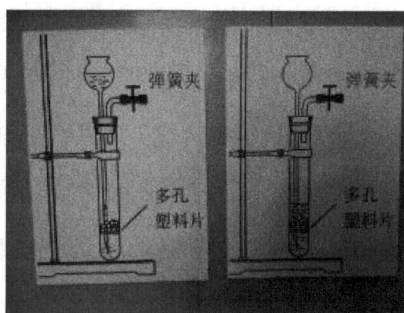

课堂演示图（2）

（4）提高教学效率

磁性贴板的使用，有利于缩短教学时间，这从代替板画的使用上很好理解。在化学教学中，不仅要求学生掌握实验装置的实物图，对于装置简图也要非常清晰，魏老师在教学中，采用演示实验与磁性贴板演示相结合的方式，让学生将实物图与简图很好地联系在一起，提高了教学效率。

磁性贴板作为一种新的教具模式，制作过程，并不困难，相信本教具能够为教师的教学提供一定的益处。目前，实验设备日益完善，但自制教具在化学教学中的作用还是毋庸置疑的。良好的教学是多方面的结合，而自制教具的合理使用可以让化学课堂更加精彩。

5.3.4 技术赋能，催化微课教学

结合课题研究，魏明红老师根据自己的理解，将期末试卷的讲评结合课题核心内容"快乐与能力"，结合微课、互联网和化学游戏软件，录制了一节录像课"自主合作突破推断——期末试卷的有效讲评"，这节课参加广东省计算机教育软件评审活动，获得基础教育组信息技术与学科教学整合课例一等奖。

"微课"是从美国的可汗学院发起并且传入中国的，它是讲解某

个知识点的流媒体形式的教学，通俗理解就是对某个知识点或者某个习题的讲解视频，讲解时可以是利用课件、利用板演，讲解的教师可以出现也可以不出现。利用现在的互联网+，将这些微课上传到网络上，然后再利用二维码技术，将网址制作成二维码，学生可以利用手机扫描二维码进行观看。化学科组教师通过二维码扫描、博客来学习化学。

教师刚开始接触时是出于对新事物的好奇，尝试着制作微课。当时学校提供了很好的平台，在广东省教育厅举办的第二届微课比赛中，学校要求年轻教师都要参加，而且还对年轻教师进行了微课制作的培训，让教师掌握制作微课的最简单的方法。

教师认为微课对于学生的课前学习、课后学习有一定的意义，尤其对于九年级学生而言，他们课外学习时间减少，因此学习新课、复习课有较大意义。但于七年级、八年级学生而言，他们有较多的课外学习时间，在课堂上学习觉得没有达到要求，可以利用课外时间进行重复学习，而且视频学习的好处是可以随时暂停和重复播放。

对于初中化学微课的制作，化学科组有一个初步规划：用三年时间完成，用两年时间完善，包括的内容有初中两本化学教科书（人教版）的新课微课、复习课微课和习题课微课。制作过程中先注重系列微课和重点知识点的微课，而后再进行补充和完善。

经过两年多的努力，化学科组的魏明红老师、莫柯开老师、黄传仪老师设计和录制完成了很多微课，有自主开发权。现在已经制作的微课总量有61个，其中39个新课、15个复习课和7个习题课，目前正在制作的微课有16个，都是新课微课。化学科组制作的微课都比较优秀，受到了香洲区教育局和教育科研培训中心的认可，因此我们制作的微课都被放在了香洲区微课云这个平台上。这个平台是由香洲区教育局和移动公司合作，在香洲区教育局的官网上一个页面，里面上传了香洲区中小学各个学科的教师自己制作的微课，且这些微课要通过教育局的筛选、甄别，符合要求的才能被上传，这个平台完全向公众开放。学校录制的微课占据了香洲区化学微课总量的三分之二，而且有些微课上传后点击播放量达到6000多人次。说明有不少的学生在用化学科组制作的微课进行学习。

学生还可以在优酷上观看微课，优酷的播放量达到3.2万人次。学生利用香洲区微课云平台观看主要是利用电脑终端，这个平台网速快，而且没有广告，缺点是没有相应的手机终端。而优酷平台上播放的微课，虽然有广告，但是不仅可以用电脑观看，更方便的是可以用手机观看。由于现在很多家长和学生使用手机为主，为了让学生观看方便，教师将优酷上微课对应的网址制作成二维码，同时将二维码印制成纸质的，学生可以通过扫描二维码来观看视频，非常方便。为了防止一些孩子没有很好地保存纸质二维码，同时也上传了电子版的网址和二维码到班级QQ群，学生可以很方便地进行扫描观看。

近年来香洲区举办了八届微课比赛，化学科组代表学校参赛作品大多是一等奖，参加省级、市级微课比赛，获得省、市一等奖、二等奖、三等奖多次。同时与此相关的课题由魏明红老师作为主持人、莫柯开老师和黄传仪作为参与成员的市级微课题，已经结题。目前魏明红老师还作为成员在做另一个微课题，这个微课题也是围绕化学微课进行的。

下面说说怎么制作和编辑微课及制作二维码。

学校的教研室和电脑室就"微课如何制作"进行过教师培训，主要介绍了一款录屏软件"Bandicam"，后期制作可以由电教室帮忙完成或者自己用会声会影软件进行编辑。在近年的学习制作过程中，教师逐步总结出了一些软件的优缺点。录制微课的工具有"Bandicam""Camtasia Studio"等软件，这两款都是较好用的录屏软件，操作简单，插上麦克风就可以进行录屏。"Bandicam"这款软件每次使用前都要进行登录，否则录制出来的视频会有水印。这款

软件还可以录制电脑内的声音，可以根据需要进行设置。"Camtasia Studio"这款软件不仅可以进行录屏，还可以进行简单的编辑，而且有一个很好用的功能就是聚焦。编辑工具有剪辑师、爱剪辑、格式工厂、会声会影等。剪辑师和爱剪辑操作比较简单，但是功能也比较少，格式工厂主要用来变化格式的，会声会影相对而言专业一点，操作复杂些，功能也较强大，需要较长时间的学习使用才能熟练运用。

想要让微课更加有吸引力，可以通过各种形式和手段增加趣味性，同时首要的是做好整体设计，平时多积累好的素材，等到设计和制作微课时可以派上用场。如魏明红老师的微课"物质的变化"，采用PPT中的动画，制作出了视频编辑时才有的效果，让人耳目一新，学生也喜欢观看；莫柯开老师的微课"酸和碱的中和反应"，旁白采用老师和学生对话的方式，十分有趣；黄传仪老师的"实验室制取二氧化碳的探究"使用了Flash动画，可以进行模拟实验室。

二维码制作过程比较简单，较常用的有草料二维码，在百度上搜索草料二维码，输入微课对应的网址，就可以制作出此网址的二维码，然后下载二维码原图或者进行截图。制作的所有微课上传的网址都制作成了二维码，并且按照教材的单元进行了分类归纳。

自近些年制作微课并投入教学以来，从教师层面而言，化学科组内三位教师的信息技术水平以及制作微课水平得到提高，很多微课都是一劳永逸，制作好之后，在不需要更改的前提下以后可以一直使用。如"暑假作业""多功能瓶使用""小莫的复习系列"，都是录制后已经使用了几年。

从学生层面而言，微课增加学生学习化学的兴趣，微课大都是利用周末进行观看，也有一些是课堂上播放，不会因为使用微课而增加学生的负担。微课中知识讲解详细、视频画面优美而震撼，是学生在课后进行预习、复习的学习资源。课堂上播放的微课可以提高课堂效率，将微课与完整的教学年的教学相结合，实施了一个学年后，教师明显感觉有助于学生提高学习成绩，这个成效也得到了香洲区和学校的认可。

在经过一年多的筹备和微课录制工作，学校已经进行完整的互联网+运作，且用此来激发学生学习化学的兴趣和促进化学教学。利用优酷平台、制作二维码、QQ群平台，给学生布置用手机扫描二维码观看化学微课的周末作业，同时利用博客展示优秀作业，在很大程度上促进了学生学习化学的积极性，同时这些微课也获得省、市一等奖、二等奖、三等奖多次。

5.3.5　团队合力，成果日增月盛

"基于'快乐与能力导向'的初中学科三年一体化建设的策略研究"课题确立以后，化学教研组立即制订课题研究计划，组织有关人员对课题进行论证，同时组建课题组，组织成员学习课题研究的理念，明确课题研究的目的、内容和思路，明确和落实研究任务等。子课题组负责人布置初步的任务和人员分工。

魏明红负责子课题的统筹安排，撰写研究方案和能力导向目标体系，准备依托研究上两节研讨课，并且对于子课题中的变动做好及时调整；莫柯开负责收集有关课题研究文献资料，通过实证分析，了解学校目前学生化学能力的主要缺失之处，准备依托研究上两节研讨课；黄传仪负责积累研究素材（包括文献、问卷统计结果、课件、照片、视频），建立起不同阶段学生能力达成的题库，制订出不同阶段学生能力测评机制，准备依托研究上两节研讨课。

研究步骤

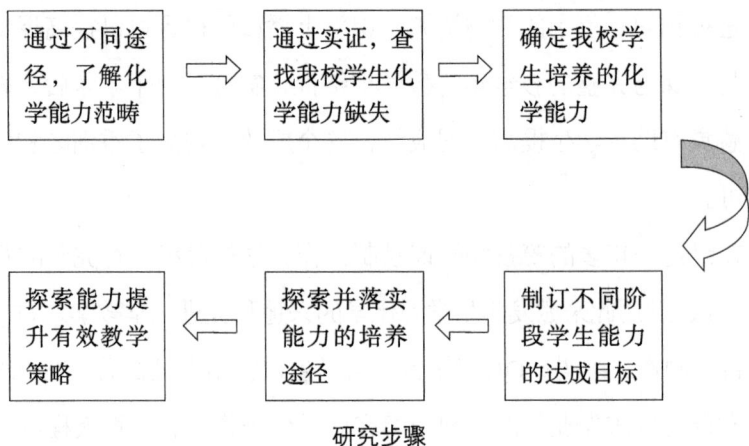

研究第一步，通过课程标准、考试大纲、各种相关文献等不同途径，了解当下初中生应当具备的化学能力的范畴。

研究第二步，通过实证分析，从三方面了解学校目前学生化学能力的主要缺失。

（1）分析2013—2015学年三个年度学校毕业生中考化学卷的答题情况，从主要失分点看能力的缺失之处。

（2）分析2014—2015学年第二学期期末学校八年级学生化学卷的实验、科学探究题的答题情况，从这两个方面的题目的主要失分点看学生实验、科学探究能力起点。

（3）分析2015—2016学年第一个学期期末化学卷的答题情况，从主要失分点看能力的缺失之处。

研究第三步，通过上述分析，初步确定学校学生应当培养并提升的一般化学能力。

研究第四步，制订不同阶段学生能力的达成目标（九年级第一个学期、九年级第二个学期上半学期、九年级第二个学期下半学期）。

研究第五步，在具体教学中，探索并落实能力的培养途径，同时每两个月科组上一次研讨课。

研究第六步，在于建立不同阶段学生能力达成的题库，制订出不同阶段学生能力测评机制。

课题组采取个人教师科组集备、学生小组小学和单个学习相融合的方法，利用文献、上网学习，对教学中的有关问题进行共同讨论，然后在教学中实践。让我们对快乐与能力导向这个核心概念有了更深刻的认识，并且使教师的教育观念有了一定的转变，打破了传统的教学模式，增强了对信息技术的重视程度和应用范围，取得了一系列成果。

通过课题研究，开展科组建设和集备，可以更好地分析教材、处理教材、设计课堂，形成实在有效、精简灵活、快乐的教学模式；生成了化学的教学和学习的目标体系、课下综合实践活动（以实验为依托）体系；汇集了初中化学微课集、小测集、课下综合实践活动集；发表了论文《初中化学实验装置图教具的制作及应用》，黄传仪老师撰写了论文《总结提升不同的学习兴趣激发的方法》。

课题组实施了化学科组建设方案，开展了四个主题活动，其中两个主题活动还制作了两期的简报，四个主题活动分别是："如何激发学生化学学习兴趣""微专题活动——学生快乐学习情感的培养""课题展示课""利用信息技术促进化学教学"，这些活动生动有趣，很好地体现了学生快乐与能力的核心内容，同时也是科组教师智慧的结晶。两期简报图文并茂地记录了本课题研究的内容、过程和方法，是鲜活的研究载体，对其他课题研究有借鉴意义。

通过课题研究，学生化学成绩有了很大的提高，摆脱以往学生中考成绩化学均分都在区均分以下的情况，开始出现与区均分持平和超过区均分的情况。

在课题研究过程中，学生学习中的快乐情绪有了很大的提高，而且化学各方面的能力有了很大提升。通过课题研究，科组内老师信息技术水平得到了很大的提升，科组建设也逐渐规范。科组的集备已经逐渐形成系统化、模式化，建立了教师专属的资料库。

魏明红老师上交的微课"物质的变化"荣获第二十届广东省计算机教育软件评审活动二等奖。子课题负责人魏明红老师、课题组成员黄传仪老师、莫柯开老师在香洲区教育局举办的首届微课大赛中分别上交了各类型的微课30余个，其中魏明红老师的微课"分子的特点"和莫柯开老师的微课"酸和碱中和反应"获一等奖、黄传仪老师的微课"二氧化碳制取实验"获二等奖，并在香洲微课云平台上进行推广。

魏明红老师、黄传仪老师和莫柯开老师分别陆续向香洲区微课云推介自己的微课共49个，全部在香洲微课云平台上进行推广，具有较高的点击量，得到各界同仁肯定，同时魏明红老师还被评为"最佳优秀个人奖"。这些微课同步上传到优酷，学生可以通过电脑或手机终端观看，而且根据需要，魏明红老师将所有微课网址进行电子版保存和二维码制作。

对于信息技术在化学的应用上，魏明红老师在教职工大会上，面向全校教师开设讲座"利用微课提高学生效率"，效果良好，并将精品课例和另外两节展示课撰写了教学设计，而且还将教学观察、分析和反思记录在了教学设计中。

由于研究周期限制和化学科组研究者自身不足，在研究效果和方法等方面还有很多需要进一步思考和实践的问题，例如，不同类型课题"快乐与能力"课例类型不够全面，有待进一步系统化，可以进行不同类型内容的模板式创立，例如，如何利用信息化技术在化学教学中实现翻转课堂；例如，如何利用"快乐与能力导向"，实现自我学习等。

研究尚未止步，行动仍在继续！

参考文献

［1］西南师范学院化学系. 中学化学教学法［M］. 北京：高等教育出版社.

1986，44.

　　［2］中华人民共和国教育部. 全日制普通初级中学化学教学大纲（试验修订版）［M］. 北京：人民教育出版社. 2000.

　　［3］中华人民共和国教育部. 义务教育化学课程标准2022年［M］. 北京：北京师范大学出版社. 2022.

　　［4］胡志刚. 化学课程与教学论［M］. 北京：科学出版社. 2014.

　　［5］张秀莲，陈承声. 化学课程与教学论［M］. 广州：广东高等教育出版社. 2013.

　　［6］司马兰，王后雄，王敏. 化学学科能力的基本理论问题研究［J］. 中国考试，2010（05）：3-10.

　　［7］张明林. 通过化学实验　培养化学能力［J］. 高等函授学报（自然科学版），2004（05）：61-62.

　　［8］魏明红. 初中化学实验装置图教具的制作及应用［J］. 教学管理与教育研究，2017（13）：77-78.

　　［9］魏明红. 基于"互联网+"的初中化学混合式学习［J］. 中学生数理化（教与学），2021（02）：15+17.

6

德育融合·时代责任
终身学习·树立理想

6.1 初中道德与法治"大"课程的一体化目标管理体系

　　道德与法治课课程目标就是指道德与法治课教学活动预先设定的教学结果，是培养学生知识、能力、情感、态度、价值观等方面素质的规定性要求。第一，它是对教师和学生双方的要求，因而包含着教师教的目标和学生学的目标，其表现形式是教师教学活动引起的学生终结行为的变化，也就是它着眼于教师的教而落脚于学生的学。第二，它是教学活动预期的结果，也是人们对教学活动的结果在主观上的一种期望，因而这就表明教学是一种有自觉目的支配的活动。第三，对学生的知识、能力、情感、态度和价值观等方面的规格性要求是可以达到和测量的，也就是它既可以通过教学活动达到预期的结果，又可以通过一定的技术手段，进行定性和定量的测量，从而客观地评价教学活动的效果。

6.1.1 初中道德与法治"快乐与能力导向"大课程一体化建设总目标

　　新课标指明，本课程基于社会发展和学生成长的需要，以正确的政治思想、道德规范和法治观念对学生进行循序渐进的系统化教育，旨在提升学生的思想政治素质、道德修养、法治素养和人格修养，增强学生做中国人的志气、骨气、底气，为培养以实现中华民族伟大复兴为己任的有理想、有本领、有担当的时代新人打下牢固的思想根基。基于此，一体化建设的总目标囊括教师发展、学生发展以及学科发展三个方面的内容。初中道德与法治"快乐与能力导向"大课程一体化建设总目标表述详见表6-1。

表6-1　初中道德与法治"快乐与能力导向"大课程一体化建设总目标

序号	总目标表述
1	教师发展：教师要树立以发展学生"自我教育能力"的教育教学观念，明确道德与法治课有效教学的关键在于提升学生的自我教育能力。同时，在教学中探索通过"材料阅读——分析反思——内化行动——情感"四个目标要素培养学生的"自我教育能力"
2	学生发展： （1）通过"材料阅读——分析反思——内化行动——情感"四个目标要素促进学生自我教育能力的发展，帮助学生在初中三年逐年提升自我教育能力，并帮助学生提高道德素质，形成健康的心理品质，树立法律意识，增强社会责任感和社会实践能力。 （2）让学生在教学中和课下活动中品尝到课堂的乐趣和成功的喜悦，让学生"乐学"。七年级，在认识自我中，体验成长的快乐，提高交往品德，感受与人友好交往的快乐；八年级，在学法懂法的基础上，感受做一名守法好公民的快乐；九年级，在了解国情和社会的发展，感受做一名负责任公民的快乐
3	学科发展：以学生学科核心素养的形成与发展过程中起着至关重要作用的"自我教育能力"为核心，研究通过"材料阅读——分析反思——内化行动——情感"四个目标要素提升"自我教育能力"的道德与法治学科课堂教学模式、课下活动模式和评价模式，使道德与法治学科成为学生道德、心理成长的重要阵地

6.1.2　初中道德与法治"快乐与能力导向"大课程一体化建设阶段目标

"只有当学生积极接受外界的教育影响，并形成与教育要求相一致的内在需求——自我教育能力，思品教育才能化被动为主动，深入学生的内心世界。"所以道德与法治课题组定义了道德与法治课的核心能力是"自我教育能力"。此外，这一核心能力的培养离不开"阅读、思考、表达"三个基础能力和快乐学习的体验，在一年多时间里，道德与法治课题组老师认真开展集备活动，在课前、课中、课下三个环节中，对如何有效提升能力方面进行了探讨和实践。

一是如何在课前采集与教材相符的有效的学生资源，找准问题的切入点，为有效的课堂教学奠定基础。学生在课前采集资源时能反思自己的行为或收集生活中的实例，提升了阅读能力和自我认知、自我评价的能力。

二是如何在课堂上通过"材料阅读——分析——反思"进行自我教育能力的培养。在课堂中，老师根据采集学生资源中找到的问题作为切入点，结合教材给予有效加工作为新的教学素材，学生根据老师设计的问题进行分析思考，学生主动积极参与课堂学习，认真思考，深入地分析、探讨和反思自己的行为，勇于表达自己的想法，品尝到课堂的乐趣和成功的喜悦，促进了学生思考、表达能力和情感体验能力。

三是如何在课下活动中通过"内化行动——快乐情感的获得"落实自我教育能力的培养。在课下活动中，学生在更为广阔的空间里学习生活、感悟生活、享受生活，进而反思自我，进行自我教育，成为一个具有良好品德的人。这一过程真正实现了学生"乐学"，促进学生自我调控和自我激励的能力，详见表6-2。

表6-2 初中道德与法治"快乐与能力导向"大课程一体化建设阶段目标

维度	序号	阶段目标表述			备注
		七年级	八年级	九年级	
材料阅读	1	能在5—8分钟内阅读完教材,独自完成课前导学的填空题	能在5—8分钟内阅读完教材,独自完成课前导读的问题	能在5分钟内阅读完教材,独自完成课前导读的问题	
	2	在100字以内的案例阅读中,能在5分钟内找出材料和问题的关键词,能做到分层阅读	在150字以内的案例阅读中,能在5分钟内找出材料和问题的关键词,能做到分层阅读	在200字以内的案例阅读中,能在5分钟内找出材料和问题的关键词,能做到分层阅读	
	3	在图片或视频材料中,能找到与所学知识紧密相关的关键信息	在图片或视频材料中,能较快地找到与所学知识紧密相关的关键信息	在图片或视频材料中,能快速找到与所学知识紧密相关的关键信息	
分析反思	1	能结合教材或案例,对自我认识能力、自我调控能力、自尊自立自强自信、自我防范能力等自身修养能力进行回忆和整理,分析后进行得失思考和反思,并对分析结果的意义做出判断	能结合教材或案例,对"我"与社会的关系、公民的权利和义务进行回忆和整理,分析后进行得失思考和反思,并对分析结果的意义做出判断	能结合教材或案例,对国情、社会的发展进行回忆和整理,分析后进行得失思考和反思,并对分析结果的意义做出判断	
	2	根据"材料或案例分析"的问题,能正确审题,不跑题,不偏题,能基本分析到所考查的知识点	根据"材料或案例分析"的问题,能正确审题,不跑题,不偏题,能准确分析到所考查的知识点	根据"材料或案例分析"的问题,能正确审题,不跑题,不偏题,能准确分析到所考查的知识点,并能分析答题的思路	

6 初中道德与法治篇 德育融合·时代责任·终身学习·树立理想

（续表）

维度	序号	阶段目标表述			备注
		七年级	八年级	九年级	
内化行动	1	能正确认识自我、调适自我、客观自评；发展自我认知和评价能力	能主动关注社会发展变化，增进关心社会的兴趣和情感，养成亲社会行为，发展独立思考和自我调控能力	能主动关注国家和世界的发展，具有国际视野，增进民族自豪感，增强社会责任感	心理
	2	能孝敬父母、自觉爱护生命、热爱生活，自尊自立自强，分辨是非、自我负责；发展自我认知和评价能力	能诚信待人，心中有他人，乐于助人，与人为善；发展情感体验能力	有公平意识、正义感；能承担一定社会责任，做负责任公民；发展独立思考和自我调控能力	品德
	3	能了解法律的本质和功能，维护合法权益，能自我防范；发展自我认知和评价能力	知道宪法是我国的根本法；能正确行使权利、履行义务；知道法不可违；领悟国家机构要依法行使职权；发展情感体验能力	认同中国特色社会主义法治道路，学会依法有序参与民主生活	法律
	4	—	自觉坚持和维护我国的经济和政治制度；了解国家机构的设置及其职权	能认清国情，能感受改革开放后社会生活的巨大变化，明确责任与使命，学会选择。发展情感体验能力、自我调控和自我激励能力	国情

维度	序号	阶段目标表述			备注
		七年级	八年级	九年级	
情感	1	在认识自我中，体验成长的快乐；提高交往品德，感受与人友好交往的快乐	在学法懂法的基础上，感受做一名守法好公民的快乐	了解国情和社会的发展，感受做一名负责任公民的快乐	

6.1.3 初中道德与法治"快乐与能力导向"大课程一体化建设单元目标

"基于'快乐和能力导向'的初中学科三年一体化的策略研究"，强化学生学科核心素养建设，紧紧围绕学生，坚持多点开花，构建全面育人体系。坚持协同发展，让学生在乐中学、在乐中成长。因此，子课题组结合新课标要求开展研讨，最终得出初中道德与法治"快乐与能力导向"大课程一体化建设单元目标，详见表6-3。

表6-3 初中道德与法治"快乐与能力导向"大课程一体化建设单元目标

单元	讲学内容	能力与快乐目标	能力与快乐活动	备注
第一单元	成长的节拍	1. 在材料阅读和分析、反思目标要素中能达到七年级阶段的要求。 2. 能适应新生活，树立梦想并知道努力是连接梦想与现实的桥梁。认识学习的苦与乐，学会在学习中成长。学会全面分析自己，客观评价自己。 3. 体验融入新生活的快乐	1. 课前自学，完成导学问题。 2. 根据材料，分析梦想的重要性，体会学习是苦乐交织的，反思自我认识的误区，学会做更好的自己	七年级（上）

无边界学习之『大』课程

单元	讲学内容	能力与快乐目标	能力与快乐活动	备注
第二单元	友谊的天空	1．在材料阅读和分析、反思目标要素中能达到七年级阶段的要求。 2．提高生活适应能力及交往能力，能够在新的集体中建立新的友谊。学会呵护友谊。 3．体验与朋友交往的快乐	1．课前自学，完成导学问题。 2．根据材料，分析友谊的意义，学会正确地对待现实生活的友谊和虚拟世界的交友，反思自己的交友误区	七年级（上）
第三单元	师长情谊	1．在材料阅读和分析、反思目标要素中能达到七年级阶段的要求。 2．学会正确对待老师的表扬与批评。理解父母的爱，提升孝亲敬长的行为实践能力。 3．体验尽孝后的快乐	1．课前自学，完成导学问题。 2．根据材料，分析理解老师的表扬批评和父母的爱，反思自己与老师、父母交往过程中的误区，学会通过沟通解决矛盾	七年级（上）
第四单元	生命的思考	1．在材料阅读和分析、反思目标要素中能达到七年级阶段的要求。 2．理解生命是宝贵的，学会敬畏和守护生命。运用培养意志品质的方法，增强磨砺自己意志品质的能力，形成自我调适和应对挫折的能力。感受生命的意义，并能积极绽放生命之花。 3．体验实现生命价值的快乐	1．课前自学，完成导学问题。 2．根据材料，分析理解生命的意义，延伸自己生命的价值，增强生命的韧性。反思自己对待生命、挫折的收获与不足	七年级（上）
第一单元	青春时光	1．在材料阅读和分析、反思目标要素中能达到七年级阶段的要求。 2．感受青春成长的力量，形成接纳自我、关爱他人的心理品质。关心自己的成长，培养追求美的意识。培养思维的独立意识。 3．体会青春的美好	1．课前自学，完成导学问题。 2．根据材料，正确认识和处理矛盾心理的方法，积极开发创造潜力，学会与他人交往。反思自己青春期的矛盾心理	七年级（下）

单元	讲学内容	能力与快乐目标	能力与快乐活动	备注
第二单元	做情绪情感的主人	1．在材料阅读和分析、反思目标要素中能达到七年级阶段的要求。 2．培养自我调适、自我控制的能力。能够较理智地调控自己的情绪。体会青春期情绪的特点，激发正面的情绪感受。学会激发美好的情感。 3．体验做情绪的主人的快乐	1．课前自学，完成导学问题。 2．根据材料，分析理解情绪对于个人行为和生活的影响和作用，学会调控和恰当表达自己的情绪。反思自己调控情绪的收获与不足	七年级（下）
第三单元	在集体中成长	1．在材料阅读和分析、反思目标要素中能达到七年级阶段的要求。 2．热爱集体，自觉遵守集体共同的规则。增强个人在集体生活中的价值感和责任感，认同集体主义原则。 3．体验集体的温暖	1．课前自学，完成导学问题。 2．根据材料，分析理解个人与集体的关系，提高在集体中关爱他人、努力担当、为集体争得荣誉的能力。反思自己与集体交往的收获与不足	七年级（下）
第四单元	走进法治天地	1．在材料阅读和分析、反思目标要素中能达到七年级阶段的要求。 2．尊重法律、敬畏法律、遵守法律，感受法律对生活的保障作用，能够运用法律手段保护自己。树立法律面前人人平等的观念。 3．体验法律为自己保驾护航的快乐	1．课前自学，完成导学问题。 2．根据材料，分析理解法律的作用以及法律对未成年人的特殊保护	七年级（下）
第一单元	走进社会生活	1．在材料阅读和分析、反思目标要素中能达到八年级阶段的要求。 2．感受社会生活的丰富多彩，树立积极的生活态度，养成亲社会行为。认识网络的利与弊，学会合理利用网络。 3．体验社会生活的丰富多彩	1．课前自学，完成导学问题。 2．根据材料，分析理解人与社会的关系，积极融入社会，养成亲社会行为。正确对待网络，反思个人利用网络的收获和不足	八年级（上）

无边界学习之「大」课程

（续表）

单元	讲学内容	能力与快乐目标	能力与快乐活动	备注
第二单元	遵守社会规则	1．在材料阅读和分析、反思目标要素中能达到八年级阶段的要求。2．理解遵守规则的重要性，树立规则意识。学会尊重他人、以礼待人，做个诚实守信的青少年。认识犯罪的危害，主动远离违法犯罪，并善用法律维护个人的合法权益。3．体验遵纪守法、与人为善的快乐	1．课前自学，完成导学问题。2．根据材料，分析理解违法行为的类别、犯罪的基本特征及刑罚的种类，知道不良行为和严重不良行为可能发展为违法犯罪，反思自己在学法守法用法方面的收获与不足	八年级（上）
第三单元	勇担社会责任	1．在材料阅读和分析、反思目标要素中能达到八年级阶段的要求。2．增强社会责任感，自觉履行社会责任，做个负责任的人。增强关爱他人的意识，积极参与社会活动，增强社会责任感。3．体验服务社会、奉献社会的快乐	1．课前自学，完成导学问题。2．根据材料，分析理解人与社会的关系，做个负责任的人。能够主动服务社会，培养奉献精神。反思自己在承担社会责任中的收获与不足	八年级（上）
第四单元	维护国家利益	1．在材料阅读和分析、反思目标要素中能达到八年级阶段的要求。2．树立正确的国家利益观，增强维护国家利益的责任感和使命感。学会合法有序地表达爱国情感，自觉承担维护国家的责任。感受国家的巨大进步，增强民族自豪感。积极发扬实干精神，主动承担历史重任。3．体验国家强大的快乐	1．课前自学，完成导学问题。2．根据材料，分析理解个人利益与国家利益的关系，坚持国家利益至上。能够正视国家发展中的问题，增强对国家未来发展的信心。反思自己对劳动认识的误区	八年级（上）

单元	讲学内容	能力与快乐目标	能力与快乐活动	备注
第一单元	坚持宪法至上	1．在材料阅读和分析、反思目标要素中能达到八年级阶段的要求。 2．认同中国共产党领导是中国特色社会主义制度的最大优势。树立国家一切权力属于人民的宪法理念。感受宪法在国家生活中的崇高地位，树立宪法至上的理念。 3．体验树立宪法信仰的快乐	1．课前自学，完成导学问题。 2．根据材料，分析、理解中国共产党的地位和作用。感受宪法在我国法律体系中至高无上的权威。反思自己是否自觉捍卫宪法	八年级（下）
第二单元	理解权利义务	1．在材料阅读和分析、反思目标要素中能达到八年级阶段的要求。 2．提高正确行使权利的能力以及履行义务能力。 3．体验做一名合格公民的责任和快乐	1．课前自学，完成导学问题。 2．根据材料，分析作为公民正确行使权利和自觉履行义务的重要性，反思作为公民是否自觉正确行使权利和自觉履行义务	八年级（下）
第三单元	人民当家作主	1．在材料阅读和分析、反思目标要素中能达到八年级阶段的要求。 2．自觉坚持和维护我国的政治和经济制度。体会国家机构在维护人民当家作主中的作用，关注国家机构职权的依法行使。 3．体验人民当家作主的快乐	1．课前自学，完成导学问题。 2．根据材料，分析、理解我国的政治和经济制度保障人民当家作主。关注国家机构是否依法行使职权	八年级（下）
第四单元	崇尚法治精神	1．在材料阅读和分析、反思目标要素中能达到八年级阶段的要求。 2．进行公平互惠的社会合作的实践能力，自觉维护正义的实际行动能力。 3．体验公平合作和维护正义给自己、他人和社会带来的好处	1．课前自学，完成导学问题。 2．根据材料，分析、理解树立公平意识和维护正义的好处，增强积极维护社会公平的责任意识，做富有正义感的公民。反思自己在日常生活中维护社会公平和正义的表现	八年级（下）

（续表）

单元	讲学内容	能力与快乐目标	能力与快乐活动	备注
第一单元	富强与创新	1．在材料阅读和分析、反思目标要素中能达到九年级阶段的要求。 2．认同改革开放是决定当代中国命运的关键抉择，坚信通过全面深化改革，最终会实现全体人民共同富裕。认同创新的价值，了解我国的创新成就，自觉提高创新的主动性和积极性。 3．体验创新让生活更美好的快乐	1．课前自学，完成导学问题。 2．根据材料，分析、理解改革开放、创新的重要性，理性看待我国科技创新发展的现状，自觉尊重劳动、尊重知识、尊重人才、尊重创造	九年级（上）
第二单元	民主与法治	1．在材料阅读和分析、反思目标要素中能达到八年级阶段的要求。 2．感受人民当家作主是中国特色社会主义的民主价值追求。感受法治中国的进步，坚定走中国特色社会主义法治道路的信念。树立法治意识，积极主动参与民主生活	1．课前自学，完成导学问题。 2．根据材料，分析、理解新型民主的本质。学会正确看待法治中国建设中出现的问题。反思自己是否参与民主生活的积极性	九年级（上）
第三单元	文明与家园	1．在材料阅读和分析、反思目标要素中能达到九年级阶段的要求。 2．感受中华文化的魅力，坚定文化自信，弘扬中华民族精神，增强民族自信心和自豪感。树立人与自然和谐共生的理念，增强生态文明建设的使命感和责任感	1．课前自学，完成导学问题。 2．根据材料，分析、理解坚定文化自信的重要性，自觉传承中华优秀传统美德，积极践行社会主义核心价值观。领悟人与自然共生共荣的关系，主动践行绿色生活理念	九年级（上）

单元	讲学内容	能力与快乐目标	能力与快乐活动	备注
第四单元	和谐与梦想	1．在材料阅读和分析、反思目标要素中能达到九年级阶段的要求。 2．主动维护民族团结和祖国统一，树立中华民族共同体意识。坚定"四个自信"，树立为实现中华民族伟大复兴而奋斗的信念	1．课前自学，完成导学问题。 2．根据材料，分析、理解民族团结、国家统一对实现中国梦的重要性。学会规划自己的人生，担负历史重任	九年级（上）
第一单元	我们共同生活的世界	1．在材料阅读和分析、反思目标要素中能达到九年级阶段的要求。 2．认同我国与世界的联系越来越密切，主动关心世界的发展变化。树立全球意识，积极维护世界和平与发展	1．课前自学，完成导学问题。 2．根据材料，分析、理解我国与世界的关系。理解、尊重世界文化的多样性，做中外友好往来的使者	九年级（下）
第二单元	世界舞台上的中国	1．在材料阅读和分析、反思目标要素中能达到九年级阶段的要求。 2．感受我国的大国担当，培养全球意识和国际视野。关心国家所面临的机遇与挑战，培养忧患意识，增强为中华民族伟大复兴而努力奋斗的使命感	1．课前自学，完成导学问题。 2．根据材料，分析、理解我国的大国担当。学会辩证看待中国发展面临的机遇与挑战	九年级（下）
第三单元	走向未来的少年	1．在材料阅读和分析、反思目标要素中能达到九年级阶段的要求。 2．具有爱国情怀、忧患意识、责任意识，主动承担时代赋予的责任。学会终身学习，认同劳动创造价值。关注个人成长和国家发展，增强社会责任感	1．课前自学，完成导学问题。 2．根据材料，分析、理解个人与国家、世界的关系。学会自觉将个人成长与国家发展、世界发展联系起来	九年级（下）

6.2　初中道德与法治"大"课程的一体化活动支持体系

　　道德与法治课程是一门基于社会发展和学生成长的需要，以正确的政治思想、道德规范和法治观念对学生进行循序渐进的系统化教育的综合性课程。道德与法治课程从学生的生活实际出发，直面他们成长中遇到的问题，满足学生发展的需要。

6.2.1　初中道德与法治一体化活动支持的两线交互高效课堂

　　一是如何在课堂上通过"说""议""写"等活动对学生进行表达能力的培养。在课堂中，老师应该营造良好的课堂氛围，创设情景，鼓励学生勇于表达自己的想法，给学生提供说的时间和空间。此外，现行中考题型中的非选择题，具有综合性强、思维力度大的特点。这些问题既要求学生能熟练地掌握基本概念、基本原理，又要求学生有较为严谨的逻辑思维能力和较强的语言表达能力，因而不仅在开发学生智力、培养学生分析问题和解决问题的能力方面，而且在培养学生表达能力方面都是十分重要的。课堂上要不断加强指导，指出解题的关键、准确的语言表述方法等。

　　二是如何在课下活动中通过"辩""演""写""做"等形式落实表达能力的培养与展示。在课下活动中，学生在更为广阔的空间里学习生活、感悟生活、享受生活，进而认识自我、反思自我、表达自我，成为一个具有良好品德的人。

课堂上，老师可以利用课前采集的学生资源，捕捉学生普遍存在的问题，作为课堂教学的新素材，并以一个点为原点，不断发散新的点；从一个问题牵引出许多问题；从一种想法发散出多种多样的想法，从一个教学内容散发出相关的教学内容。在学生探讨最大限度地尊重学生已有的经验，重视他们的情感体验，引导他们利用自身学习资源，与新的学习情景相结合，在互相交流和分享活动中，让问题在其中生出，在共同的探讨中解决问题。

组织学生进行探究、讨论，可以运用实物演示、画面再现、音乐渲染、语言描绘、开展活动等形式把学生置于五彩缤纷的生活情境，让学生体验、互动、交流；也可以根据学生的学习需要，把学习素材融入游戏，让学生在玩中学、在学中玩，既满足孩子们游戏的需要，又促进他们"乐学"态度的形成、学习方法的迁移。

举例1："中学序曲"一课，组织学生组内自我介绍、相互认识，然后说一说自己的爱好、毕业学校等，讲一讲自己的经历和趣事，更贴近生活、锻炼能力。

"爱在家人间"一课，利用教材中"给父母寄言"栏目，让学生在感激父母抚育、理解父母心情的基础上，写出最想对父母说的话。

举例2：和学生一起讨论问题，用开放的态度接纳学生的想法。调动学生参与语言的积极性，满足学生说话的愿望和要求，多鼓励学生，多给学生创造表达的机会。例如，一句名人名言的感悟、一段发人深省的视频赏析、时事热点解读、新闻背景分析、模拟法庭演示、课堂唇枪舌剑、论文创作、生活经验分享等。

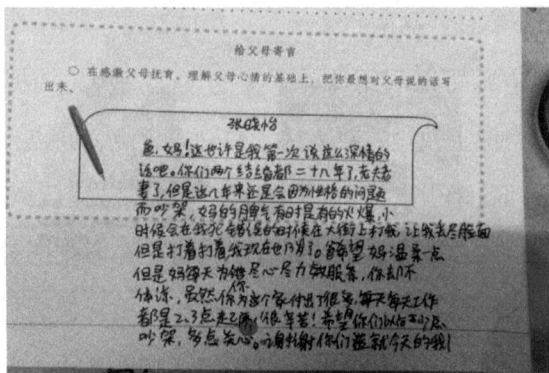

活动记录（1）

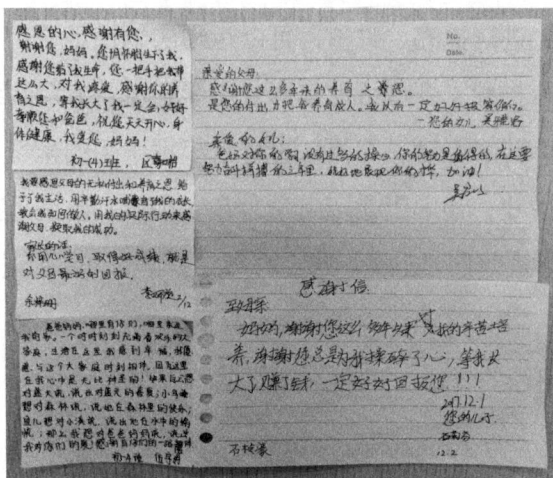

活动记录（2）

［课例］"网上交友新时空"，让学生思考并讲述在与网友的交往中，印象较深的一次经历以及这次经历给学生的感觉。

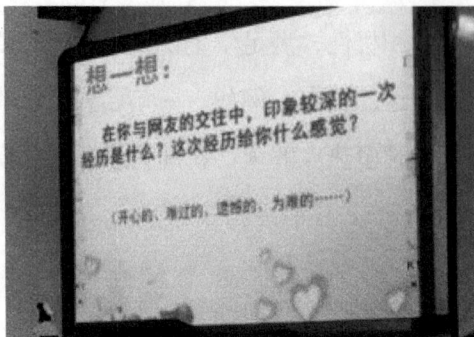

经历交流

［课例］"爱在家人间"引导学生反思自己在与父母交往中遇到的问题，请学生回忆在与父母交往中最不愉快的一次经历，并说说当时是如何解决的、事情的结果如何。

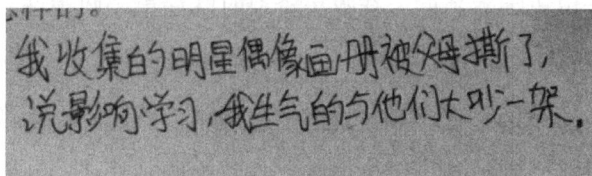

我收集的明星偶像画册被父母撕了，说影响学习，我生气的与他们大吵一架。

学生回答

举例3：学生根据自己的实际制订意志锻炼计划。每位学生针对自己的实际情况自主制订"培养意志力的行动方案"并记录计划和方案的执行情况，为期一个月。目的是培养学生自己管理自己的能力和坚强意志力的养成。

磨砺坚强意志的计划表

目标：

实施者：

日期		完成情况				监督人（篆名）	监督人评价
		优	良	中	差		
第　周	周一						
	周二						
	周三						
	周四						
	周五						
第　周	周一						
	周二						
	周三						
	周四						
	周五						

举例4：时事新闻发布会。此项活动一般每周进行一次，事先由学生收集资料，并在课前由本堂课要发言的同学负责整理、精选。

在上课时，由两位同学向全班发布一周的重大新闻，一位讲国内新闻、一位讲国际新闻。在收集资料时既注重"政策性"和"特色性"，又兼顾"珠海本地新闻"。"珠海本地新闻"首先强调一个"新"，其次是一个"大"，重点一般是由近及远、就地取材，可以让学生看得见、摸得着、可信度强、有真实感。此活动既开阔了学生视野，也有利于培养学生的表达能力，更能增强学生热爱祖国的情感及对道德与法治学科的兴趣。

举例5：学完"青春飞扬"一课，组织学生对所学内容设计思维导图，帮助学生构建完整有效的知识网络，整理并组建复杂的想法和过程，从而有效地提高了自学的效率，也进一步提高其表达能力。

思维导图

举例6：如讲授"集体生活邀请我"一课时，组织学生分组进行水果拼盘比赛。学生在比赛过程中积极发言、提供创意、热烈讨论的同时相互配合，不但将一件件色彩鲜艳、别出心裁、极富个性的水果拼盘作品呈现出来，更有效地锻炼了学生的表达、沟通与协作能力。

拼盘作品（1）　　　　拼盘作品（2）

举例7：根据中考要求，开展专项语言表达能力培养。

珠海市政治学科中考从2016年开始恢复使用广东省省题，这意味着题型不再只是选择题，还有非选择题。非选择题合计40分，占近一半的分值。为了提高学生非选择题的得分率，落实学生道德与法治学科的核心素养，我们除了有针对性地对学生进行答题方法及技巧的训练，提高学生运用所学的知识分析、解决问题的能力外，关键还要训练、提升学生的语言表达能力，否则提升非选择题的得分率都是一句空话。

语言表达能力是初中道德与法治学科的核心能力。如何在有限的中考复习时间里激发学生积极参与课堂学习，有效地提高学生的语言表达能力，进而提升学生的非选择题的成绩呢？

道德与法治科组教师通过创设教学情境，以教学情景为载体，设置有梯度的问题，给学生提供说写的时间和空间。

先从复习题题干素材的选取入手，让学生有话可说、有话要说。

结合学科特点，所选取的题干素材主要有以下两类。

①时政热点，具有鲜明的时效性。时政热点，学生平时也会关注和了解，有的就发生在他们身边，学生对此会特别感兴趣，他们会有感悟，有自己的看法，因而愿意参与到课堂学习，勇于表达自己的想法。如校园欺凌事件、感动中国的人物、共享单车等热点问题。

②学生的生活素材，如学生自身的行为表现、心理体验及感受。学生往往有亲历感、有共鸣，是自己的亲身体验或感悟。他们会平等真诚地交流，有话可说，有话要说。

选好题干的素材后，我们根据考点和课程标准的要求，设置有梯度的问题。所设置的问题具有启发和探究性，遵循学生由浅入深地认识事物的规律，把学生的学习不断引向深入，实现既面向全体学生，又注重学生的差异，满足不同层面的学生，让每位学生都有表达的机会，根据自身的能力完成不同程度的问题。

例题1　背景材料：最近，在我国各大城市出现了大批共享单车，只需要打开手机App扫码解锁即可骑走，随借随还，既方便了市民公共出行，又低碳环保。然而，有的人用完共享单车后乱停乱放；还有的人为了一己之便，将"共享单车"变成了"专用单车"，这些行为违背了共享的初衷，遭到许多市民的谴责。为此，各地政府纷纷着手出台共享单车使用的相关规定。根据以上材料，回答以下问题。

①材料中那些遭到谴责的市民的行为会造成哪些不良影响？

②请从公民权利与义务的角度，谈谈中学生应该如何文明使用共享单车？

例题2　背景材料：某校校园网上转载了漫画，要求同学们就漫画中所反映的问题、产生的主要原因及其解决办法等开展网上讨论，大家参与热烈。

如果你们班有漫画中类似情况的同学，你会怎样帮助她？

课堂上训练学生的表达能力，先训练口头表达能力，再训练书面能力。复习课上展示精选的题目，先在学生小组中合作讨论交流，小组分享完，老师鼓励表达能力弱的学生在班上分享，分享后学生再以书面形式根据自己的理解和同学的分享，将答案整理写下来。

举例8：开展"我是小老师"的活动。此项活动一般放在课前三分钟进行。"小老师"或按学号顺序，或事先通知略作准备，可写个演讲稿，也可只拟一个提纲，其内容既可以是课本内容，也可以是电视、网络、新闻媒体上的当前热门话题。多数时候采取"记者招待会""答记者问""时事评论"的做法。活动初期，老师要对开场白、吐字、发音、语调、节奏等进行指导，然后对表情、眼神、手势等进行训练，演讲结束后再由同学们对演讲的主题、观点、结构、技巧、表情、语态等方面进行评说。

实践证明，这项活动能弥补课本内容的欠缺，使之从课内引向课外，联系实际，与其他学科纵横延伸，既丰富了教学内容，又开阔

班级文化创建（1）

班级文化创建（2）

珠海市第五中学"班级文化建设大赛"评比活动
参评说明

班名	初二3班 sunshine
班训	用智慧描绘我们的明天，用热情腾飞我们的未来。
	1、毽球大赛 （结合班级在一楼的位置优势，进行毽球比赛，提高学生身体素质，丰富学生生活）

班级文化创建（3）

了学生的视野，同时还扩大了学生的阅读容量，多方面从外界获取信息，其成效是显著的。再有，演讲不仅有效地培养了学生的语言表达能力，而且能促进学生学习道德与法治课的积极性，演讲还能使学生的思想进行沟通，情感相互交流，在众多思想情感的撞击下，便于我们了解学生的思想动态，因势利导，帮助他们提高辨识力。

"守护生命"，课前布置学生采集校园中、社会中的安全警句、图片，经过采集，既提高学生的安全意识，又为课堂提供了教学素材。

安全标志

在一年一度的母亲节，组织学生开展"书信传递祝福"活动，有的同学回忆着自己与母亲相处的愉快记忆；有的同学在反思自己犯下的过错，还有的同学写上自己创作的话语、画出美丽的图案祝福母亲，无论是哪种形式，都能看出同学们对母亲的真挚祝福。活动的开展，不但使学生更加明白了母亲的辛苦、母爱的伟大，更增进了亲子间的沟通，提高了学生表达能力。

依据七年级上册"走近

节日作品

老师"的内容，结合9月10日教师节，组织学生开展教师节制作贺卡活动。学生表示，虽然制作过程比较辛苦，但想到老师的辛苦，看到老师开心的笑容，我们觉得十分值得。活动不仅拉近师生情感，更锻炼学生动手能力及表达能力。

中秋节是我国仅次于春节的第二大传统节日，结合"延续文化血脉"的教材内容，组织学生开展了"我们的节日·中秋节"表演活动，让学生在了解到更多有关中秋节的知识和故事传说，更对中国这一传统佳节及传统文化有了更深层次的了解和热爱，也锻炼学生的胆量和表达能力。

延续文化血脉

道德与法治科组配合德育处与各学科，开展相关活动，提高学生表达能力。美丽的环境需要精心爱护，良好的校风需要用心打造，和谐的校园需要细心维护。结合八年级上册第四课"社会生活讲道德"，配合珠海市创建全国文明城市，配合德育处的号召，组织学生开展"创建文明校园"手抄报活动。

手抄报活动（1）

手抄报活动（2）

联合语文学科，举行辩论赛，对培养学生学习道德与法治课的语言表达能力和提高思维的创新性、灵活性、逻辑性、严密性以及分析、概括、解决问题等方面的能力培养大有裨益。

辩论赛

道德与法治科组教师指导学生编撰时事点评小报。中考考试，由于非选择题试题比重大，且题目开放，设问开放，答案开放，这就使书面表达的要求进一步提高。因此在教学中训练学生掌握良好的表达方法十分必要。指导学生通过编撰时事点评小报，来提高书面语言表达能力和理论水平。实践证明，该项活动效果很好，得到广大同学的喜爱和同行的普遍认可。长期坚持撰写道德与法治小论文，定能提高我们的书面语言表达能力。

具体要求如下。

学生在日常学习生活中认真观察，收集国内外重大时政要闻，结合道德与法治课本中的基本理论，敏锐观察，勤于思考，积极探究并提出态度中肯、令人信服的鲜明观点。

点评过程要严密，条理要清晰。特别是论据要充分有力，列举事例真实可信，有不可辩驳之力量。讲述道理尤其引用课本理论要准确、科学、规范。不可用自己的语言随意添加、删减以影响政治语言的科学性和严密性。

建设粤港澳"深度"合作的示范区
21世纪海上丝绸之路的重要支点
广东自贸试验区横琴片区4月23日挂牌

初三(4)班 刘海颖

《京津冀协同发展规划纲要》

初三(4)班 罗欣欣

观点表达

道德与法治科组还开展各种社会实践活动，创造各种机会让学生
去交流表达。如组织学生到图书馆做义工，引导读者借书、找书以及
规范还书，不但可以锻炼自己的表达能力，增加社会实践经验，还能
为图书馆解决整理图书难的问题。

例如，组织学生到海滨浴场、板障山等地点进行环保活动。

荣誉证书

珠海市香洲区第五中学 蓝泽龙、杨轩仪同学
撰写的小论文《珠海市公共自行车现状的调查报
告》在珠海市中学生社会实践活动成果评选中荣
获一等奖。

指导教师：香洲区第五中学邱丽新老师。

珠海市教育学会中学政治专业委员会
2016年1月13日

活动成果

［课例］增强生命的韧性

采集到学生遇到的普遍挫折是"考试考砸了"这个信息后，教师提出问题：（1）从自身原因、外部原因出发查找考试失利的原因；（2）学生面对"考试考砸了"不同的态度会有什么结果？（3）如何战胜这一挫折？

通过对教学素材进行多次使用和挖深、挖透，充分利用采集的信息，学生对最熟悉又最揪心的问题"考试考砸了"进行了深入分析，实现以一个点为原点，不断发散新的点；从一个问题牵引出许多问题；从一种想法发散出多种多样的想法，从一个教学内容散发出相关的教学内容。最大限度地尊重学生已有的经验，重视他们的情感体验，引导他们利用自身学习资源，与新的学习情境相结合，在互相交流和分享活动中，让问题在其中生出，在共同的探讨中解决问题。学生的知识、情感、态度、价值观和行为就在他们发现、交流、分享中得以同构。这样生成的是他们自己的思想认识的一部分，在落实行动时就会成为他们自觉的行为，而不是强加的，是自然生成的，这样的教学一气呵成、水到渠成，使资源价值发挥和教学效果都最大化。

"增强生命的韧性"课堂

6.2.2 初中道德与法治一体化活动支持的环节设计

表6-4 初中道德与法治一体化活动支持的环节设计

序号	时间	活动名称	活动目标	活动环节	负责人	备注
1	第5周	网上交友新时空	目的是让学生认识网络世界的虚拟性，学会正确对待网上交友，增强自我防范意识	通过案例分析、角色扮演等活动引导学生领悟网上交友的利与弊	孙秀娥	七年级（上）
2	第10周	亲子活动	通过体验活动，让学生感受家庭亲情，尊重父母的劳动和情感，提升孝敬亲长的行为实践能力。发展情感体验能力	学生利用假日自行策划一次亲子活动，需要记录活动的过程（文字或录像），并附活动后双方的体会或收获	孙秀娥	七年级（上）
3	第16周	"磨炼意志，选择坚强"	对学生培养坚强的意志和今后的成长有着重要的现实意义	将全班同学分成小组，按"典型事例""方法和途径""自己的经历"等方面去收集资料，建成"互相援助，选择坚强"的信息资源库	孙秀娥	七年级（上）
4	第3周	"畅言青春新自我"	激发学生珍惜青春之情，以积极向上的态度投入青春生活，引导学生正确认识处于青春期的自我	引导学生围绕着"青春""人生""生命的价值"畅所欲言，充分表达他们的思想，展开辩论	孙秀娥	七年级（下）

（续表）

序号	时间	活动名称	活动目标	活动环节	负责人	备注
5	第5周	"展示我们充满快乐和情趣的生活"	指导学生追求富有情趣的生活，充分展示他们健康、积极、向上的生活，有利于学生养成自信、乐观的心态	确定小报的栏目和相关事宜。进行全班评选，编制情趣小报	孙秀娥	七年级（下）
6	第10周	"我们的班徽，我们的座右铭"	目的是为学生提供一个为新集体作贡献的机会，引导学生对新集体产生归属感，增强学生的集体意识，萌生集体荣誉感	引导学生根据分工，采用电脑制图、手绘等方式制作班徽	孙秀娥	七年级（下）
7	第17周	"共筑自我防护的堤防"	帮助学生在实践中增强抵制诱惑、防范侵害、保护自我的意识和能力	拟订一份"我们可能面对的诱惑与侵害"的调查问卷，编写《初中生自我防护手册》	孙秀娥	七年级（下）
8	第18周	"践行道德依法维权"	帮助学生懂得用法律来维护自己应当享有的合法权益，真正成为一名知法、守法、用法的好公民	收集日常生活中侵犯或保护未成年人合法权益的案例	孙秀娥	七年级（下）
9	第2周	义工活动齐参与	学会对自己负责、对集体负责、对国家和社会负责，发展独立思考和自我调控能力	学生记录一个月自己承担责任的实际情况，在班级进行交流。课后，小组完成"义工活动"方案设计及实施报告	邱丽新	八年级（上）

（续表）

序号	时间	活动名称	活动目标	活动环节	负责人	备注
10	第12周	模拟法庭	让学生懂得正确行使权利，自觉履行义务，增强法律意识，懂得运用法律手段维权	模拟法庭：学生根据所选取的未成年人违法犯罪案例进行模拟开庭审理。首先精选未成年人违法犯罪一个典型案例，然后在年级挑选参与表演的学生，学生上网查找相关的资料和视频，对案例审理的流程有初步的了解，再请中级人民法院的法官指导排演，最后向全年级的学生展示案件的审理。学生看后写感悟	邱丽新	八年级（下）
11	第14周	评选"学习之星"	激发学生珍惜受教育的权利，自觉履行受教育的义务。发展情感体验能力	以小组为单位，推荐本小组的"学习之星"候选人。包括学习优秀之星、学习进步之星、课堂积极发言之星、阅读之星、作业认真工整之星、学习上乐于助人之星、发明创造之星等。对于小组推选出的候选人，全班同学投票选出以上名目的学习之星各一位	邱丽新	八年级（下）
12	第18周	制定一场班级法律知识竞赛活动的竞赛规则	让学生认识到社会公正最重要的是制度公正，要维护社会公平，首先要保证制度与规则的公平合理。此外，要自觉遵守制度规则	以小组为单位，讨论公平合理的竞赛规则应包含基本内容和相关要求；以小组为单位，每个学生就规则内容发表自己的意见和建议，在充分讨论的基础上，形成小组交流的竞赛规则；各小组派代表宣读本小组制定的竞赛规则，然后进行自评和互评；最后，在集中各小组意见的基础上，形成一个相对合理的竞赛规则	邱丽新	八年级（下）

（续表）

序号	时间	活动名称	活动目标	活动环节	负责人	备注
13	第3周	关注社会，依法行使监督权	走出校门，走向社会，了解社会，增进关心社会的兴趣和情感，积极行使民主监督权，培养独立思考和自我调控能力	关注政府决策、社区管理、社区文化环境、周边环境问题、学校管理等，经调查和论证，以小组为单位，提出建议和意见，写出解决问题的方案，通过各种渠道行使监督权	廖翠华	九年级（上）
14	第18周	国情图片展示、交流	认清基本国情，自觉承担报效祖国、奉献社会的重任	分组从生活、网络、亲身体验等渠道收集改革开放以来我国经济、政治、文化、教育、科技、祖国统一、人口、环境、资源等方面的图片材料，制作PPT，交流心得	廖翠华	九年级（上）
15	第6周	放飞我们的理想	明确人生理想，学会选择，拥有情感体验能力、自我调控和自我激励能力	"放飞我们的理想"，每位同学为自己设计现在、20岁、毕业30年三张名片，分别谈及我的理想，反思、总结自己的选择，实现理想的过程，对社会的贡献和对一名中学生的忠告	廖翠华	九年级（下）

6.3 初中道德与法治"大"课程的一体化实践研究体系

本课题研究立足于科组建设和教学实践，围绕总课题"快乐与能力导向"的核心思想，以学生学科核心素养的形成与发展过程中起着至关重要作用的"自我教育能力"为核心，采用了案例研究法、行动研究法、调查研究法、总结经验法等研究方法，研究通过"材料阅读——分析反思——内化行动——情感"四个目标要素提升"自我教育能力"的道德与法治学科课堂教学模式和课下活动模式，使道德与法治学科成为学生道德、心理成长的重要阵地。

通过本课题研究，制定了三年道德与法治课"能力与快乐"导向的阶段目标，建立了每个单元的目标体系，同时总结了通过"材料阅读——分析反思——内化行动——情感"四个目标要素提升"自我教育能力"的道德与法治学科课堂教学模式和课下活动模式，将"能力与快乐"融于课堂和课下活动，使道德与法治学科成为学生道德、心理成长的重要阵地。

进一步构建以"材料阅读""分析反思""内化行动""情感"四个要素的"自我教育能力"评价体系，用以评估学生能力目标的达成程度、反观能力培养的过程和环节，发现问题，校正研究方向，落实道德与法治课的实效性。

6.3.1　聚焦道德与法治四特性

道德与法治课程旨在提升学生的思想政治素质、道德修养、法治素养和人格修养等。本课程的特性主要有以下几个方面。

政治性即培育学生的政治认同，引导学生形成正确的世界观、人生观、价值观，热爱祖国，坚定正确的政治方向，初步树立共产主义远大理想和中国特色社会主义共同理想，成为德智体美劳全面发展的社会主义建设者和接班人。

思想性以社会主义核心价值体系为导向，深入贯彻落实科学发展观，根据学生身心发展特点，分阶段、分层次对初中学生进行爱祖

国、爱人民、爱劳动、爱科学、爱社会主义的教育，为青少年健康成长奠定基础。

综合性有机整合道德、心理健康、法律和国情等方面的学习内容；与初中学生的家庭生活、学校生活和社会生活紧密联系；将情感态度价值观的培养、知识的学习、能力的提高与思想方法、思维方式的掌握融为一体。

实践性从学生实际出发并将初中学生逐步扩展的生活作为课程建设与实施的基础；注重与社会实践的联系，引导学生自主参与丰富多样的活动，在认识、体验与践行中促进正确思想观念和良好道德品质的形成和发展。

6.3.2　围绕三方共发展

（1）教师发展

教师要树立以发展学生"自我教育能力"的教育教学观念，明确道德与法治课有效教学的关键在于提升学生的自我教育能力。同时，在教学中探索通过"材料阅读——分析反思——内化行动——情感"四个目标要素培养学生的"自我教育能力"。

（2）学生发展

首先，通过"材料阅读——分析反思——内化行动——情感"四个目标要素促进学生自我教育能力的发展，帮助学生在初中三年逐年提升自我教育能力，并帮助学生提高道德素质，形成健康的心理品质，树立法律意识，增强社会责任感和社会实践能力。

其次，让学生在教学中和课下活动中品尝到课堂的乐趣和成功的喜悦，让学生"乐学"。七年级，在认识自我中，体验成长的快乐，懂得交往品德，感受与人友好交往的快乐；八年级，在学法懂法的基础上，感受做一名守法好公民的快乐；九年级，在了解国情和社会的发展，感受做一名负责任公民的快乐。

（3）学科发展

以学生学科核心素养形成与发展过程中起着至关重要作用的"自我教育能力"为核心，研究通过"材料阅读——分析反思——内化行动——情感"四个目标要素提升"自我教育能力"的道德与法治学科课堂教学模式、课下活动模式和评价模式，使道德与法治学科成为学生道德、心理成长的重要阵地。

6.3.3 重建道德与法治一体化

重建"快乐与能力导向"的道德与法治学科三年一体化体系。将道德与法治教学内容按学科核心素养维度"政治认同、道德修养、法治观念、健全人格、责任意识"和学生生活维度"成长中的我""我与他人和集体""我与国家和社会"进行细分，重建学科知识与"自我教育能力"的关系，形成自我教育能力的分阶段培养体系。同时，根据不同阶段的"自我教育能力"培养要求，落实材料阅读、分析反思、内化行动、情感四个要素的分阶段目标。

落实"快乐与能力导向"的集体备课的策略。明晰"自我教育能力"的内涵、层次特征、阶段要求，确立各单元教学中以培养学生自我教育能力为核心的材料阅读、分析反思、内化行动、情感四个要素的具体要求和目标。

研究以"材料阅读""分析反思"为主的进行自我教育能力培养的道德与法治课堂教学模式。

研究以"内化行动""快乐情感获得"为主的进行自我教育能力培养的课下活动方案。

构建以"材料阅读""分析反思""内化行动""情感"四个要素的"自我教育能力"评价体系，用以评估学生能力目标的达成程度、反观能力培养的过程和环节，发现问题，校正研究方向，落实道德与法治课的实效性。

6.3.4 团队分工促研究

廖翠华：负责收集课题资料，组织科组成员进行课题研究；制订本学科"快乐与能力导向"的研究方案；制订九年级道德与法治课快乐和能力导向目标体系；落实九年级道德与法治课"快乐与能力导向"的课堂学习活动和课下综合活动，每单元活动后进行学生能力阶段评价。

邱丽新：制订八年级道德与法治课"快乐与能力导向"目标体系；落实八年级道德与法治课"快乐与能力导向"的课堂学习活动和课下综合活动，每单元活动后进行学生能力阶段评价。

孙秀娥：制订七年级道德与法治课"快乐与能力导向"目标体系；落实七年级道德与法治课"快乐与能力导向"的课堂学习活动和课下综合活动，每单元活动后进行学生能力阶段评价。

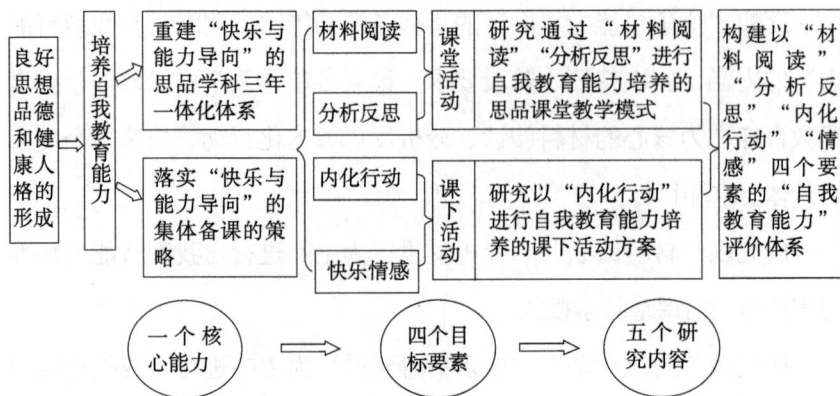

研究路线图

（1）准备阶段

设定道德与法治学科的核心能力是"自我教育能力"这一核心能力的培养离不开"阅读、思考、表达"三个基础能力和快乐学习的体验；三年的能力培养分层次为自我认知和评价能力、情感体验能力、自我调控和自我激励能力；制订了子课题的研究方案和目标管理体系。

（2）实施阶段

道德与法治课题组老师根据研究目标和研究方案认真开展集备活动，围绕"阅读、思考、表达"三个基础能力和快乐学习的体验，落实能力导向的课堂学习活动和课下综合活动，开展了以下四个主题研究活动，落实了研究过程。

第一主题研究活动：探索"课前如何采集学生资源，促进学生自我认知、自我评价能力"。在开始新的单元学习时，学生根据教师的要求完成采集表或收集一些生活中的案例，一方面促进的道德与法治课的有效教学，另一方面学生在采集过程中反思了自己的行为，促进了阅读能力和自我认知、自我评价的能力。在这一主题研究活动中，邱丽新老师申报了市一级的微课题"采集学生问题点开展有效的思想品德教学"；孙秀娥教师和廖翠华教师在课堂教学中分别采集了学生真实经历的事件作为情景活动，设计了一系列的教学环节，帮助学生解决真实存在、亟待解决的问题，由于情景真实、符合学生需求，学生积极性很高，对教材重难点的掌握和运用都很好，促进了学生自我认知、自我评价能力的提高。

第二主题研究活动：探索"课堂上如何围绕问题切入点，设计关联问题，开发思维，反思体验，最终解决问题？"在课堂中，为提高学生的思维能力，教师根据采集学生资源中找到的问题切入点，实现以一个点为原点，不断发散新的点；从一个问题牵引出许多问题；从一种想法发散出多种多样的想法；从一个教学内容散发出相关的教

学内容。学生根据老师设计的层层深入的关联问题进行分析思考，在老师的引导下不断深入地分析、探讨和反思自己的行为，在这个过程中促进了学生思考、表达能力和情感体验能力。在这一主题研究活动中，课题组老师成功设计了许多课例，如"增强生命的韧性"等，均获得好评。

第三主题研究活动：探索"如何在课下活动中通过'内化行动——快乐情感的获得'落实自我教育能力的培养"。在课下活动中，学生在更为广阔的空间里学习生活、感悟生活、享受生活，进而反思自我，进行自我教育，成为一个具有良好品德的人。这一过程真正实现了学生"乐学"，促进学生自我调控和自我激励的能力。在初中三年里，学生通过编制手抄报、调查活动、信息采集、行动计划、舞台剧表演、知识竞赛等形式完成了近20个课下活动。

第四主题研究活动：探索"如何有效提升学生表达能力？"在课上及课下两个环节中进行了探讨和实践。一是如何在课堂上通过"说""议""写"等活动对学生进行表达能力的培养。如九年级道德与法治组老师在发现学生答题语言丢三落四，不规范、不科学、有失精准，造成大量失分的情况后，从规范答题要求到语言表达的精准、到如何有效表达做了一系列的指导。二是如何在课下活动中通过"辩""演""写""做"等形式落实表达能力的培养与展示。

（3）总结验收、结题阶段

收集课题研究资料，撰写相关论文、结题报告等。

6.3.5 教学展示显成果

（1）认识成果

转变了道德与法治教师重教材轻实际的传统教学观念，树立了以发展学生"自我教育能力"的教育教学观念，在教学中探索通过"材料阅读——分析反思——内化行动——情感"四个目标要素培养学生的"自我教育能力"；提高了道德与法治教师对道德与法治课堂培养学生核心能力重要性的认识；增强了科组集体备课重要性的认识。

（2）理论成果

探索出了以"材料阅读""分析反思"为主的进行自我教育能力培养的道德与法治课堂教学模式；生成了道德与法治三年"快乐与能力导向"的教学和学习的目标体系；汇集了以"内化行动""快乐情感获得"为主的进行自我教育能力培养的课下活动方案。

（3）操作成果

实施了道德与法治学科组建设方案；开展了四个主题研究活动，如从"阅读、思考、表达"三个基础能力和快乐学习的体验着手，在课前、课中、课下三个环节中进行"采集学生资源，促进学生思维能力发展"的探讨和实践。如重视表达能力的训练，通过课堂上"说""议""写"及课下"辩""演""写""做"等形式对学生进行自我教育能力的培养。并且，根据这些主题活动，编制了两期的研究简报，图文并茂，总结展示三年来的研究成果。

（4）实践成果

学生中考成绩显著提高，全校仅有4名学生为D等级，占全级学生1.3%，远低于全市5%的比例；学生在课前采集资源时能反思自己的行为或收集生活中的实例，促进了阅读能力和自我认知、自我评价的能力；学生主动积极参与课堂学习，认真思考，深入地分析、探讨和反思自己的行为，勇于表达自己的想法，品尝到课堂的乐趣和成功的喜悦，促进了学生思考、表达能力和情感体验能力。在课下活动中，学生在更为广阔的空间里学习生活、感悟生活、享受生活，进而反思自我，进行自我教育，成为一个具有良好品德的人。这一过程真正实现了学生"乐学"，促进学生自我调控和自我激励的能力。通过课题研

究，科组建设逐渐规范，提高了科组教师的教学科研能力。

三年以来，科组教师取得如下业绩：①课题组邱丽新、廖翠华、孙秀娥以"采集学生问题点开展有效的思想品德教学"为题申报了市教育研究中心的微课题，现已结题。②科组教师围绕各阶段研究主题上展示课，均获好评及推广。其中青年教师孙秀娥成长迅速，课例"人生难免有挫折""网上交友新时空"分别被评为"一师一优课、一课一名师"的省级及部级优课，且代表香洲区到斗门、广州送课；邱丽新老师设计的微课"两代人的对话"获市思品微课比赛二等奖。③积极鼓励学生参与课下社会实践活动，邱丽新老师辅导的蓝泽龙同学、杨轩仪同学撰写的《珠海市公共自行车现状的调查报告》、黄津津同学撰写的《人无信不立》分别获珠海市中学生社会实践活动成果评选一等奖、三等奖。④孙秀娥老师论文《巧用采集生成，建有效思品课堂》广东省思想政治（品德）优秀教学论文展示二等奖；论文《巧用学生生活资源，打造真实有效课堂》荣获"基于快乐和能力导向"的初中学科三年一体化建设的策略研究之青年教师课题论文评选二等奖。⑤邱丽新老师到广州嘉福中学开设题为"采集学生问题点　开展有效的思想品德教学"的讲座。

参考文献

［1］中华人民共和国教育部. 义务教育道德与法治课程标准（2022年版）［M］. 北京：北京师范大学出版社，2022.

［2］李晓东. 义务教育课程标准（2022年版）课例式解读：道德与法治［M］. 北京：教育科学出版社，2022.

［3］范宁. 浅析自我教育的四种能力［J］. 学理论，2009（26）：118—119.

7

深化教学·强化能力
专项提升·一校一品

7.1　初中体育"大"课程的一体化目标管理体系

根据多维健康观和体育学科专业特色，借鉴国际体育课程发展的经验，结合学校师生共同特点，制订了以培养学生在体育运动中所呈现的心情愉悦（主观满足）和能力提升（客观满足）为重点的"满足体育"研究方案。

本研究方案的设置遵循了"健康第一"的指导思想，采用"学、练、赛、评"一体化教学模式，在大单元计划教学中，强调突出学生的学习主体地位，让学生开开心心地进行体育运动，引导学生掌握体育与健康基础知识、掌握与运用体能和运动技能、学会运用健康与安全的知识和技能、积极参与体育活动，进而提升学生在体育运动中的运动能力、健康行为和体育品德，促进学生身体素质的全面发展，进而提升学生在体育运动中的创新能力、鉴赏能力和实践性参与能力，培养学生掌握2—3项运动技能，为学生终身参加体育锻炼奠定良好基础。

7.1.1 初中体育"快乐与能力导向"大课程一体化建设总目标

体育学科具有身体活动的独特性,学生在身体锻炼的过程中可以体验到运动的快乐,享受比赛和游戏的乐趣,在运动中使能力得到进一步提升,促进学生身心全面的发展。因此,初中体育总目标围绕"快乐与能力导向",从提升学生能力与加强教师能力两个层面展开,其中在学生层面注重发展学生体育运动的基础能力、运动能力、健康行为和体育品德等;教师层面要求强化教师的教学能力,构建一体化体育科组培养体系,落实一体化建设总目标。初中体育"快乐与能力导向"大课程一体化建设总目标表述详见表7-1。

表7-1 初中体育"快乐与能力导向"大课程一体化建设总目标

序号	总目标表述
1	让学生掌握体育运动的基础性知识、体能及练习方法,享受运动乐趣
2	让学生具备体育运动的运动能力、健康行为、体育品德
3	教师具备系统的教学能力和能力培养的系统教学法
4	构建三年一体化的体育科组能力培养体系,提高科组系统性

7.1.2 初中体育"快乐与能力导向"大课程一体化建设阶段目标

为了能够更快地实现初中体育三年一体化"大"课程建设总目标,进一步细化"快乐与能力导向"体育课程理念,体育教研组各教师经过集中研讨,敲定了既要确保学生在课堂中保持愉悦心情,又要能够更加有效地提升他们的体育能力。因而,将体育能力划分为基础性能力、运动能力、健康行为和体育品德四个维度,让学生在体育课

堂上享受乐趣、增强体质、健全人格、锤炼意志。在初中三个年级的阶段目标表述上，以能力递进叠加和深化的方式加以表述，体现不同年级能力的一体化进阶，详见表7-2。

表7-2 初中体育"快乐与能力导向"大课程一体化建设阶段目标

维度	序号	阶段目标表述		
		七年级	八年级	九年级
基础性能力	1	能健康正确地认识体育运动	能正确分析体育赛事中所发生的问题	能自主学习体育运动知识
	2	能正确模仿技术动作	能正确发展技术动作	能正确延伸技术动作
	3	能辨识正误技术动作	能自检正误技术动作	能正确纠正错误技术动作
运动能力	1	能大胆参与到体育运动；能自觉上好体育与健康课	能主动参与到体育运动；能经常性主动参加课外体育运动	能主动组织小型体育活动；能自主设计简单的体育锻炼计划及实施
	2	能基本掌握科学锻炼身体基本知识和方法；能简要分析体育比赛中发生的重大事件与问题	能基本掌握科学锻炼身体基本知识和方法；能简要分析体育比赛中发生的重大事件与问题	能基本掌握科学锻炼身体基本知识和方法；能简要分析体育比赛中发生的重大事件与问题
	3	能基本掌握田径、足球、体操等项目中的一到两项技能，并能在日常生活的运用	能基本掌握田径、篮球、排球、体操等项目中一到两项技能，并能参加比赛	能基本掌握一到两项技能，并强化练习，提高体能的发展，技能在日常生活中学以致用
健康行为	1	能基本掌握健康的基本知识，养成健康的生活方式	了解身体发育和体能的特点，学会心肺耐力和灵敏性的练习方法	养成良好的运动习惯，善于休息，增进健康

维度	序号	阶段目标表述		
		七年级	八年级	九年级
健康行为	2	能了解平衡膳食与健康的关系，并能学会合理体育锻炼，学会饮食与运动的合理搭配	能基本掌握健康知识与技能的运用，并学会如何设计日常体育锻炼的计划	学会自我监测运动负荷，并能设计体育锻炼的计划；能合理运用运动负荷进行合理健身锻炼
	3	能基本了解运动损伤及运动危机的发生条件；掌握简单运动损伤的处理方法	能在日常生活中有体育运动的安全意识及能力；能学会急救知识的包扎处理方法；能学会调控情绪的方法	能运用基本方法预防意外伤害；掌握意外伤害的简单紧急处理方法
体育品德	1	能有坚强的意志品质	能有自尊自信、坚持不懈的意志品质	能形成合作意识、增强团队精神
	2	能有积极进取、勇敢顽强的体育精神	能具备责任意识、诚信自律	能尊重裁判、公平参与竞争
	3	能遵守规则、增强规则意识	能公平竞争、尊重裁判	能正确鉴赏运动比赛、正确胜负观

7.1.3　初中体育"快乐与能力导向"大课程一体化建设单元目标

　　基于不同年级学生的身心特点，体育科组研讨后设计了不同水平的能力目标，以期能够更好地达成"快乐与能力为导向"的体育学科总目标。针对不同项目的特点，合理规划了与之相匹配的能力目标。在运动项目练习中提高速度、力量、耐力、灵敏和柔韧等身体素质，同时确保所学动作的准确性、协调性，以期达到最佳的运动成效。各

单元目标详见表7-3。

表7-3 初中体育"快乐与能力导向"大课程一体化建设单元目标

单元	讲学内容	单元能力目标	能力与快乐活动	备注
第一单元	体育与健康知识	能健康正确地认识体育运动；能基本学会如何养成健康的生活方式	1. 小组讨论 2. 个人分享思考	七年级（上）
第二单元	体操	能正确模仿技术动作；能辨识正误技术动作；能自觉上好体育与健康课	1. 广播体操（8学时） 2. 蹲跳起（2学时） 3. 肩肘倒立成蹲立（4课时） 4. 燕式平衡（4课时）	七年级（上）
第三单元	田径	能基本掌握田径——跑、跳跃、投掷能力的基本技术动作要点。学会体能的练习方法	1. 快速跑（4学时） ①起跑：站立式起跑、蹲踞式起跑 ②起跑后的加速跑 ③途中跑 ④冲刺跑 2. 立定跳远单足跳（4学时） 3. 耐力跑（4学时） 4. 原地双手抛（投掷）实心球（4学时） 5. 跳绳（4学时） 6. 辅助练习：俯卧撑、高抬腿、深蹲跳原地弓箭步跳、连续蛙跳、仰卧起坐、弓箭步走、行进间高抬腿、收腹跳、原地快速摆臂（10课时） 7. 体育游戏渗透在课堂环节	七年级（上）
第四单元	篮球	能基本掌握一到两项技能，加以练习。能基本掌握篮球的基本组合技术动作，并运用于日常生活	1. 运球、传接球组合练习（6学时） ①双手胸前传接球 ②运球+击地传接球 ③行进间运球肩上传接球 2. 男生原地单手肩上投篮、女生原地双手投篮+运球组合练习（6学时） 3. 行进间高手投篮（6学时） 4. 教学比赛渗透课堂环节	七年级（上）

单元	讲学内容	单元能力目标	能力与快乐活动	备注
第一单元	体育与健康课程	能基本了解运动损伤及运动危机的发生条件；掌握简单运动损伤的处理方法	1. 小组讨论 2. 观看教学视频	七年级（下）
第二单元	足球	能掌握足球传球、运球的基本技术动作要点，学会体能的练习方法	1. 原地脚内侧传接球（4学时） 2. 行进间脚内侧传接球（4学时） 3. 行进间脚背内侧、外侧运球（8学时） 4. 足球教学比赛（4学时）穿插于课堂环节	七年级（下）
第三单元	羽毛球	能基本掌握一到两项技能，加以练习	1. 发球（4学时） 2. 正手击高远球（4学时） 3. 上网步法	七年级（下）
第一单元	体育与健康课程	能正确分析体育赛事中所发生的问题；能基本掌握如何避免运动损伤及伤害事故	1. 小组讨论 2. 观看教学视频 3. 比赛视频赏析	八年级（上）
第二单元	田径	能正确发展技术动作；能正确控制自身运动负荷强度	1. 200米跑（2学时） 2. 辅助练习：俯卧撑、高抬腿、深蹲跳原地弓箭步跳、连续蛙跳、仰卧起坐、弓箭步走、行进间高抬腿、收腹跳、原地快速摆臂（10课时） 3. 蹲踞式（挺身式）跳远（2学时） 4. 耐力跑（2学时） 5. 跳绳（4学时）	八年级（上）
第三单元	体操	能创新不同的技术动作组合	1. 前滚翻+交叉转体180度+后滚翻+肩肘倒立+蹲立+挺身跳（10学时） 2. 头手倒立+团身前滚翻交叉转体180度+后滚翻+肩肘倒立+向前滚动抱腿起+挺身跳（10学时） 3. 跳绳操	八年级（上）

（续表）

无边界学习之『大』课程

单元	讲学内容	单元能力目标	能力与快乐活动	备注
第四单元	排球	能基本掌握一到两项技能，加以练习	1．基本准备姿势（2学时） 2．正面双手垫球（5学时） 3．正面双手上手传球（5学时） 4．对墙垫、传组合练习（6学时） 5．排球教学比赛渗透练习环节	八年级（上）
第一单元	体育与健康	能掌握急救知识并正确运用	1．小组讨论 2．观看教学视频 3．真人演示教学	八年级（下）
第二单元	田径	能正确发展技术动作；能正确控制自身运动负荷强度	1．400米跑（4学时） 2．耐力跑（8学时） 3．跳绳（6学时） 4．辅助练习：俯卧撑、高抬腿、深蹲跳、原地弓箭步跳、连续蛙跳、仰卧起坐、弓箭步走、行进间高抬腿、收腹跳、原地快速摆臂（10课时）	八年级（下）
第三单元	足球	能主动参与到体育运动。掌握足球的踢球、运球的基本技术动作要领并在比赛中学以致用	1．脚背正面踢球 2．脚背正面内侧运球 3．足球运球绕杆+射门组合动作练习 4．足球教学比赛贯穿课堂	八年级（下）
第四单元	排球	能自检正误技术动作。能掌握排球的基本技术要点，发展排球垫传能力	1．2人正面双手垫球（3学时） 2．2人正面双手传球（3学时） 3．排球——合作传垫球结合对练（6学时） 4．排球游戏贯穿整课堂	八年级（下）
第五单元	武术	能学会调控情绪的方法	学习一套简单完整的拳法（10学时）	八年级（下）

单元	讲学内容	单元能力目标	能力与快乐活动	备注
第一单元	体育与健康课程	能自主学习体育运动知识	1. 小组讨论 2. 观看教学视频 3. 真人演示教学	九年级（上）
第二单元	体操	能正确延伸技术动作	1. 跳绳操（12学时） 2. 队列队形（8学时）	九年级（上）
第三单元	田径	能正确纠正错误技术动作；能自主设计简单的体育锻炼计划及实施；能合理运用运动负荷进行合理健身锻炼；能正确指导如何避免运动损伤及伤害事故；能形成合作意识与良好的体育道德	1. 耐力跑（15学时） 2. 跳绳（15学时）	九年级（上）
第四单元	篮球	能基本掌握一到两项技能，加以练习。掌握篮球的技战术，能正确运用于比赛或活动	1. 行进间运球组合练习（4学时）行进间高手投篮（6学时） 2. 半场运球折返投篮练习（10学时） 3. 教学比赛渗透课堂环节	九年级（上）
第一单元	体育与健康课程	能正确鉴赏技术动作及运动赛事	1. 小组讨论 2. 观看教学视频 3. 赛事赏析演讲	九年级（下）

（续表）

单元	讲学内容	单元能力目标	能力与快乐活动	备注
第二单元	田径	能在日常生活中有体育运动的安全意识及能力；能主动组织小型体育活动；能有坚持不懈，强大意志力	1．耐力跑（15学时） 2．跳绳（15学时）	九年级（下）
第三单元	中考选项练习①篮球②排球③足球	能基本掌握篮球的运球组合动作，并加以练习。学会遵守规则、公平竞争	1．行进间运球组合练习+行进间高手投篮（8学时） 2．半场运球折返投篮练习（10学时）	九年级（下）
		能自检正误技术动作。能掌握排球的基本技术要点，发展排球垫传能力	1．排球——自传、自垫组合练习（2学时） 2．排球——合作传垫球结合对练（6学时） 3．排球对墙传、垫组合练习（6学时） 4．排球游戏贯穿整节课堂	九年级（下）
		能主动参与到体育运动。掌握足球的踢球、运球的基本技术动作要领并在比赛中学以致用	1．脚背内侧运球练习（4学时） 2．足球运球绕杆+射门组合动作练习（6学时） 3．运球绕杆比赛 4．足球教学比赛贯穿整节课堂	九年级（下）
第四单元	中考专项练习	能熟练掌握跳绳和耐久跑的动作技术和技巧；能在跳绳及耐久跑中感受到比赛乐趣和动力；能掌握练习提高运动项目的方法方式	1．耐久跑 2．跳绳	九年级（下）

7.2 初中体育"大"课程的一体化活动支持体系

为充分落实"快乐与能力导向"的大课程理念,体育课题组根据学校总体部署,提出一体化活动支持体系的建设思路。

7.2.1 初中体育一体化活动支持的课下活动

基于学校的实际情况,体育科组创设了多样化的课下活动,其中以足球为主要运动项目。

体育科组结合学校的足球特色,围绕足球运动设计了一套能力方案计划,通过足球技术教学的分层深化,从而帮助学生体验体育锻炼的快乐和提升运动能力。

足球运动能力方案计划

(一)8月,制订七年级上学期足球课程计划,预计教学周19周,共授课五个模块(球性、球感练习,踢球技术,运球技术,简单战术教学,足球理论概述);制定学生平时足球课考核标准。七年级将由曾力超、梁景豪、连文龙老师担任专项足球课技术教学,七年级上学期主要以激发学生对足球的兴趣与热情(足球游戏为主)。学校完成校足球队的梯队建设,保证为校足球队注入新鲜的血液。

(二)9月,每班一周一节足球课正式开课,上课内容主要为足球理论知识与足球礼仪教学,让学生进一步了解足球所蕴含的精气神,

明确本学期足球课任务与考核标准。

（三）10月，结合珠海市第五中学语文活动周、历史活动周等加入足球文化元素（如举办足球征文活动，了解足球发展史等），成立七年级足球社团。

（四）11月，举行第二届"校长杯"班级足球联赛。

（五）12月，课程已经过半，学生已经有一些足球基础，利用课间操或大课间进行"足球比赛"（比赛为该阶段所教授内容的技术比赛，如"颠球王""盘带冠军班"等）。

（六）1月，进行本学期校园足球工作总结。

（七）3月，七年级下学期，本学期足球课教学重点为技、战术教学。预计教学周为20周，共设5个内容活动中的综合球感，活动中的踢、接球技术，结合射门的组合技术，战术1VS1、2VS2、3VS3攻防。

（八）4月，各班以学习小组为单位在足球课上进行三人制足球比赛（男女均可参加）。

（九）5—6月，通过4月各班级内部的学习小组的比赛，选拔出班级足球队，参加珠海市第五中学"校长杯"校园足球班级联赛，联赛评出冠军、亚军、季军，最佳射手，赛季优秀裁判员，解说员，记者。家长进行最佳摄影展比赛，选出优秀的作品进入校园足球档案作为宣传。

（十）7月，校园足球工作小组组长温晓航校长为本学年校园足球工作进行总结并制订下一步工作计划。

根据学校的条件、场地、器材等实际情况，积极创新大课间体育活动开展的形式，并连续两年获得珠海市中小学大课间一等奖。

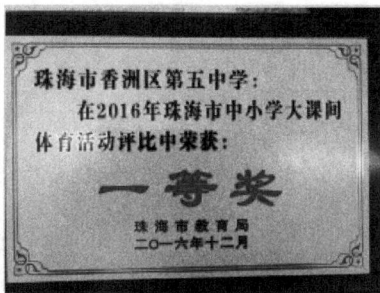

获奖展示（1）

获奖展示（2）

以下为创新后的体育大课间活动形式。

足球大课间活动形式

第一章　进场（2分钟）。在入场音乐的引领下，学生齐步进入运动场，培养学生的组织纪律性和集体主义精神。

第二章　五中特色足球操（4分钟）。集体热身运动。通过五中特色足球操，增强学生的身体操控能力和集体团结能力，使机体由睡眠状态过渡到工作状态。

第三章　素质练习（3分钟）。提高学生足球专项素质，增强体质，提高学生足球项目的运动能力。

第四章　自主活动（3分钟）。校园一校一品、班级自主、自编操活动。伴随音乐的节奏，通过行进间操，体现五中校园足球文化和五中的一校一品，展现出五中的运动活力和文化底蕴。同时各班级进行自主、自编的班级展示活动，培养学生班级间的集体凝聚力，帮助学生建立班级集体意识，发挥学生的自主创新能力，营造良好的校园体育活动氛围。

第五章　跑操（5分钟）。以班级为单位，在音乐的伴奏下转变为四列横队，围绕操场进行慢跑，充分发展学生体能。

第六章　放松活动（2分钟）。在音乐的伴奏声中，在跑道中慢行，调整心率恢复至正常水平。

第七章　退场（1分钟）。在音乐指令下，各班有序退场。

大课间足球活动

学校举办"校长杯"校园足球班级联赛，贯彻课上学习，课下实践，课后竞赛的理念，丰富学生课余活动的同时，也能增强学生的身体机能，让学生感受足球运动的魅力，逐渐养成运动习惯。挑选优秀学生进入足球校队训练，给予对自身有更高要求的同学提升技能的公平竞争机会。

学校还开展了多样化的兴趣社团，通过运动项目发展学生的力量、柔韧、速度、耐力等身体素质和运动能力，进而助力终身体育锻炼意识的养成。各兴趣社团的训练安排详见表7-4。

表7-4　各兴趣社团的训练安排

训练安排	星期二	星期三	星期四	星期五
第三周	足球：选拔队员 田径：选拔队员	篮球：选拔队员 羽毛球：选拔队员	足球：小型比赛，了解队员情况 田径：进行项目选拔测试	篮球：小型比赛，了解队员情况 羽毛球：小型比赛，了解队员情况
第四周	足球：传地滚球、接地滚球 田径：具体项目主要技术动作教学	篮球：移动技术教学 羽毛球：握拍方法、单打发球技术教学	足球：传地滚球、接地滚球、正脚背带球 田径：具体项目适应性练习	篮球：移动技术练习 羽毛球：单打发球技术练习、单打接发球技术教学

训练安排	星期二	星期三	星期四	星期五
第五周	足球：脚弓传接球、多种控球的练习 田径：具体项目适应性练习	篮球：球感练习、传接球技术教学 羽毛球：后场击球高远球技术教学	足球：脚弓传接球；技战术结合二过一的练习 身体素质：各种加速跑、变向跑 田径：体能练习	篮球：球感练习、传接球技术练习 羽毛球：后场击高远球技术练习
第六周	足球：脚弓传接球；踢半高球练习 田径：素质练习	篮球：球感练习、投篮技术教学 羽毛球：前场击球步法教学	足球：战术配合、传切配合 身体素质：各种加速跑、变向跑。 田径：素质练习	篮球：球感练习、投篮技术练习 羽毛球：前场击球步法练习、中场击球步法教学
第七周	足球：脚弓传接球；身体素质练习 田径：技术指导练习	篮球：球感练习、运球技术教学 羽毛球：后场击球步法教学、发球、击高远球练习	足球：全场比赛练习 田径：测试	篮球：球感练习、运球技术练习 羽毛球：前场击球技术教学、步法练习
第八周	足球：体能的恢复；各种技术的练习 田径：素质练习	篮球：球感练习、持球突破技术教学 羽毛球：前场击球技术教学、步法练习	足球：各位置攻防技术练习 田径：体能练习	篮球：球感练习、持球突破技术练习、素质练习 羽毛球：前场击球技术教学、步法练习
第九周	足球：传切配合、中路接应 田径：专项训练	篮球：球感练习、防守技术教学 羽毛球：后场击球技术教学、步法练习	足球：全场比赛练习 田径：专项训练	篮球：球感练习、防守技术练习、素质练习 羽毛球：后场击球技术练习、步法练习
第十周	足球：各项技术的练习 田径：专项训练	篮球：球感练习、抢篮板球技术教学 羽毛球：中场击球技术动作教学、步法练习	足球：战术配合、传切配合 田径：专项训练	篮球：球感练习、篮球战术简单讲解 羽毛球：中场击球技术动作练习、步法练习

（续表）

训练安排	星期二	星期三	星期四	星期五
第十一周	足球：半场战术配合练习 田径：专项训练	篮球：球感练习、进攻战术的基本了解 羽毛球：简单小组比赛	足球：全场比赛练习 田径：专项测试	篮球：球感练习、防守战术的基本了解 羽毛球：素质练习

7.2.2　初中体育一体化活动支持的环节设计

表7-5　初中体育一体化活动支持的环节设计

序号	时间地点	活动名称	活动目标	活动环节	负责人	备注
1	10月中旬学校教室	体育与健康知识竞赛	1．能健康正确地认识体育运动。 2．能基本掌握急救知识及简单运用	1．进行体育与健康知识教育。 2．进行自我评价问卷调查。 3．进行体育与健康知识竞赛。 4．评选颁奖	连文龙	七年级（上）
2	11月上旬学校田径场	广播体操比赛	1．能辨识正误技术动作。 2．能大胆参与到体育运动	1．各班自主练习。 2．两个班为单位进入候场区准备。 3．两个班为一组进行比赛。 4．评选颁奖	黄辉、曹小红	七年级（上）
3	11月中旬学校田径场	校运会	1．能基本了解如何监控自身运动负荷强度。 2．能有坚强的意志品质	1．组织各班进行合理的项目填报。 2．给予学生正确的体育锻炼建议与引导。 3．进行相关项目比赛。 4．评选颁奖	向荣	七年级（上）

序号	时间地点	活动名称	活动目标	活动环节	负责人	备注
4	12月中旬 学校田径场	班级大课间评比	1．能创新不同的技术动作延伸。2．能大胆参与到体育运动	1．筹划设计大课间方案。2．组织各班级进行相关操类学习以及特色班级展示的创编。3．组织所有班级进行彩排。4．进行大课间比赛。5．评选颁奖	黄辉、连文龙	七年级（上）
5	3月中旬 学校田径场	趣味运动会	1．能大胆参与到体育运动。2．能自觉上好体育与健康课	1．筹划趣味运动会。2．集思广益，让每个班级创想趣味运动。3．通过征集和筛选组合趣味运动会的运动项目。4．组织各班级进行趣味运动会。5．评选最具趣味活动及给获奖班级颁奖	郭军华	七年级（下）
6	4月中旬 学校篮球场	篮球比赛	1．能创新不同的技术动作延伸。2．能有坚强的意志品质。3．能基本了解运动损伤及运动危机的发生条件	1．筹划篮球比赛。2．通过班级体育委员进行引导性班级自主训练。3．进行年级间的篮球比赛。4．决出名次并颁奖。5．引导每个班级进行自我评价及总结	郭军华	七年级（下）
7	5月中旬	羽毛球比赛	能正确分辨技术动作的好坏	1．筹划羽毛球比赛。2．通过班级体育委员进行引导性班级自主训练。3．进行年级间羽毛球比赛。4．决出名次并颁奖。5．引导每个班级进行自我评价及总结	黄恩往	七年级（下）

（续表）

序号	时间地点	活动名称	活动目标	活动环节	负责人	备注
8	10月中旬 学校教室	体育与健康知识竞赛	1．能正确分析体育赛事中所发生的问题。2．能掌握急救知识并正确运用	1．进行体育与健康知识教育。2．进行自我评价问卷调查。3．进行体育与健康知识竞赛。4．评选颁奖	连文龙	八年级（上）
9	10月中旬 学校田径场	广播体操比赛	能自检正误技术动作	1．各班自主练习。2．两个班为单位进入候场区准备。3．两个班为一组进行比赛。4．评选颁奖	黄辉、曹小红	八年级（上）
10	11月中旬 学校田径场	校运会	能经常性主动参加课外体育运动	1．组织各班进行合理的项目填报。2．给予学生正确的体育锻炼建议与引导。3．进行相关项目比赛。4．评选颁奖	向荣	八年级（上）
11	12月中旬 学校田径场	大课间评比	1．能正确发展技术动作。2．能创新不同的技术动作组合	1．筹划设计大课间方案。2．组织各班级进行相关操类学习以及特色班级展示的创编。3．组织所有班级进行彩排。4．进行大课间比赛。5．评选颁奖	黄辉、连文龙	八年级（上）
12	3月中旬 学校田径场	趣味运动会	能主动参与体育运动	1．筹划趣味运动会。2．集思广益，让每个班级创想趣味运动。3．通过征集和筛选组合趣味运动会的运动项目。4．组织各班级进行趣味运动会。5．评选最具趣味活动并给获奖班级颁奖	郭军华	八年级（下）

序号	时间地点	活动名称	活动目标	活动环节	负责人	备注
13	4月中旬 学校篮球场	篮球比赛	1．能基本掌握如何避免运动损伤及伤害事故。2．能学会调控情绪的方法	1．筹划篮球比赛。2．通过班级体育委员进行引导性班级自主训练。3．进行年级间的篮球比赛。4．决出名次并颁奖。5．引导每个班级进行自我评价及总结	郭军华	八年级（下）
14	5月中旬	羽毛球比赛	能正确分析技术动作	1．筹划羽毛球比赛。2．通过班级体育委员进行引导性班级自主训练。3．进行年级间羽毛球比赛。4．决出名次并颁奖。5．引导每个班级进行自我评价及总结	黄恩往	八年级（下）
15	10月中旬 学校教室	体育与健康知识竞赛	1．能正确分析体育赛事中所发生的问题。2．能掌握急救知识并正确运用	1．进行体育与健康知识教育。2．进行自我评价问卷调查。3．进行体育与健康知识竞赛。4．评选颁奖	连文龙	九年级（上）
16	10月中旬 学校田径场	跳绳比赛	能自检正误技术动作	1．各班自主练习。2．两个班为单位进入候场区准备。3．两个班为一组进行比赛。4．评选颁奖	郭军华、曹小红	九年级（上）
17	11月中旬 学校田径场	校运会	能经常性主动参加课外体育运动	1．组织各班进行合理的项目填报。2．给予学生正确的体育锻炼建议与引导。3．进行相关项目比赛。4．评选颁奖	向荣	九年级（上）

（续表）

序号	时间地点	活动名称	活动目标	活动环节	负责人	备注
18	12月中旬 学校田径场	大课间评比	1．能正确发展技术动作。 2．能创新不同的技术动作组合	1．筹划设计大课间方案。 2．组织各班级进行相关操类学习以及特色班级展示的创编。 3．组织所有班级进行彩排。 4．进行大课间比赛。 5．评选颁奖	黄辉、连文龙	九年级（上）
19	3月中旬 学校田径场	体育中考模拟会	能主动参与体育运动	1．适应考试现场。 2．提高学生应试状态。 3．通过模拟测试，让学生了解到自身实力状态从而有计划地练习	郭军华	九年级（下）
20	3月中旬 学校田径场	趣味运动会	能主动参与体育运动	1．筹划趣味运动会。 2．集思广益，让每个班级创想趣味运动。 3．通过征集和筛选组合趣味运动会的运动项目。 4．组织各班级进行趣味运动会。 5．评选最具趣味活动并给获奖班级颁奖	郭军华	九年级（下）

7.3　初中体育"大"课程的一体化实践研究体系

本课题研究立足于科组建设和教学实践，建立"一校一品"校园足球特色，以"快乐与能力导向"的体育学科三年一体化建设为研究对象，以探求科组的教学方法和教学策略的课上课下系统连贯，促进科组内青年教师的专业成长和发展、培养学生学习体育的学习能力为研究目标。

按照纵横双向研究思路，结合"快乐与能力导向"的三年一体化目标，建立了贯穿三年，链接课上、课后、竞技训练的一体化能力培养模式，使学生在能力的建立、培养、运用上达到连贯一体的效果。

7.3.1 凝团队之力，明确研究路线

体育科组各教师根据课程要求及学生基本情况制订了如下的研究策略。

策略1 确定研究目标。研究目的不是验证或构建某种教育研究理论，而是改进教育实践，促进学生、教师、科组的专业发展。

策略2 落实研究具体内容。研究内容是基于研究对象近年来在体育学科教学实践的欠缺，研究对象是行动者自己实践中存在的问题，而不是抽象的理论问题或者他人实践中存在的问题。研组建设，提高科组系统性，营造快乐轻松的教学氛围。

策略3 在实践中不断改进研究方法。研究过程和行动过程同时推进，相伴相随，但不是合二为一。在研究中要时常进行评价反思，沟通交流，及时对研究采取策略方法调整。学生学习的考察通过自评、互评、老师评、家长评等评价方法综合评价；教师教学考察要通过集体备课，建立学习型组织，建立说课制度，注重反思交流和适当调整公开课的形式；科组的发展要通过不定期组内反思总结和科组间的交流学习，借鉴经验才能够取得最佳的教学效果。

策略4 形成研究结果及反馈。对于研究的阶段性成果要及时反思总结记录，通过对不同记录的审查交流，促进研究的改善。对于学

生，要做好各层次学生个案案例和成长记录本；对于教师要做好教学案例微课和教学成长记录；对于科组要做好骨干教师的选拔和评优奖励机制。

体育课题组根据研究策略和工作分解，计划了整个研究过程和研究思路。

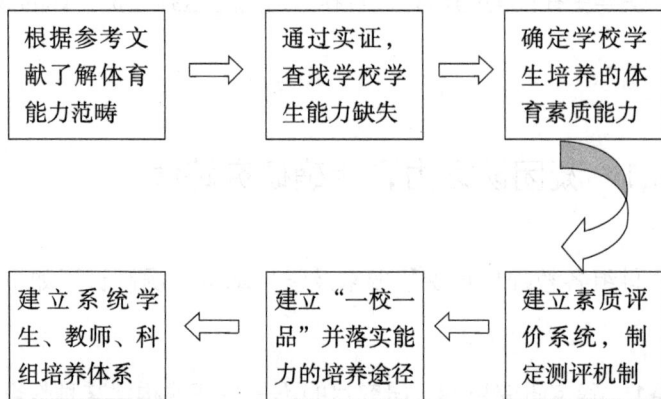

研究思路（策略）

准备阶段由子课题负责人负责。首先科组一体化平台建设，组建体育学科的研究小组。其次确定"以快乐与能力为导向"为主的体育科组一体化建设研究方案的基本思路。再生成多层次的以"能力导向"为主的体育科组一体化建设（"一校一品"校园足球特色）研究方案的目标体系。最后广泛收集意见并初步践行方案，在实际中探索改进，完善以"快乐与能力导向"为主的"一校一品"校园足球特色体育科组一体化建设研究方案。

实施阶段强调全科组人员参与。首先根据"快乐与能力导向"为主的"一校一品"校园足球特色大课间策划彩排。其次根据"快乐与能力导向"为主的"一校一品"校园足球教材落实到班，进行每周至少一节的足球特色课。之后举行第一届足球"趣味颠球"比赛。组建五中足球队，并每天下午放学进行训练。体育科组教师针对学校"快乐与能力导向"排练足球特色大课间，并在比赛中获得一等奖。

改进阶段全员进行学生身体素质测量记录原始数据，参加组织学校第一届、第二届"校长杯"校园足球班级联赛，举行足球"过山圈"团体赛、足球特色大课间比赛、"三人足球班级赛"，并进行反思总结和行动调整，完善科组"快乐与能力导向"教学系统。

结题阶段由子课题负责人负责撰写结题研究报告，组长完成资料汇总等工作，申请进行课题成果鉴定。

7.3.2 享运动乐趣，明确课程属性

习近平总书记在2020年9月22日召开的教育文化卫生体育领域专家代表座谈会上强调："要坚持健康第一的教育理念，加强学校体育工作，推动青少年文化学习和体育锻炼协调发展。"为加快落实总书记重要讲话精神，本校进一步细化学校体育教学工作，凸显体育课与体育锻炼的重要性。一方面要通过体育课切实提升学生的综合素质与能力，另一方面要保证学生喜欢上体育课，乐于参与各项体育活动，能够享受运动所带来的乐趣。基于此，结合"快乐与能力导向"的体育学科一体化建设目标，为学生制定了如下实践目标。

体育是一门情意性课程。学生通过体育锻炼能够使自身身体素质得到更好的发展，更能帮助他们感受运动的魅力。通过运动参与，体验乐趣与成功，初步形成积极的体育态度与观念。具体表现为：课堂上表现活跃，能完成好教学任务；能与教师积极互动，并有效探讨体育运动问题；进行体育运动时保持开心愉悦的心情。除了这些，学生通过身体锻炼还可以进一步加强他们对体育运动的认同感。可以认识体育学习和锻炼的重要意义；能说出体育学习和锻炼的意义及价值；能依据意义及价值制订符合自身发展的锻炼计划；能表达体育学习和锻炼的效果，具体指能辨识正误技术动作；能相互评价课内和课外的

锻炼表现。

更为重要的是学生通过课堂内外的学习与锻炼，能够感悟到体育运动独特的精神所在。首先要培养积极乐观的意志品质。能乐观积极应对生活中的常见困难，并果断做出决策。其次学会调控情绪的方法。正确认识挫折的原因并保持稳定和积极的情绪。再次学会利用体育缓解学习压力。最后要具备良好的体育道德。在体育活动、比赛和日常生活中表现出良好的道德行为；能正确分析体育活动中较典型的违反道德行为，并正确评价体育活动中的道德表现。

体育也是一门运动认知性课程。体育课程的学习离不开体育运动，离不开身体锻炼，因此体育不同于其他的学科，其在学习过程中，需要学生既要用头脑去理解，也要用身体去感受。通过体育课及课外活动，可以提高体育学习和锻炼的基础能力。学生能基本掌握科学锻炼身体的基本知识和方法，基本形成自主、合作和探究学习与锻炼能力，如制定个人学习目标，选择学习策略等。此外，学生能基本掌握运动技能和方法的能力。根据义务教育阶段体育课程标准要求及学校实际情况，体育课题组敲定以下目标：基本掌握并运用田径类运动项目技术；基本掌握并运用球类运动项目技术和简单战术；基本掌握并运用体操类运动项目的技术；基本掌握并运用武术类运动项目的技术动作组合；基本掌握运用一些民族民间传统体育活动项目的技术。

以下节选自连文龙老师设计的基于"快乐与能力导向"的素质练习教案（见表7-6）。

表7-6　素质练习"快乐与能力导向"教案

授课教师：连文龙 人数：40人（男生：20人）		教学对象：八年级（水平四） 课次：素质练习单元一次课
教学目标	1. 了解腹肌、大腿肌、胸肌等大肌群练习方法。 2. 熟练掌握大肌群的练习方法以及学会设计练习方法和内容的能力。 3. 培养自主学习、主动探索、锻炼爱动脑筋的好习惯，发展并促进团结互助的精神，达到快乐学习的效果	

教学内容	素质练习	重点：每个练习动作的练习幅度达到标准范围 难点：练习时用意念使练习效果达到最大化
教学器材	架空层1个、体操垫20个、跳绳40条、小黑板4个、iPad2个	

体育课堂

　　体育还是一门综合性课程。学生通过观看、参与体育运动，可以理解到肢体美、形态美、动作美、力量美，能从美学角度去欣赏体育，进而提升他们的审美趣味和鉴赏能力。具体表现为能对体育精神肯定认同；能欣赏体育赛事；能正确辨识鉴赏自身运动的正确性以及美学性；提高鉴赏运动赛事及运动动作的能力，并懂得分析优缺点。经常参与体育运动还能提高体育学习效果和锻炼创新能力。表现为能熟练进行不同类型的体育锻炼能力；技术动作的各种程度，如速度、远度、高度达到一定标准乃至新的高度。

　　在落实"快乐与能力导向"的过程中，体育科组教师针对遇到的问题，进行了集中研讨，为了更好地实现三年一体的"快乐与能力导向"的体育课程目标，体育科组提出下列建议，以监督课程目标的达成。通过检测评价，检验教师、学生在"快乐与能力导向"课堂的学习效果；总结教学学习效果，改进评价体系，使其更符合"快乐与能

力导向"要求；细化教师授课模式以及能力导向目标，提升学生学习能力；落实能力导向的课堂学习活动（快乐的课下综合活动），同时完成贯穿其中的能力评价（形成性评价和结果性评价）；反思以"快乐与能力导向"为主的体育科组一体化建设研究方案的效果和作用，总结生成教学规律与策略。

7.3.3　创"一校一品"，明确学校品牌

结合"一校一品"校园足球特色，为提高学生体育学习和锻炼的实践性参与能力。体育科组各教师共同建设全校性"一校一品"校园足球特色，以"快乐与能力导向"的培养机制，旨在营造快乐轻松的教学氛围。

以增强学生体质，培养青少年拼搏进取、团结协作的体育精神为宗旨，以全面推进素质教育、推进基础教育课程改革为主线，努力遵循"项目特色——学校特色——特色学校——品牌学校"学校发展轨迹，全面提升学校办学水平，努力打造优质教育资源，通过广泛开展校园足球活动，从而培养全面发展、特长突出的新时期学生，促进每一个孩子的健康快乐成长。

以球育德：促进学生形成良好的品质，使学生养成遵守行为规范、积极向上、团结协作、互帮互助的良好品质。学生在快乐的足球活动中快乐参与、快乐体验、快乐成长。

以球健体：促进学生身体素质的提高，使学生的动作协调能力、反应能力以及速度耐力等其他身体素质得到明显提高，学生的身体形态、生理机能等得到良好发展。

以球促智：促进学生学科成绩的提高，使学生在足球运动中养成良好的意志品质促进其智力的良好发展，实现学生全面发展。

体育科组教师以足球运动为基础，围绕"快乐与能力导向"，以全面提升学生的综合素质，丰富理论知识体系，强化专项技能水平为目标，设计了丰富的教学案例。以下是曾力超老师和连文龙老师基于不同年级设计的足球技术课教案（见表7-7、表7-8）。

表7-7　脚背内侧运球技术练习教案

教师	曾力超	日期	2017年3月22日	课型	新授课	班级	八年级（5）班	地点	足球场
教学流程	集合整队→跑步热身→足球热身操→行进间左右脚脚背内侧来回触球→行进间左右脚脚背内侧运球→课课练→放松运动→课堂小结								
教学目标	1. 学习和了解脚背内侧运球的技术及其在足球运动中的作用，建立脚背内侧运球的动作概念，培养学生对足球的兴趣。 2. 通过第一次课的练习，学生初步掌握脚背内侧运球技术。 3. 通过锻炼，发展学生的灵敏、速度等身体素质，提高其动作的协调能力								
重点	双脚运球时的力量控制				难点		运球时身体的协调性		
器材	足球40个、凳子42张、小足球门2个								

表7-8　足球脚内侧运球教案

授课教师：连文龙 人数：48人（男生：26人）	教学对象：九年级（5）班（水平四） 课次：脚内侧运球单元第一次课	
教学目标	1. 了解足球脚内侧运球触球点及推拨球动作技术概念，借助信息化教学强化概念。 2. 基本掌握脚内侧运球绕标志碟的动作技术。 3. 培养自主学习、主动探索、团队合作及爱动脑筋的好习惯，发展积极竞争意识	
教学内容	足球脚内侧运球	重点：脚的触球部位和推拨球动作 难点：运球的力度大小。
教学器材	足球50个、标志碟50个、标志桶50个、足球场、小贴纸50张	

　　根据不同年级学生的身心特点，体育科组设计了七年级、八年级的学习内容，详见表7-9。除了可以提高学生的综合能力外，足球课程还注重培养学生的专项素质，例如，速度、灵敏度、力量、速度耐力、反应及应变力；上肢、下肢力量、灵敏、协调。除了发展体能、

足球课堂（1）

足球课堂（2）

技能，学生还要掌握有关足球运动的理论知识，包括足球运动发展概况及特点，足球运动的锻炼价值，以及足球竞赛规则与裁判法。

表7-9　七年级、八年级足球大单元学习内容列表

七年级足球学习内容	课时
足球球性练习	2
传接球	4
运球	4
各种方法停高空球	2
脚背内侧踢定位球（起高球）	2
原地前额正面头顶球	1

七年级足球学习内容	课时
足球运动规则与裁判法（五人制）	1
个人技术、战术	1
五人足球赛与裁判实习	1
技术考试	2
八年级足球学习内容	**课时**
足球球性练习	1
传接球	3
运球	3
足球运动规则与裁判法（七人制）	1
脚背内侧踢定位球（踢准）	2
跳起前额正面头顶球	1
"斜传直插"二过一战术	2
"横传斜插"二过一战术	2
"三攻二""二防三"战术	2
教学比赛（七人制）	1
技术考试	2

体育科组根据足球项目特点及学生实际情况设计了考试内容、要求及评分标准，具体如下。

（1）考试要求

①脚背正面颠球20次——45分。左、右脚正脚背部位交替颠球，其他有效部位的触球可作为调整，但不计算有效次数。当球触及地面时测试即为结束。

②20米运球过杆射门——15分。（以上考试，每人两次机会，取较好一次为最终成绩。）

③调准——30分。20米（女生15米）限制线后打中内圈得6分，中

圈4分，外圈得2分。每人五次机会。

④实战：10分。

（2）评分标准

专项技术达标60分，身体素质40分。

根据学生的运动能力和水平，采用不同的教学内容，保证每班每周至少有一节足球课。对所学技术动作进行考核并进行等级评价，布置家庭作业检查完成情况。七至九年级每班每周开设一节足球校本教研课，全校师生普及足球知识，推动足球教学。各年级教学内容及学时分配如表7-10。

表7-10　各年级教学内容及学时分配

教学内容	七年级	八年级	九年级
足球理论知识	4	3	1
足球专项技术	12	12	12
体能测试	3	3	1
机动教学	1	2	6
总计	20	20	20
说明	1. 身体素质训练每堂课安排10分钟。 2. 身体素质测试项目：国家体质测试项目		

体育科组还开展足球特色大课间，让足球练习贯穿每天的课间练习，让足球练习成为日常生活的重要部分；组建了班级足球队、年级足球队，定期进行校园足球比赛；组建足球校队，建立梯队进行训练，代表学校参加区、市级的体育赛事。

体育科组还设计了未来三年能力体系计划，从以下八个方面进行规划：

（1）有一定影响力和本校品牌特色的足球大课间，不断改进足球操，使学生掌握更多的足球技术。

（2）每年举办"校长杯"校园足球班级联赛，做到每班有队伍、每周有比赛。

（3）编写校本足球训练教材。

（4）通过足球特色项目的开展，带动其他各项体育运动，使98%以上的学生体质测试成绩都能够达标。

（5）建立良好的足球校园及班级文化，组织开展一系列的足球主题活动，在校园及班级张贴足球手抄报等活动。

（6）经过前期的普及活动后，重点抓好"梯队"建设，既要保证群体性足球活动的开展，又要抓好专业队的训练，处理"育身"和"育人"的关系，提高整体办学水平。

（7）校级男、女足球队在3年预期内获市级比赛前八名的成绩。

（8）三年内申报国家级足球特色学校。

足球大课间（1）　　　　　　　足球大课间（2）

7.3.4 根据目标人群，明确任务要求

为了更好地落实"快乐与能力导向"三年一体化建设的建设目标，体育科组针对教师、学生、科组确定了相应的任务要求。

针对教师，首先建立培训机制，包括教学技能培训制度和课题研究活动制度。其次加强信息技术和学科的整合，提高教师综合技能，包括进行系统理论学习，借鉴不同学科的经验，懂得教授学生不同的方法的能力。最后还要关注过程落实，追求教研实效。具体要求教师集体备课，建立学习型组织；建立说课制度，注重反思交流；规范公

开课，避免形式化。

针对学生，教师需要采用多样化的教学方法引导他们在快乐的课堂氛围中获取知识与技能；同时教师在进行教学时需向学生传递积极向上的心态。

针对科组，需要加强教研组建设，提高科组系统性，包括加强教研组制度建设，激发教研活力；加强教研组队伍建设，提升教研水平；确立发展目标，激励教师自我发展。

体育课程三年一体化课程的建设离不开体育科组全体成员的共同努力。其中体育科组组长连文龙，主要负责把握以"能力导向"为主的体育科组一体化建设研究方案主体方向，根据研究方案的实际情况改进完善，研究方案的总结反思。郭军华负责九年级的"能力导向"专研课堂，以能力为导向专业培养九年级的中考体育课堂。曹小红、向荣作为七年级"能力导向"课堂实践员，负责能力课堂的实施和课堂效果的信息反馈。黄恩往为八年级"能力导向"课堂实践员，负责能力课堂的实施和课堂效果的信息反馈。曾力超为九年级"能力导向"课堂实践员，负责能力课堂的实施和课堂效果的信息反馈。

7.3.5 效果转成果，明确成果导向

以增强学生体质，培养青少年拼搏进取、团结协作的体育精神为宗旨，以全面推进素质教育、推进基础教育课程改革为主线，遵循"项目特色——学校特色——特色学校——品牌学校"学校发展轨迹，全面提升学校办学水平，努力打造学校优质教育资源，通过广泛开展校园各项体育活动，从而培养全面发展、特长突出的新时期学生，使每一个孩子都能够健康快乐成长。因此，初中体育"大"课程的一体化实践研究体系致力于构建快乐与能力导向的课堂，以及有效

教学的模式和体系，让能力培养落到实处；以快乐和能力为导向重建教学与发展、知识与能力、教与学的关系；把有效教学引向能力发展路线，把教学和有效性真正聚焦在能力及其变化和提高上。

（1）认识成果

体育科组采取了建设"快乐与能力导向"三年一体化的教学纲领作为指导，指导科组教师集备、学生技术学习和单个学习相融合的方法，利用文献、上网学习，对教学中的有关问题进行共同讨论，然后在教学中实践。让师生对快乐与能力导向这个核心概念有了更深刻的认识，并且使体育教师的教育观念有了一定的转变，打破了传统的教学模式，增强了对信息技术的重视程度。

（2）理论成果

通过课题研究，教师通过科组建设和集备，更好地将学生能力和快乐学习的元素建立在各项体育项目及项目技术上。分析技术、处理方法、设计课堂，形成实在有效、精简灵活、快乐的教学模式；生成了体育的教学和学习的目标体系，强化课上学习、课下联系的能力实践系统模式；汇集了初中体育课技术能力学习、课堂运用、课下综合训练，校内能力技术交流，校外竞技能力发展等连贯体系。

（3）操作成果

实施了体育科组"快乐与能力导向"三年一体化教学系统与建设方案，开展了四个主题活动，其中两个主题活动还制作了两期的简报。"珠海市第五中学足球特色大课间""五中'一校一品'足球特色""校长杯足球联赛"这些活动生动有趣，很好地体现学生快乐与能力的核心内容，同时也是科组教师智慧的结晶。两期简报图文并茂地记录了本课题研究的内容、过程和方法，是鲜活的研究载体，对其他课题研究有借鉴意义。

（4）实践成果

通过课题研究，学生的体育中考成绩有了很大的提高。在课题研

究过程中，课堂学习的快乐情绪有了很大的提高，课后参与体育锻炼的积极性也有显著提高，而且身体素质各方面的能力有了很大提升。通过课题研究，科组内教师信息技术水平得到了很大的提升，科组建设也逐渐规范。

①连文龙老师"足球脚内侧运球"，荣获了香洲区赛课一等奖。

②"珠海市第五中学阳光体育大课间"荣获香洲区一等奖。

③珠海市第五中学教职工足球比赛荣获第一名。

④曾力超老师"足球脚内侧运球"，荣获珠海市赛课一等奖。

⑤"珠海市第五中学足球特色大课间"荣获珠海市一等奖。

⑥制订了《珠海市第五中学体育三年一体化课程纲要》。

⑦建立"珠海市第五中学运动社团培养系统"。

⑧基于"快乐与能力导向"的体育学科三年一体化建设的校本教材。

⑨建立"珠海市第五中学'一校一品'足球特色"，包含特色课程、特色大课间、特色社团培养机制。

在"快乐与能力导向"的三年一体化体育学科建设中，是以一边摸索一边前进的模式在进行实践研究，过程中还有许多需要改进的地方，如体育课堂的信息技术的运用；体育课堂与课下的连续完成质量及效果；学生自我学习、自我锻炼过程中的提升纠正的途径等。

参考文献

［1］闫文阁. 上海市部分初中学生终身体育能力培养现状的调查研究［D］. 上海体育学院，2014.

［2］刘保明，王伯英. 培养体育能力——学校体育的重要目标［J］. 体育教学，1991（01）：37-43.

［3］盛雪锋. 体育课堂教学中如何培养小学生的体育能力［J］. 中国学校体育，2012（S1）：28-29.

［4］夏小岳，沈旭娟. 论体育教学与体育能力的培养［A］；浙江省体育科

学学会学校体育专业委员会第十一届论文报告会论文集［C］. 2008：19-23.

　　［5］迟永柏，杨永生. 体育教学中培养学生体育能力的探讨［J］. 哈尔滨体育学院院报，1992（04）：46-48.

　　［6］张震灵. 注重学生体育能力的培养，奠定终生体育的基础［J］. 邢台师专学报，1994（02）：66-68.

　　［7］张厚群. 初中生体育能力培养之我见［J］. 现代交际，2010（06）：144-145.

　　［8］孙毅. 培养学生体育能力，提高体育教学质量［J］. 考试周刊，2014（07）：116-117.

　　［9］尤奇. 试论初中生体育能力的培养［J］. 学生之友（初中版）（下），2011（11）：75.

后记
postscript

最美的教育　遇见最好的你

谨以此书，

献给那些为了教育理想而奋斗拼搏的日子！

献给那些在闪亮日子里一起奋斗拼搏的伙伴们！

根植教育谋发展，课题引领促提升

2012—2018年，我担任广东省珠海市第五中学校党总支部书记、校长，牢记教育初心，时刻根植教育实际，深入教育实情，充分认识到学生在初中三年的学习中缺少对于学科内容的整体思维认知，缺少对于学科知识的整体建构能力，而学科实践拓展方面也有所匮乏，为了解决这些问题，我带领学校教研骨干团队申报了广东省教育研究院规划课题"基于'快乐和能力导向'的初中学科三年一体化建设的策略研究"（课题批准号：GDJY-2015-

A–b069）。课题成功立项后，我们以课题为载体、为契机，从目标管理体系、活动支持体系、实践研究体系三大维度出发，将国家课程精神校本化，重视学生学科思维发展、能力养成的连贯性和系统性，开展深度学习，致力于培养学生自主学习的能力，促进思维成长，提升核心素养。那是一段激情燃烧的岁月，那是一段硕果累累的岁月，那是一段收获友谊的岁月，感谢丁世民、吴森雄、李鹤、廖翠华、卓晓云、周莉萍、吴泽铭、李征、姚高文、何玉峰、张凡、胡慧豪、魏明红、连文龙、曾力超等一众伙伴的携手奋进，留下一路阳光与星光，留下一路幸福与美好。

有课题引领，有教学实践，有教育创新，学校教育教学质量迅速提升，到2018年中考时，珠海市第五中学已由一所老百姓家门口的普通初中提升为新优质学校，学校第一次获得珠海市香洲区一年一度的办学质量与办学效益评估"优秀"等次。

成果赓续有深化，顺应时代有转化

2018年7月，我调任珠海市第七中学校党总支书记、校长，将此课题成果在第七中学继续实践运用并加以深化和完善。2022年4月，教育部印发《义务教育课程方案和课程标准（2022年版）》，要求"加强课程综合，注重关联，强化学科内知识整合，加强课程内容与学生经验、社会生活的联系，统筹设计综合课程和跨学科主题学习"，指出，"遵循学生身心发展规律，加强一体化设置，促进学段衔接，提升课程科学性和系统性。进一步精选对学生终身发展有价值的课程内容，减负提质。细化育人目标，明

确实施要求，增强课程指导性和可操作性"。方案的出台让我们进一步明确了前进的方向。在对方案的学习解读过程中，我和第五中学、第七中学的团队也在不断的实践、提炼，完善课题成果。特别是教材内容更新后，我们顺应时代教育的新思想、新思路，转化课题研究成果，及时更新了符合新课程标准、新教材的目标管理体系、活动支持体系和实践研究体系，能更好地为当今教育提供智慧支持和实践经验。

值得一提的是，"思品学科"改为"道德与法治"后，七中道德与法治学科团队的李晓霞老师根据课题的研究路径进行教学实践，结合宝贵的教育经验，重新实践了目标管理体系、活动支持体系、实践研究体系的全部内容，为尊重前期"思品学科"成果原著，相关章节仅保留了当时的"实践成果"项和"参考文献"项。

学习无边大课程，智慧同行赴前程

本书名为《无边界学习之"大"课程》，旨在以新课标理念中的"大概念""大单元教学"等理念为指引，从基层教育的视角和实践出发，将"核心素养""学科核心素养""深度学习""真实性学习""项目化学习""合作学习""单元整体学习"用一个个鲜活的目标、活动和实践串联起来，让它们真实地发生在每一天的教育教学实践中，让这些晦涩的词语不再高高在上，而是成为学生和教师共同成长的基石，让教育向着"高阶能力""创新能力""批判性思维"进发。

再次感谢丁世民、李晓霞、李鹤、吴森雄、江文静、吴鑫伟、李志光、魏明红等同仁对书稿提出宝贵意见，感谢赣南师范大学体育学院王金玲博士的指导。书稿还有很多不足之处，敬请各位同仁批评指正！

　　教育之路，任重而道远。幸福的是，一直有优秀的团队一起走。目前，我们正在积极探索新课程标准理念下的跨学科课程实践，将实践成果编著在下一本书《无边界学习之"融"课程》中，尝试在打通学科内部的知识整合之后，再次打通学科间的壁垒，为学生构建一幅全学科无界限的知识思维导图，训练学生解决真实情境问题时应具备的知识高通路迁移能力，进而为培养综合创新能力打下坚实基础。

　　新时代的教育在召唤，让我们重整旗鼓共赴前程，出发！